CONTENTS 目 录

第三部分　案例研究的辅助资料

世界旅游目的地
经营管理案例

——以旅游地理学视角分析

（英）布赖恩·鲍尼费斯　克里斯·库珀　编著

孙小珂　赵青松　王金悦　等译

辽宁科学技术出版社

沈　阳

本书翻译人员

孙小珂　赵青松　王金悦　金　鑫
丁　风　余柳青　洪　娟　钟　晟

Elsevier Butterworth–Heinemann

Linacre House, Jordan Hill, Oxford OX2 8DP
30 Corporate Drive, Burlington, MA 01803

First published 2005
Reprinted 2005

图书在版编目（CIP）数据

世界旅游目的地经营管理案例：以旅游地理学视角分析/
（英）鲍尼费斯（Boniface, B.），（英）库珀（Cooper, C.）
编著；孙小珂等译. —沈阳：辽宁科学技术出版社，2009.8
ISBN 978-7-5381-5721-5

Ⅰ.世⋯　Ⅱ.①鲍⋯②库⋯③孙⋯　Ⅲ.旅游点-经济管理-
案例-分析-世界　Ⅳ.F591

中国版本图书馆CIP数据核字（2009）第132306号

出版发行：辽宁科学技术出版社
　　　　　（地址：沈阳市和平区十一纬路29号　邮编：110003）
印　刷　者：辽宁省印刷技术研究所
经　销　者：各地新华书店　　　　　　印刷时间：2009年8月第1次印刷
幅面尺寸：190mm×250mm　　　　　责任编辑：杨廷郊　邱利伟
印　　张：17.5　　　　　　　　　　封面设计：康　健
字　　数：300千字　　　　　　　　版式设计：袁　舒
出版时间：2009年8月第1版　　　　责任校对：耿　琢

书　　号：ISBN 978-7-5381-5721-5
定　　价：45.00元

联系电话：024-23284360
邮购热线：024-23284502
E-mail:lkzzb@mail.lnpgc.com.cn
http://www.lnkj.com.cn
本书网址：www.lnkj.cn/uri.sh/5721

译者的话

现代旅游地理学是起源于北美洲的地理学分支之一，是地理学和旅游学之间的边缘科学。这门学科在国内外的发展历史均不长，自20世纪70年代末传入中国大陆，发展至今已有30年的历史。由于旅游地理学在旅游业发展中起着越来越重要的作用，近年来，不少专家、学者对它的研究愈来愈深化和全面，旅游地理学已成为一门相对独立的学科，在整个地理学领域中逐渐确定了其应有的地位，并开始受到广泛的重视。

旅游，作为现代人类社会日益兴盛的规模化空间地域活动，使得有关旅游地理的知识无论是对于旅游者还是旅游从业者来说，都是很实用的知识；而对于旅游管理的研究者来说，旅游地理学更是一门不可或缺的应用性学科。本书涵盖了旅游地理学研究的方方面面：旅游的基本理论和方法问题，旅游活动的时空特征，旅游发展的前沿，旅游与地理环境的关系，旅游与生态环境，旅游与经济、文化和社会的关系，旅游与交通，旅游危机管理，旅游区域与规划，旅游可持续发展等。

旅游地理学研究的范围面广、内容多，在教学中有很多难题。运用案例进行教学的优势是它通过提炼旅游目的地的重要要素，综合讨论旅游地理相关问题，使教学生动、形象。为适应高等院校旅游专业和地理专业教学及旅游从业人员学习的需要，我们翻译出版了这本书。本书提供了36个典型案例，都是目前学术界和业界人士普遍关注的热点问题，如旅游业在城市复兴中的作用、生态脆弱地区的旅游开发、旅游危机管理、旅游生态税的合理性问题、扶贫与旅游的关系、滞缓旅游地的愿景规划、基于社区参与的旅游开发等。

本书的两位作者分别是乔治亚大学旅游咨询专家Brian Boniface和昆士兰大学旅游系教授Chris Cooper，本书是他们多年教学研究的成果，为我们了解国外旅游地理教学研究提供帮助。

我们把本著作译成中文，以飨国内的读者。在翻译过程中我们尽量体现作者本意，由于译者的水平有限，书中一定会存在一些疏漏或翻译上的错误。请读者给以批评、指正并予以谅解。旅游地理学书籍不可避免地会出现大量地名、景点名、机构名等专有名词，在翻译过程中我们本着方便读者阅读的原则，尽量翻译成中文，但有些过于生僻，通过金山词霸、专业字典、google搜索无法查询到，为了准确起见，我们保留了英文原文。

在此，我们要感谢辽宁科学技术出版社，使我们有机会读到这样一本好书并将它翻译出版。

最后要感谢与我合作翻译的朋友，他们都是旅游教育与研究领域中有一定建树的年轻学者，是大家共同努力完成了这本书的翻译工作。这是我们的共同成果。

译　者

如何使用本书

简　介

　　本书提供大量有关旅游地理的研究案例，由于案例研究涉及旅游目的地、旅游地理研究的重点问题，以及当前学术界讨论的焦点问题，可以单独作为教材使用。在这一部分我们将阐述案例研究的教学优势和本书的使用方法，为案例学习提供建议和方法，从而帮助你更好地利用本书，以获得最大收获。

案例的学习方法

　　案例研究是旅游地理教学与研究的重要方法。特别是它通过审视现实生活中的棘手问题，阐述旅游目的地的重要要素，把真实世界带进课堂，而不需要行万里路，就能使所关注的问题更加突出和生动。

　　案例研究在旅游地理教学方法上也扮演着重要角色，原因有三个方面：

　　1. 旅游地理在课堂教学与讲授过程中，存在的问题之一是总体知识的各个要素不得不分开来讨论。例如旅游影响的各个方面，如经济、社会和环境影响，总是被孤立地看待，而在现实生活中，它们是紧密联系的。案例研究可以帮助我们了解它们之间的相互关系，看到事物的"整体"。当着重于某地研究时，案例研究特别能在小区域目的地的研究中综合旅游各个不同要素发挥作用。

2. 在综合旅游要素的同时，案例研究也能把旅游各要素与其他领域的问题结合起来，比如金融和人力资源。案例能有效地成为旅游地理教学与研究的"集大成者"，把所有问题的各个要素综合起来进行教学和研究，同时它也是理想的、创新的旅游教学评估方法。

3. 利用案例研究作为评估手段避开了枯燥和理论性的方法，评估学生对旅游地理的理解——案例研究可用于"开卷"考试。它在教学评估中的作用需要仔细考虑。重要的是它适合于教学的进程评估，还注重评估的性质。旅游案例作为评估手段有两种重要方法。第一种用于评估对某一问题理解的深度，它们有时被叫做"本质案例"。另一方面，它们用作对一系列问题的资料进行综合，比如对某一特定目的地旅游整体知识的主要要素进行整合。

无论采取哪种方法，案例都为课堂教学带来了很多益处，鼓励学生积极主动地学习，从而获得有价值的经验。

- 解决问题和作决策的能力。
- 在情况确定的条件下关注关键问题。
- 团队精神。
- 角色和角色扮演。
- 在最终期限内完成工作，像报告或课堂陈述。
- 培养批判性思维的能力。
- 表达能力。
- 认识到问题不只有唯一"正确"的答案。
- 判断不同类型的证据和技术的相关性。

虽然案例研究在课堂上很大程度地再现了现实生活，但与现实世界还是有很多不同。比如，学生根据提供的事实证据和背景，提出解决问题的方案。而在现实生活中，往往是先出现了问题，再设法找出相关的事实证据和背景信息来解决问题。同样，在很多案例中，给学生提供了丰富的信息资料，这在现实中是不可能的。避免这种情况发生的方法之一是设计的案例要使学生不得不自己搜集额外信息，才能完成作业。最后，从教学与研究的角度来看，案例教学的成功取决于教师的沟通能力、学生小组的主动性以及两者之间的互动。

如何充分利用案例研究

　　案例分析是复杂的，不可能轻而易举地完成，所以不要急于作出结论。当研究本书的案例时，尽量遵循以下指导性建议：

　　● **仔细阅读案例**。可以做简单的笔记。你也许要读一遍以上才能完全理解问题。我们在有些章节设计了5个关键问题以帮助你更好地理解。

　　● **课前做好准备**。在课堂上讨论之前，学生就应该拿到案例。在课前做好充分准备。课堂的第一阶段，教师给学生布置任务。重要的是，教师要讲授清楚，让学生明白要做什么。作为学生，你一定要了解评定要求，是作报告还是要作课堂陈述。

　　● **进行小组讨论**。可能的话，课前可以先"热身"。找出妨碍你得出结论的障碍和问题。本书的很多案例中政治现实就会给你带来困扰。这也意味着要避免作出"简单的选择"，比如"罢免总统"、"拆除酒店"或"进一步研究"。

　　● **考虑到所有相关问题——现实情况——方案选择**。比如，在拥挤的自然景观区或人文景区，是把旅游者从景点分散开来，还是提高景区的接待能力，通过有效管理提高其容量，接待更多的游客。

　　● **选择最佳方案**。根据案例要点，通过评估每一种可能的情况作出最佳的选择。

　　● **得出可实施的结论**。学生在找出解决问题的方案时，经常忽略实施这些方案所应具备的重要因素。比如，你可能建议市政府制订一个社区旅游规划，但除非具备合理的财政和其他条件，这项计划才能顺利实现，否则计划就会被搁浅，一切努力就白费了。

　　● **做好准备**，在报告或课堂陈述中清楚地表达你的观点。无论你多么了解案例，有多么好的观点，如果你不能很好地表达出来，你就不能使大家信服。当与其他人观点不同时，你也要能维护你的观点。学生经常要以组织或景点咨询员或高级经理的身份对案例进行评估。这是一个好方法，可以迫使你不能只简单地重复案例内容，而要有自己的观点，增加"新意"——这就是为什么咨询服务是要收费的。报告或课堂陈述在最终定稿时，请注意以下事项：

（1）你是否完全理解案例的要点和问题？

（2）你的课堂陈述或报告的结构是否符合逻辑？

（3）你的结论是否与案例的情况相一致？

（4）你对案例的分析是否全面，是否考虑到所有可能的情况？

（5）你是否运用了其他课程中的资料、观点和概念帮助你分析案例？

（6）你是否充分利用了案例中的所有信息？

● **总结**。在最后的时间，教师会对案例讨论进行总结，概括要点和小组讨论的内容。

本书的结构

案　例

本书涉及的案例涵盖了各种旅游目的地、旅游地理中的重要问题以及当前讨论的热点，每一热点问题的设计都是作为旅游地理的辅助教学。我们选择的案例都来自于真实的现实生活，而且经过精心规划和设计，综合了旅游地理知识体系中两个或更多要素，阐明了案例研究所涉及的基本原理。

为了帮助你更有效地利用好本书，每一案例研究的结构包括：

● 主要学习目标。

● 案例研究的关键问题。

● 案例主体。

● 案例回顾。

● 案例讨论要点/作业。

● 案例的辅助信息、资料。

内容结构

　　第一部分的案例阐述旅游地理的基本要素，这一部分包括旅游的概念与需求、旅游目的地以及旅游目的地的前景。

　　第二部分的案例来源于欧洲、美洲和其他地区。其中有些案例关注某些特殊问题，有些对某些特殊的目的地进行深入的分析。

　　第三部分提供了资料来源的目录，可以帮助你获得有关案例的更多辅助资料。这并不是要面面俱到，当你进行研究时，你会发现很多信息，在第一眼看到时，也许并不与旅游相关联。为了更全面，我们的课程内容要更宽泛，不仅包括交通发展的案例、人口统计的变化，也包括环境和文化等方面的问题。我们的视角从局部到全球。从报纸上的旅游副刊，到休闲赏趣杂志，覆盖了从钓鱼到冲浪等各种运动和户外活动的内容，通常会介绍某一特别的旅游目的地。这种类型的专门信息比旅行纪录片、旅行指南以及旅行杂志中肤浅的概括性描述更有用。有关商业和环境问题的广播电视纪录片经常会涉及旅游问题，对某一特殊目的地的讨论提供新视角。这些纪录片总是比大多数的电视节目中由名人而非旅游专业人士主持的旅行或度假节目能提供更多的资料用于讨论。

第一部分

阐述旅游地理要素的案例

1.1 旅游概念与需求

案例1
迁移：旅行、旅游和移居的概念

简　介

　　本案例依据谁是旅游者，如何定义旅游业，讨论定义旅游相关概念的复杂性。有时这些问题似乎简单明了，但实际上操作起来很难，只是在近几年国际上才达成共识。完成本案例后，你将：

　　1. 能区别以下概念：休闲、消遣、旅游，并能把它们与消遣活动图谱联系起来。

　　2. 清楚地了解涉及的定义和衡量旅游的各种技术术语。

　　3. 了解定义旅游者所涉及的各种问题。

　　4. 了解不同类型的旅行者以及旅游者。

　　5. 了解定义旅游业的方法。

关键问题

　　本案例涉及5个关键问题：

　　1. 旅游的概念是复杂的，一方面可以被看做是一种休闲活动，但另一方面它也是一种商业活动。

　　2. 旅游、旅行和消遣在我们的生活中无处不在，从出行的距离说明它们之间的区别。

　　3. 由于有很多不同的技术术语——像旅游者、旅行者、短途旅游者——我们必须深刻地了解这些术语。

　　4. 由于所涉及的变量（像停留时间的长短）太多，定义旅游者和旅游业是一项复杂的任务。

　　5. 只是近几年国际上才对旅游和旅游业等定义达成共识。在此前，国际上有不同的定义，使统计的标准化很难实现。

休闲、消遣和旅游（leisure，recreation and tourism）

休闲、消遣和旅游确切指什么？它们之间有什么联系？休闲常常被看做是时间尺度，通常指工作、睡觉以及处理个人事务和家务以外的剩余时间（图1.1）。换言之，休闲时间是个体可支配的空闲时间。这仍然有疑问，所有的空闲时间是否都可以看做是休闲？两难推理的最佳例子是失业者是否认为他们的空闲时间实际上是"被迫（enforced）休闲"，或者参加体育活动的志愿者认为他们的活动是"深度（serious）休闲"。这引出一个观点，休闲与其作为时间尺度，不如说是一种心态，应该把"选择权"作为其中的要素。当然，它们之间的关系随着时间的发展有所变化——工业革命给工作场所和休闲环境带来了巨大的反差，然而，前工业社会的生活节奏较慢，与"时钟"相一致，而更多地符合季节节奏。

消遣通常指在休闲时间内进行的各种活动（图1.1）。它能帮助一个人恢复体力和精力，所涉及的活动很广，像看电视、到国外度假等。我们可以做个有益的区分，它包括像体育运动这样的体力型娱乐活动，以及涉及艺术、文化和娱乐这样的活动。我们可以是积极的参与者或被动的观众和接受者。

如果我们认同休闲是时间尺度，消遣包括在此期间进行的各种活动，那么，旅游只是消遣活动的一种形式。然而，困难的是在现实中解释消遣和旅游的含义。也许区别它们的最佳方法是构想一个图谱，一端是在家里或附近进行的休闲活动，另一端是离家一定距离以外，使用过夜住宿设施的旅行娱乐活动。这是基于活动所需时间和旅行的距离，把旅游放在消遣活动图谱的最末端（图1.1）。用图谱的方式对我们很有帮助，例如，如何认定当日游客或短途游客。这些概念在旅游地理研究中越来越受到关注——这些游客出行不过夜，时间不超过24小时。换言之，除了住宿，他们使用所有的旅游设施，对到访社区和环境有影响。

很清楚，旅游是消遣活动的特殊形式，需要区别对待。特别是从地理学的角度，旅游只是"暂时的或休闲型的外出"，在定义旅游的概念时，把它与其他形式的旅行活动区别开来很重要。虽然人员流动的不断增加促进了现代旅游的发展，但也模糊了家、工作场所和旅游目的地的差别，以及不同旅行者之间的不同——是经常来往于两地之间的人、购物者，还是移居者。

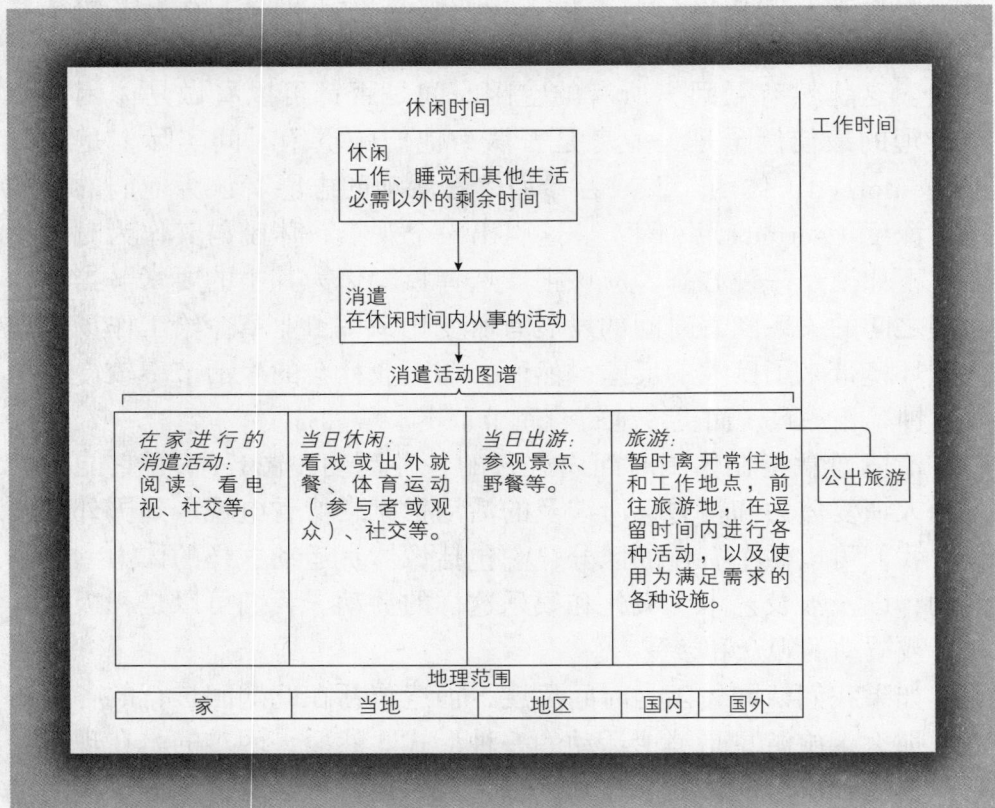

图1.1　休闲、消遣和旅游

这使定义旅游的概念非常困难，因为不得不把某些人员的移动从旅游统计中排除。图1.2列举了官方旅游统计中各种旅行者的类型，但我们不得不仔细了解下面的分类：

● **旅行者（travellers）**　这一术语的内涵很广，包括"流浪者"（nomads）——经常过着从一个地方到另一个地方的生活——在人类文明早期指的是那些猎人和牧人。在历史的各个时期，有些旅行者是被旅行欲望和好奇所驱动，不同于大多数人的旅行活动是基于生活的基本需要——像商人、使者、外交官、士兵和海员等。到遥远地方的人常常把自己看做"旅行者"或"探险者",而不是"旅游者",把他们的旅行看做"远征",而不是"旅行",他们会争论现在的旅游变得太商业化、太舒适、太可预见了。真正意义上的旅行应该像过去,包含艰苦精神和即兴成分。实际上,从官方角度,这种自我标榜的旅行者仍然被视为旅游者。

● **移居者(migrants)** 从目的和停留时间长度来看,移居者与旅行者截然不同,移居者是排除在旅游统计之外的。移居可以定义为得到允许在另一个国家或地区居住和工作的旅行。离开本国或本地区的叫迁出移民(emigrants),到达他们移居地的叫迁入移民(immigrants)。在国际上,需要特殊证件才能合法地进入某个国家居住和工作。移民为航空和轮船运输提供了很多机会,他们也需要专门的货运和定居服务。比起18世纪和19世纪早期,国际移民在新世纪受到更多的限制——例如,澳大利亚、美国和欧盟都制订了严格的控制移民政策。特别是随着旅行活动越来越容易,大多数的移居都是短期的,目的是为了在几年内有良好的工作机会,而不是意图在那个国家永久居住。德国和澳大利亚的外来工人就是这种短期移居者。像英国在储油丰富的海湾地区工作的少数离国人员就是收入很高的专业人士。他们在暂住国有相当大的旅游需求,像联合国和北约派往各"麻烦地"的维和人员也是如此。

大规模的人员移动主要是从第三世界国家流向发达国家,从20世纪90年代开始越来越明显,这也是全球化的结果。国民经济不断互相联系,由于资金在国与国之间自由流动,有人认为人力资源也该如此。发达国家人口的老龄化导致劳动力不足,特别是在酒店和餐饮业,至少在短期内移民能够补充这种需要。

● **难民(refugees)** 尽管经济原因是移民的主要促动因素,但难民主要是由于战争或政治迫害在他国寻求庇护。自20世纪50年代以来,难民人数一直居高不下,数量达150万~200万,保护难民一直是联合国的重要职责,希望成员国继续扩大庇护权,更慷慨地接受遭受迫害的逃离人员。(相关国际条约有1951年关于难民的《日内瓦公约》和1976年的《纽约草案》,后者的含义更宽泛。)

　　在现实中，区分旅行者的类型并不容易，由于访客经常逃避签证的限制，比如，学习一段时间之后，继续停留，非法工作。非法劳工和真正意义上的难民——他们所处的环境限制他们获得各种文件——也引起各种争论。由于这些复杂的问题，国际上对旅游的定义也是争论不休，存在不同的解释。

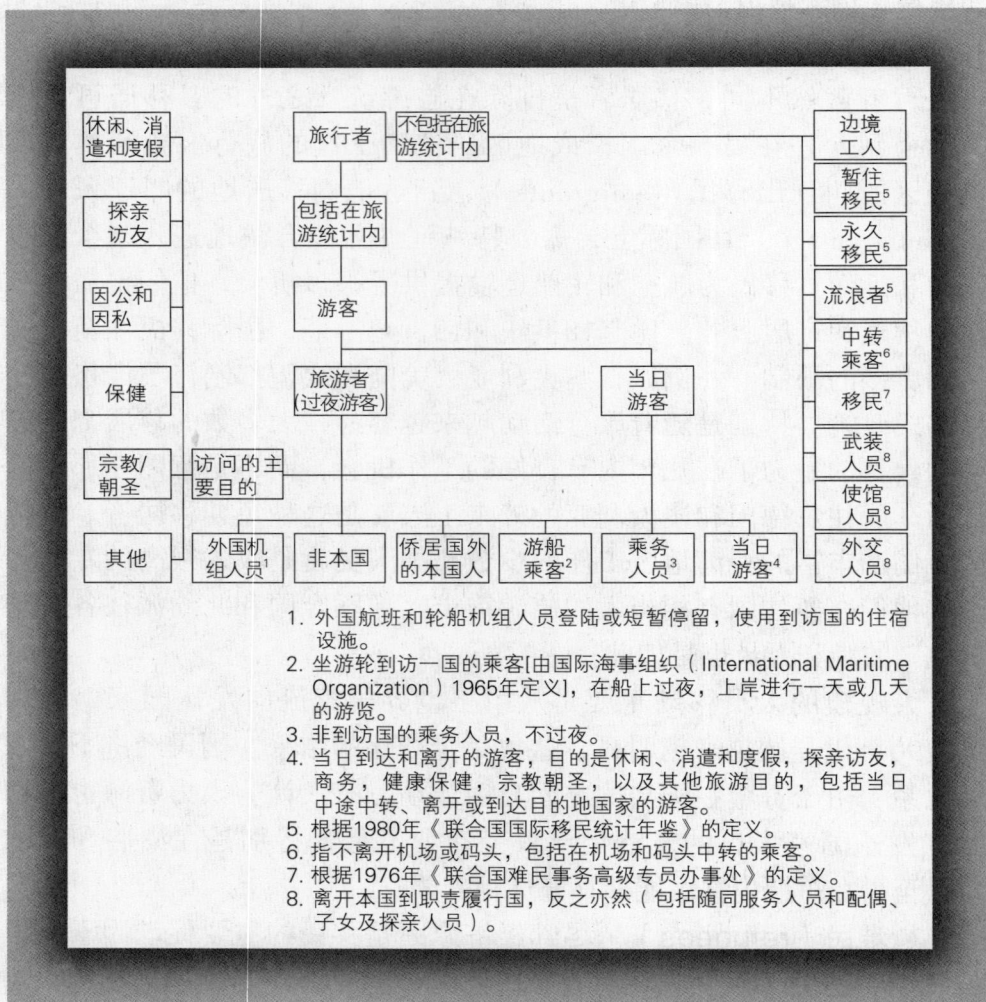

图1.2　旅行者的分类
（来源：世界旅游组织）

旅游者和旅游业的定义

为什么我们如此关注概念？主要原因如下：

● 只有给旅游和旅游业这些概念确切的定义，我们才能衡量它们。像石油这样单一的经济产业能够向政府表明它们是多么重要，而旅游就不能用数字来说话。

● 只有有了明确的定义，我们才能找到适用于单个旅行者或这一产业各个部门的法律依据。

● 只有解决了"什么是旅游"这个难题，我们才能真正理解这一专业领域。

可以从两个角度给旅游下定义。首先从需求方的角度定义旅游者，这种方法得到很好的推广，联合国统计委员会接受如下有关旅游的定义：

旅游是人们离开通常环境，出于休闲、商务和其他目的，前往异地，持续停留不超过一年的各种活动。

此定义引起一些争议：

● 什么是一个人的通常环境？

● 把"商务"和"其他目的"包括在内要求我们更宽泛地看待旅游，而不仅仅出于消遣目的。

● 某些类型的旅行者不包括在定义之内。旅游本身只是旅行图谱中的一部分，旅行图谱的范畴包括从每日出行去工作、购物，到移民——旅行者意图在异地寻求永久或长期的居留。

其次，我们可以从供给方的角度定义旅游业。问题在于很难把旅游企业和就业与其他经济产业严格区分开来。经过20年的争论，2000年联合国采纳一种新的统计方法——旅游卫星账户（Tourism Satellite Account，TSA）。TSA测算游客对目的地产品和服务的需求，这种方法允许通过计算旅游对投资、消费、就业、国内生产总值和税收的贡献，把旅游与其他经济产业进行比较。

案例回顾

定义和术语看起来似乎很枯燥，但它们是正确理解旅游和进行评估的基础。本案例通过图谱，阐明休闲和旅游的相互关系。我们认识到迁移或旅行的不同类型和形式，有些虽然不属于旅游活动，但在我们的日常生活中非常重要。幸运的是国际上已经对旅游者和旅游业的定义达成共识，我们将见证旅游作为重要的经济增长点对经济发展的贡献。

讨论与作业

1. 列出你近一个月的出游活动，根据消遣活动图谱进行分类。大致计算上个月你有多少时间真正花在"休闲"上。与其他同学的结果进行对比，找出之间的不同。

2. 假如当地的旅游景点的经营者委托你为他们设计游客调查表，哪些问题可以帮助你区分当地居民、当日游客和旅游者？

3. 以你所在城镇或附近的地方为例，列出旅游行业所涵盖的各个要素——不要忽略餐饮业和当地政府服务机构，根据每个类别，推测直接从旅游业衍生的活动所占的百分比，以及与其他方面有关的活动所占的百分比。

4. 利用WTO网站，起草一份建议书，向当地旅游机构说明旅游卫星账户的用途和益处。

5.列出以下各种活动类型的特点——移民、通勤（commuting）、购物、当日游览、休闲旅游、商务旅游。

参考文献

Gilbert, D. (1990) 'Conceptual Issues in the Meaning of Tourism', in C. Cooper (ed.), *Progress in Tourism, Recreation and Hospitality Management.* Belhaven, London, ch. 1, pp. 4–27.

Hall, C. M. and Page, S. (2002) *The Geography of Tourism and Recreation.* Routledge, London.

Rojek, C. and Urry, J. (1997) *Touring Cultures – Transformations of Travel Theory.* Routledge, London.

Urry, J. (2000) *Sociology Beyond Societies. Mobilities for the Twenty First Century.*

Routledge, London.

Williams, S. (1998) *Tourism Geography*. Routledge, London.

World Tourism Organization (1995) *Concepts, Definitions and Classifications for Tourism Statistics*. WTO, Madrid.

World Tourism Organization (2001) *Basic Concepts of the Tourism Satellite Account (TSA)*. WTO, Madrid.

World Tourism Organization and UNSTAT (1994) *Recommendations on Tourism Statistics*. WTO, Madrid and United Nations, New York.

案例2
了解"新旅游者"

简 介

本案例分析隐藏在"新旅游者"现象后的促动因素，详细分析他们的特点，以及他们在消费行为方面的变化。完成本案例后，你将：

1. 认识到旅游消费行为变化的重要性。
2. 了解旅游消费行为变化的根本原因。
3. 能够说明新旅游者的主要特点。
4. 了解新旅游者对目的地的意义。
5. 了解新旅游者对旅游营销市场的意义。

关键问题

对于一个成熟的旅游市场，消费者行为已经发生了变化。由于旅游经验的增加，消费者知道如何利用各种技术手段和旅游服务获取最佳利益；他们精心挑选旅游目的地，同时要求当地政府给予目的地的环境和社区应有的关注。

1. 影响新旅游者的促动因素很多，它们之间互为联系，共同导致本案例中消费者行为的变化。

2. 新旅游者的重要特点使之有别于早期的旅游者。特别是，他们更灵活，有不同的旅游价值，重视可持续发展。

3. 新旅游者关注旅游目的地和旅游产品的发展，特别强调旅游活动与旅游的可持续发展，抗拒消极的大众旅游。

4. 新旅游者熟悉信息技术和了解旅游业的运作。旅游营销组织和企业不得不运用不同的方式对待他们。

旅游消费者行为变化的促动因素

旅游市场在过去25年中不断成熟，其中最显著的特点是旅游者消费行为的变化。近年来，出境旅游和国内旅游更加频繁。经常出游使旅游者更有经验和辨识能力，对到访旅游地更为关注。Poon（1993）认为，标准化的20世纪六七十年代的大众旅游正被新旅游所替代。这表明旅游需求的性质发生巨大变化，不仅表现在对旅游目的地的规划和管理上，而且在旅游业的运作上都要适应这一变化。下面列举出影响新旅游者的主要要素。

● 出游频率增加（包括休闲和商务旅游），所以旅游经验不断增加。

● 到新的旅游目的地，特别是远距离旅行，成为大众旅游市场的可及范围。

● 旅游销售愈来愈受技术驱动，个人可以通过计算机预订系统和因特网获得服务。

● 媒体和压力集团（如旅游业关注组织，Tourism Concern）更加关心消费责任和旅游发展，提出可持续发展的理念，关注环境和主要种群的中心地。WTO的《全球旅游道德规范》（Global Code of Ethics for Tourism）制订了新的标准，多数旅游企业也制订了负责任的旅游条例。

● 旅游行业放松管制（deregulation）和促进市场竞争的做法允许个体消费者直接进入预订系统，利用网上预订——特别是像"最后一刻"这样的廉价机票和酒店客房产品。

●产业集中化意味着一组企业就能提供完整的旅游系列组合。

● 知识社会的发展激发了人们追求真实经历的需求，而被动的海滨旅游在某些目标市场不太受欢迎。

● 旅游主要客源地区人口特征的变化，如人口老龄化、家庭结构缩小和可支配收入的增加，使人们的生活方式发生变化，从而影响旅游需求的特点。

新旅游者的行为特征

以上变化促动了新旅游者的形成，他们具有以下特点：

● 挑剔且辨别能力强——他们经常出游，知道自己需要什么，寻求高质量的服务，更相信自己的经验。他们也了解自己的权益，如果得不到应有的服务就会投诉。在这方面，丰富的旅游经验帮助他们比较不同旅游地和产品，从而采取高满意度/低忠诚度的旅游消费行为。

● 有着较高的消费和技术水平，比如，巧妙地利用最后一分钟进行讨价还价。他们在旅游安排上更加灵活——比如，临时决定旅游活动，甚至是一时冲动。

● 追求漫游（wanderlust）——他们更被好奇心所驱动，重视文化体验，而不仅仅是追求阳光（sunlust）和向往大自然。这意味着旅游目的地和产品必须具备诠释文化和教育的功能，能让旅游者看到"真实"。他们希望参与活动和冒险，深入到目的地之中去——他们不再想在海滩上白白待上14天。他们也希望在旅游目的地获得真实自然的旅游体验。

● 重视旅游绿色消费的价值观，他们基于此选择旅游目的地和企业。他们的价值观以环境保护为中心，反映新型的生活方式。

新旅游者的含义

Poon 认为，新旅游者在新的旅游革命中发挥着重要作用，改变了20世纪六七十年代僵化的包价旅游形式，使当今旅游形式更为灵活。这一旅游需求的革命性变化对旅游地和旅游企业具有深远的意义。

● 旅游地需要认识到这些挑剔的消费者注重品质，良好的环境可持续发展的措施，便利的预订系统，方便的网站以及真实、有效地安排旅游经历。Poon（1994）指出，"旅游者正不断成熟，拒绝过于商业化和有环境污染的度假地。"

● 旅游企业需要重新考虑其营销战略，提供量身订制、具有市场潜力、反映新旅游者旅游动机和需求的产品。换言之，也就是符合新旅游者所想、所感、所为的产品。这包括进行旅游市场细分，建立消费者数据库，加强关系营销，保持客户忠诚度。除此以外，新旅游者的出现使传统的划分旅游者的市场营销研究方法过于陈旧，比如，根据年龄或职业，或者根据休闲、商务、探亲访友的划分方法。取而代之的是需要更复杂（更昂贵）的技术揭示消费者的价值观和动机。

案例回顾

　　案例表明了近几十年来旅游者在消费行为方面的变化。随着出游的频繁，消费者更有经验，更了解自身需求。旅游偏好趋于更主动，更注重产品的体验。这需要旅游企业和旅游目的地更好地了解市场的巨大变化，开发更适合的旅游地和旅游产品。

讨论与作业

　　1. 布朗一家属于典型的新旅游者——为他们起草一份西班牙旅游的计划书，与20世纪60年代的典型家庭相比，说明这份旅游计划书有什么不同。

　　2. 利用因特网，找出3家公司，它们提供的产品服务于新旅游者。确定其产品的核心要素——特色、价格、销售渠道、目标市场。建立产品/市场表格以对你的成果进行总结，其中一栏列出新旅游者（市场）的特征，另一栏列出满足新旅游者需求的产品特色。

　　3. 挑选出一个你熟悉的旅游目的地。起草一份报告，向景区管理者提出建议，提出如何重新定位吸引新旅游者。

　　4. 利用旅游小册子和因特网，找出4家旅游企业，将它们在"旅游消费"和"负责任旅游/旅游行为准则"方面所制订的行业行为守则，与WTO的《全球旅游道德规范》进行比较（资料可从WTO网站获得），阐明私人企业在实际操作上与WTO的差异。

　　5. 展望20年以后的旅游发展，旅游消费与现在相比会发生哪些变化？

参考文献

Poon, A. (1993) *Tourism, Technology and Competitive Strategies*. CAB, Wallingford.

Poon, A. (1994) The New Tourism Revolution. *Tourism Management*, 15 (2), 91–92.

Swarbrooke, J. and Horner, S. (1999) *Consumer Behaviour in Tourism*. Butterworth-Heinemann, Oxford.

World Tourism Organization (2001) *Tourism 2020 Vision – Global Forecast and Profiles of Market Segments*. WTO, Madrid.

案例3
国际旅游客流的世界格局

简 介

设计本案例主要为阐明国际旅游需求的时空分布。完成本案例后，你将：

1. 了解国际旅游需求的历史发展。

2. 能够解释危机和恐怖活动对旅游需求的影响。

3. 了解旅游需求的地区差异。

4. 了解为什么有些国家是国际旅游的主要客源国，另一些是重要的旅游目的地。

5. 能够解释形成目前格局的根本原因。

关键问题

本案例涉及5个关键问题：

1. 与国内旅游相比，国际旅游的发展趋势相对而言有据可查，这是因为其衡量标准在国际上的标准化，比国内旅游衡量标准更简单明了。

2. 由于社会、经济和技术等因素的发展，自20世纪50年代以来，国际旅游增长显著。

3. 近年来，由于9·11袭击等事件对旅游的"打击"，使旅游的发展呈现倒退的趋势。

4. 驱动旅游需求的决定因素以及世界旅游目的地的分布特征共同形成了全球旅游的规律和格局。

5. 理解这些国际旅游需求格局是成功进行市场营销和旅游目的地发展的基础。

研究国际客流的意义

本案例只限于研究国际旅游客流和收入，是由于收集和评估国际旅游的统计数据比国内旅游更准确。世界旅游组织以其划分的6个地区来收集和统计数据，虽然与地理逻辑有所差异，本案例还是以此为标准。

世界范围的历史进程

第二次世界大战的结束标志着国际旅游飞速发展阶段的开始，20世纪中叶平均年增长率为7%（表3.1）。到21世纪前几年，国际旅游受到一些抑制因素——经济萧条、石油危机、战争和恐怖活动的影响有所回落。9·11事件是对国际旅游的第一次重大打击，旅游需求下降。

表3.1 国际入境旅游人数：历史进程

年份（年）	国际入境旅游人数（亿）	国际旅游收入（亿美元）
1950	0.253	21
1960	0.693	68.67
1970	1.597	179
1980	2.848	1023.72
1985	3.212	1161.58
1990	4.548	2550
1995	5.670	3720
2000	6.968	4770
2001	6.926	4630
预计2020	15.600	无法获得

● **20世纪50年代** 1950年，国际旅游人数为2530万。世界处于战后的恢复阶段，国际旅游发展缓慢。然而，50年代末，喷气式发动机在民用航空中的应用为国际旅游的发展提供了重要的技术保证。

● **20世纪60年代** 到1960年，入境人数达到6930万。60年代的10年见证了国际旅游的需求受下面两个因素的影响：

○ 需求方因素——发达国家大多数人有愿望、时间和金钱来进行旅游。

○ 供应方因素——旅游企业为了适应需求，开发了具有价格优势的"标准化"包价旅游。

商务旅行也成为旅游市场的重要部分。

● **20世纪70年代**　在这一期间，国际旅游人数达到1.597亿。增长速度减缓，是受到1974年石油危机和70年代末经济萧条的影响。经济萧条表现出旅游需求的"齿轮效应"（ratchet effect）：当经济好转时，旅游需求增长；当经济不景气时，旅游需求下降。由于消费者对旅游热衷，旅游需求总体上保持增长势头。

● **20世纪80年代**　到1980年，国际旅游人数达到2.848亿。随着旅游市场渐渐成熟，增长速度放缓。80年代中期是欧洲旅游大发展阶段，欧洲旅游人数创新高。但是，1986年的切尔诺贝利核事故和利比亚爆炸以及美元汇率下跌使国际旅游流向从欧洲和北非向其他地方转移。80年代末，游客又回流，继续增长，只是在海湾战争期间受到影响。

● **20世纪90年代**　1990年国际旅游人数达到4.548亿。年初的海湾战争严重打击了国际旅游的发展，给航空等旅游企业带来了长期影响。在这10年中，旅游人数增长强劲，由于前东欧集团（former Eastern bloc）国家的开放以及太平洋周边国家旅游业的发展，旅游需求格局发生变化。90年代末，亚洲金融危机削弱了亚洲旅游，尽管入境旅游由于价格下降有所增加。

● **新千年**　2000年国际旅游人数近7亿。这一增长势头一直持续到2001年9·11事件发生之前。9·11事件给2001年最后一个季度的旅游以致命打击，使自1982年以来国际旅游人数出现第一次年平均负增长。随后发生的阿富汗战争、2002年巴厘岛爆炸和2003年"非典"，以及伊拉克战争均给旅游以重创。正是这些事件带来的不确定因素对国际旅游产生了重大影响。

由于各个国家信息资料的不同，很难归纳国际旅游客流格局。同样，各旅游目的地接待来自不同旅游市场、采用不同交通方式的各种旅游者。以世界范围而言：

● 80％的国际旅游利用水陆交通。

- 20%的利用航空运输。
- 30%的国际旅游是出于商务目的。
- 70%的属于休闲旅游。

然而，不可质疑的是9·11事件彻底改变了国际旅游市场，由于作为旅游的标志——飞机——已被恐怖分子用做武器，影响巨大。很多国际航空公司破产，很多旅游目的地和企业发现它们的市场遭到破坏，消费者的旅游信心受到考验。9·11事件的影响可以总结为：

- 2001年全球入境旅游人数下降0.6%——比最初预期的数字小。
- 从地区来看，美洲受创最严重（到美洲旅游的人数下降了6%），其次是南亚（4.5%的负增长）和中东（2.5%的负增长）。
- 以穆斯林人口为主的旅游目的地受到的影响比较大，但其他一些地区，如奥地利被认为是比较安全的旅游地。
- 受创严重的地区主要在客源上过多地依赖北美市场和长距离旅游市场。旅游偏好也发生变化，旅游者更倾向"绿色"旅游地。
- 很多国家的旅游需求市场从国际转向国内，部分原因是由于航班和机位的减少，还有就是由于国内旅游的主要交通方式为水陆交通，被普遍认为较安全。
- 政府和国际组织实施"危机恢复战略"，包括扶持这些地区的旅游企业、补贴航空公司和营销计划。

旅游的区域变化

决定旅游需求的要素包括两个方面：一是生活方式要素，如收入和可移动性；二是人的寿命，如年龄和家庭结构。这些要素与全球旅游目的地分布特点相联系，影响旅游的全球规律和结构。入境旅游和出境旅游主要集中于少数国家，主要分布在欧洲和北美等地。这造成国际间的不平衡，发达国家获得更多的经济利益，而发展中国家没有得到多少好处，被迫竞争长距离旅游市场的份额，造成在整个旅游市场所占份额很小。对于国际旅游客源地和目的地而言，由于多数国家进入这一市场，某些主要旅游国的主导地位受到冲击。

旅游输出国（客源国）

虽然随着国民经济趋向成熟阶段，很多国家成为重要的旅游输出市场，但主要旅游输出国还是那些经济较发达、大众消费水平较高的国家。对于任何一个旅游目的地国家，其入境旅游的主要市场均包括其相邻国以及至少一个如下列举的国家：德国、英国、日本和美国。很显然，在未来20年，中国将成为重要的旅游输出国。大体上，旅游输出国的格局呈现两种对立的趋势：

● 尽管周边国家间的短途旅游有所减少，但仍然占有整个国际旅游40%的市场份额，所以依然占有重要地位。

● 长距离旅游大幅度增长。这是由于消费者对新奇旅游目的地的需求不断增强，旅游业不断迎合旅游者对这种长距离包价旅游需求的结果。航空技术和管理水平的提高使长途旅游从价格和距离上都能被消费者接受。

旅游目的地

战后的最大变化是东亚和太平洋地区迅速成为国际旅游目的地，这很大程度上是由于美洲和欧洲旅游人数的增长（表3.2）。

表3.2　国际入境旅游人数——地区间的差异：各地区（根据WTO划分的区域）在国际入境旅游人数中所占比例

地区	1950年（%）	1960年（%）	1970年（%）	1980年（%）	1990年（%）	2000年（%）	预计2010年（%）
欧洲	66.5	72.5	70.5	68.4	63.5	57.8	50.2
美洲	29.6	24.1	23.0	18.9	18.8	18.4	18.6
东亚和太平洋地区（EAP）	0.8	1.0	3.0	7.0	11.4	15.7	22.1
非洲	2.0	1.1	1.5	2.5	3.4	3.9	4.4
中东	0.9	1.0	1.4	2.4	2.1	3.3	3.5
南亚	0.2	0.3	0.6	0.8	0.8	0.9	1.2

东亚和太平洋地区

1950年，东亚和太平洋地区仅占有全球国际旅游0.8%的份额；然而，尽管有SARS的发生，但对当地的影响仅是短暂的，到2010年，预

计占有份额将增长22.1%。原因如下:

- 经济发展迅速,人口众多。
- 航空业管理水平不断提高。
- 多样化的文化。
- 世界级的自然景观。
- 完善的旅游设施,如机场。
- 多元化的社会,民众对旅游持积极友好的态度,包括像新近出现的旅游目的地,如中国和越南。
- 有利的汇率。
- 具有价格优势的包价旅游。
- 高品质的食宿旅游产品。

自20世纪60年代以来,欧洲作为国际旅游重要市场的传统地位有所动摇。虽然欧洲仍然在入境旅游上人数最多,但增长速度比太平洋等地区慢。新的旅游目的地不断抢占欧洲的市场份额,这一趋势非常明显。然而,欧洲在国际旅游客流量上仍处于主导地位,因为它有着:

- 众多旅游输出大国。
- 大部分国家虽小,但相互接壤,产生相当可观的过境旅游客流。
- 成熟的旅游业和交通业。
- 世界闻名的自然和人文景观。
- 众多的主题公园,像巴黎迪斯尼乐园。
- 著名的首都。
- 新的旅游目的地,像前东欧集团国家。
- 从海滨度假到冬季运动项目等丰富的旅游产品。
- 旅游基础设施发展成熟,包括海底隧道(Channel Tunnel)和其他交通设施的发展。
- 高水平的人员培训。
- 泛欧洲货币欧元的发展。
- 商务旅游所需的完整综合的工业体系。

在世界其他地区,美洲在国际旅游客流量上占有重要地位,不断增长的入境旅游是对国内旅游的极大补充，但美国、加拿大与其他经济发展薄弱的拉丁美洲国家之间表现不同，出于对恐怖主义的担心，出境旅游减少，北美国内旅游市场获益。在非洲，由于政局不稳，基础设施落后，旅游发展相对滞缓。大多数客流流向北非，但新近出现的"政治上受到承认"的南非正把重心放在发展旅游上。在中东，和平进程的不断反复不可避免地对旅游需求与供给有很大影响。南亚因为基础设施落后、政治动荡，旅游活动主要集中在印度。

案例回顾

　　本案例表明国际旅游的世界分布格局并非毫无规律可言。它的规律是可以预测的，所遵循的分布规律与旅游目的地的不同类型和旅游发生地社会经济特征有关。然而，由于各种"突发事件"对旅游的影响，这一规律发生了变化，旅游需求的格局也改变了。了解国际旅游需求的全球分布规律很重要，这是因为它们决定了旅游客流和旅游目的地的发展前景。

讨论与作业

　　1. 本案例的讨论基于准确的国际旅游需求统计数据。列出国际旅游需求的各种统计方法，并说明哪种方法最准确。在你们国家是如何对国际旅游需求进行统计的？

　　2. 利用本案例从WTO网站上获得的数据，画出自1950年以来国际旅游需求的增长图表。解释说明为什么最初的25年增长迅速，之后就增长缓慢了。

　　3. 在图表中找出增长受挫的年份，分析引起增长受挫的原因。找出某一事件，分析它对你们国家旅游的影响。

　　4. 找出前10位旅游输出大国和10个主要旅游目的地国家。这些资料可以从WTO网站和相关出版物中获得。解释说明为什么主要旅游输出国基本上来自西方发达国家。旅游目的地的格局是如何变化的，为什么？

　　5. 以自己的国家为例，作出旅游统计报告（如果数据可以获得的话，包括国内旅游）。分析本国旅游格局，与世界旅游需求格局进行比较，写出分析报告。

参考文献

著作和报告

Frechtling, D. (2001) *Forecasting Tourism Demand*. Elsevier Butterworth-Heinemann, Oxford.

Lennon, J. J. (2003) *Tourism Statistics*. Allen and Unwin, St Leonards.

Page, S. (2003) *Tourism Management: Managing for Change*. Elsevier Butterworth-Heinemann, Oxford.

Page, S., Brunt, P., Busby, G. and Connell, J. (2001) *Tourism. A Modern Synthesis*. Thomson Learning, London.

Witt, S. and Witt, C. (1991) *Modelling and Forecasting Demand in Tourism*. Academic Press, New York.

World Tourism Organization (1999) *Changes in Leisure Time*. WTO, Madrid.

国际旅游需求统计数据

Organization for Economic Cooperation and Development (annual) *Tourism Policy and International Tourism in OECD Member Countries*. OECD, Geneva.

Pacific Asia Travel Association (annual) *Annual Statistical Report*. PATA, Bangkok.

World Tourism Organization (annual) *Compendium of Tourism Statistics*. WTO, Madrid.

World Tourism Organization (annual) *Tourism Highlights*. WTO, Madrid.

World Tourism Organization (annual) *Yearbook of Tourism Statistics*. WTO, Madrid.

World Tourism Organization (monthly) *World Tourism Barometer*. WTO, Madrid.

World Tourism Organization (1994) *Recommendations on Tourism Statistics*. WTO, Madrid.

World Tourism Organization (1999) *Tourism Market Trends*, 6 vols. WTO, Madrid.

World Tourism Organization (2000) *Data Collection and Analysis for Tourism Management, Marketing and Planning*. WTO, Madrid.

World Tourism Organization (2001) *Tourism 2020 Vision – Global Forecast and Profiles of Market Segments*. WTO, Madrid.

World Tourism Organization (2001) *Tourism Forecasts*, 6 vols. WTO, Madrid.

网址

http://www.world-tourism.org

1.2 旅游目的地

案例4
格拉帕戈斯群岛（The Galapagos Islands）：
资源保护与旅游业的平衡发展

简 介

本案例关注格拉帕戈斯群岛以野生动植物作为一种独特旅游资源的做法。考虑到管理优先权的相关冲突，如何保护和管理独特的自然资源，以保证旅游业的发展，是本案例提出的一个重要问题。完成本案例后，你将：

1. 理解格拉帕戈斯群岛作为一种自然旅游资源的意义所在。

2. 了解游客对野生动植物的影响。

3. 认识到保护野生动植物的几种方法。

4. 明白独特的旅游资源是广大利益群体关注的焦点这一事实。

5. 了解政治和经济现状对旅游资源管理的介入与干扰。

关键问题

本案例涉及5个关键问题：

1. 野生动植物资源是格拉帕戈斯群岛上独特的旅游资源，由于游客不断增加，自然资源变得十分脆弱。

2. 游客对当地野生动植物和社区生活造成很大的影响。

3. 随着国家公园、世界遗产和生物圈保护区地位的确立，群岛上野生动植物的保护得到有效的落实。

4. 通过聘用高素质的导游、实行严格的游客活动规定、划分国家公园的区域、使用价格手段和许可证等措施来控制游客量，达到管理游客的目的。

5. 作为一种旅游资源，格拉帕戈斯群岛在管理中涉及来自各方面的利益相关者，他们的利益与群岛优先权之间存在着争议。

格拉帕戈斯群岛简介

格拉帕戈斯群岛位于南美大陆瓜亚基尔以西1000公里的太平洋上（见图4.1）。这些岛屿上的野生动植物既是世界级的旅游景观，又是不可再生的资源，因此成为世界知名的世界遗产和生物圈保护区。由于群岛上没有肉食性动物，大部分动物都不惧怕人类。虽然群岛处于赤道地区，但由于有寒流经过，像企鹅和海狮这些动物也能在这片热带群岛上兴盛繁衍。群岛上14种稀有物种，包括最著名的海生鬣鳞蜥和巨龟，它们的自然选择过程曾经为达尔文进化论提供有力的支持，可见群岛的科学价值由来已久。以前，由于地理位置偏远和人类活动影响相对较少，格拉帕戈斯群岛处于良好的保护状态之中。随着20世纪70年代以来生态旅游人数的逐步增加，一方面，公众开始对群岛进行关注，为保护群岛提供支持，另一方面，却进一步加剧对群岛上脆弱的生态系统的破坏，这种破坏远比从前偶尔前来的海盗和捕鲸者的破坏要严重得多，现在的景象与曾经广为人知的"热带伊甸园"相去

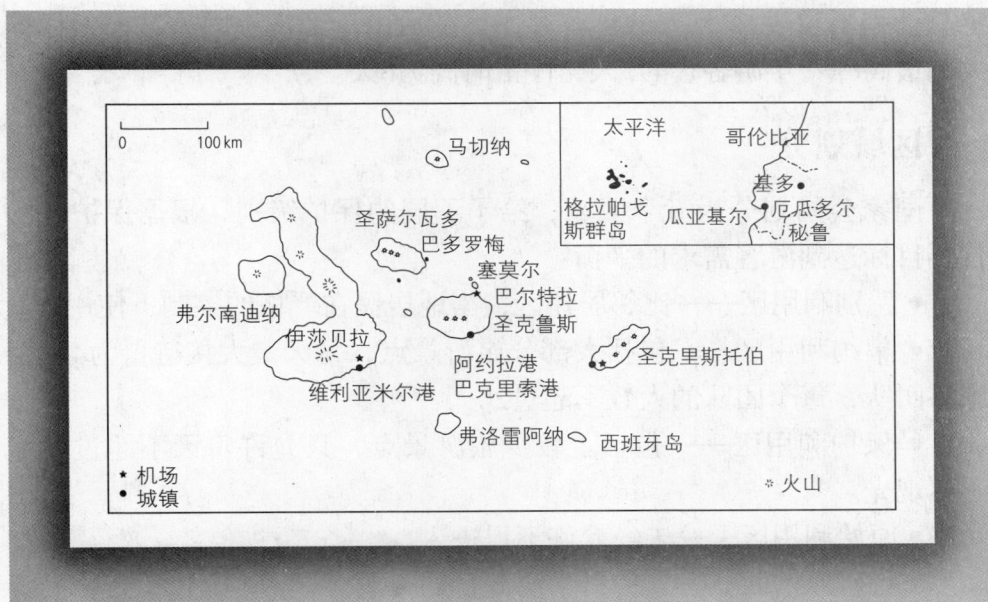

图4.1　格拉帕戈斯群岛

甚远。由于气候干燥，岛屿由火山构成，岩石裸露，景观粗犷。动植物已经完全适应这里的自然条件，哪怕是厄尔尼诺现象带来的周期性强降雨和高温天气。事实上，它们生存的最大考验来自于人类对环境的破坏，从而引发的一系列严峻的问题，外来物种的数量不久将会超过群岛上原有物种的数量。

资源管理

国家公园的认定

在欧洲和北美，环境保护主义者和旅游业界代表正认真考虑引入"游客禁区"作为解决旅游业对脆弱的自然文化资源破坏的一种措施。此措施在格拉帕戈斯群岛已运作多年。早在1959年，年游客量不到1000人的时候，厄瓜多尔政府就已经把除有人定居地区以外的97%的群岛面积划为国家公园。1968年建立非营利性组织达尔文基金会，与政府机构格拉帕戈斯国家游客中心（GNPS）合作，致力于保护群岛内的生态系统，标志着有组织性的旅游业在此时开始形成。1974年设定总计划不超过1.2万人的年游客量，随后由于经济原因，这一指标扩大到最高峰：年游客量4万人，停留时间为6天。

区域划分

国家公园划分为五个区域，给予不同的保护级别，根据保护区的首要目标达到游客需求的平衡：

- 特别利用区——比邻居住区，当地居民在严格的控制下使用。
- 集约利用区——包括大部分旅游景点，每天最大接待量为4~5个旅游团队，每个团队的人数不超过20人。
- 保护利用区——包括了较少旅游景点，只允许每天不超过20名游客观光。
- 原始利用区——未经允许不得进入。
- 科研原始区——只为科学研究目的开放。

游客管理

为了保护区的利益，旅游发展受控于：

● 国家公园指导手册。

● 避免野生动植物受到污染和破坏的有关严格规定（见图4.2）。

> 格拉帕戈斯群岛是世界上少有的、相对而言未经人类开发的地方。除了脚印，请不要留下任何东西；除了照片，请不要带走任何东西。实施以下简单的条例，每个人都可以为维护岛上脆弱的生态系统出一份力，它们的将来有赖于你我。
>
> 1. 不要把生物（如昆虫和种子）带进群岛，或在群岛之间运送。如果您把宠物带进群岛内，这是不允许的。
> 2. 不能干扰或移动群岛上任何的植物、石头、动物及其残骸，如骨头、珊瑚、贝壳和其他自然物，以免破坏群岛上的生态平衡。
> 3. 不能触碰任何动物。如海狮妈妈一旦在它的幼子身上嗅到人类的气味，它就会丢弃自己的小孩。鸟类也会做出如此的行为。
> 4. 不要喂食动物，否则会扰乱它们的生命周期、社会结构和繁殖能力。
> 5. 不要追捕或滋扰在休憩地和巢穴的动物，特别是那些如塘鹅、鸬鹚、海鸥和军舰鸟一类的动物，接近它们的巢穴时要特别小心，至少保持1~2米的距离。如果它们的巢穴受到侵袭，大鸟会逃离巢穴，而缺乏照顾的幼鸟和鸟蛋在阳光下30分钟就会死亡。
> 6. 被国家公园认可、有资格的导游应在公园内全程陪伴旅游团队，游客也应在身上粘贴印有黑白两种颜色的标记，跟随团队行动。如果脱离团队行动，很有可能会在不经意间破坏到动物的巢穴（如沙地上海生鬣鳞蜥的巢穴）。
> 7. 跟随导游，以便了解相关的信息和建议。导游对游客负责，一旦没有按规定履行职责，您可以向国家公园报告。
> 8. 一切的废弃物都不能留在群岛上，只有少量物品才可以丢弃在海上，而且只能丢弃在指定的海域。您可以在船上处理废弃物（如胶卷的包装盒、烟蒂、口香糖、罐头、瓶子等），但不要把垃圾随意扔到船舱外或岛上，否则垃圾很可能漂移到海岸上，被海龟或海狮吞食。海狮可能会玩弄在海底捞到的瓶罐，伤到敏感的鼻口，海龟可能会因吞食塑料袋而致死。
> 9. 千万不要在岩石上刻画任何东西，这是违法行为，而且会被罚款。
> 10. 不要购买用岛上动植物制成的纪念品或物品（木制品除外），包括龟壳、海狮牙和黑珊瑚，这是杜绝此类交易的最好方法。
> 11. 如果您想露营（在圣克鲁斯、圣克里斯托伯和伊莎贝拉景区内），请事先经得国家公园游客中心的同意。除了使用煤气炉以外，请不要生火。
> 12. 请随时随地遵守游客守则，保护环境，并帮助他人理解和实施这些规定。
>
> 格拉帕戈斯国家公园感谢您对以上规定的认同，每一位游客将得益于您的真诚合作。

图4.2 格拉帕戈斯国家公园游客守则

（资料来源：Adapted by courtesy of Tourism Concern，1999）

● 离岸船必须递交必要的书面文件。

高价格是进入群岛的一个门槛，外国游客乘坐飞机或游船从厄瓜多尔内陆进入群岛的花费相当于从欧洲坐飞机到基多或瓜亚基尔的费用，而且进入岛内需要支付昂贵的门票价格（约100美元）。大部分游客把食宿安排在环岛行驶的游船或游艇上。游客只能到访GNPS设定的54个游客景点，而到达这些景点必须乘坐充气皮艇（pangas）——与从防波堤上"干登陆"的形式相比，这种经过冲浪似的登陆就不可避免地成了"湿登陆"了。每个旅游景点都可以通过标有路标的专用路径到达，游客可以在沿途接触到野生动物、罕见的植物和火山地形。持有GNPS颁发执照的导游每次最多只能接待20名旅客，他们都具备环境保护意识和丰富的博物学知识。无论是乘船游览各景点还是以酒店为据点的一日游，事先都由旅游承办商妥当地列入旅游行程之中。依照每次行程包括的景点数，每艘持有执照的汽艇或游轮都可以灵活地安排自己的行程。

游客影响

1995年，格拉帕戈斯群岛的生态旅游估计给厄瓜多尔带来了1.05亿美元的经济收入。事实上，旅游业是对岛上有限资源基础进行商业利用的少数活动之一——过去发展农业的各种尝试都以失败而告终。大部分国外游客都是欧洲和北美的中年高收入者，如果大部分游客能在厄瓜多尔内陆城市，如基多和瓜亚基尔停留3天，作为他们度假行程中的一部分，这将给厄瓜多尔国民经济带来更大的价值。环境保护主义者担心，这种"教育式旅游"最终会变回传统的旅游形式。就如西班牙岛（Española Island）的加德纳海湾优质海滩——最热门的海滩之一，其游客数量已超过了海狮的数量。没有明确的年游客到访率的限制，游客人数已经大大超过了原计划的4000人次（见图4.3）。从20世纪90年代中期开始，游船的数量没有增加，但许多旅游公司都趋向使用更大、更豪华的游轮。有迹象表明，大多数景区环境容量已经超负荷，筑巢鸟受扰、道路遭侵蚀。

从岛上居民的角度来看，格拉帕戈斯对传统游客，和在最大

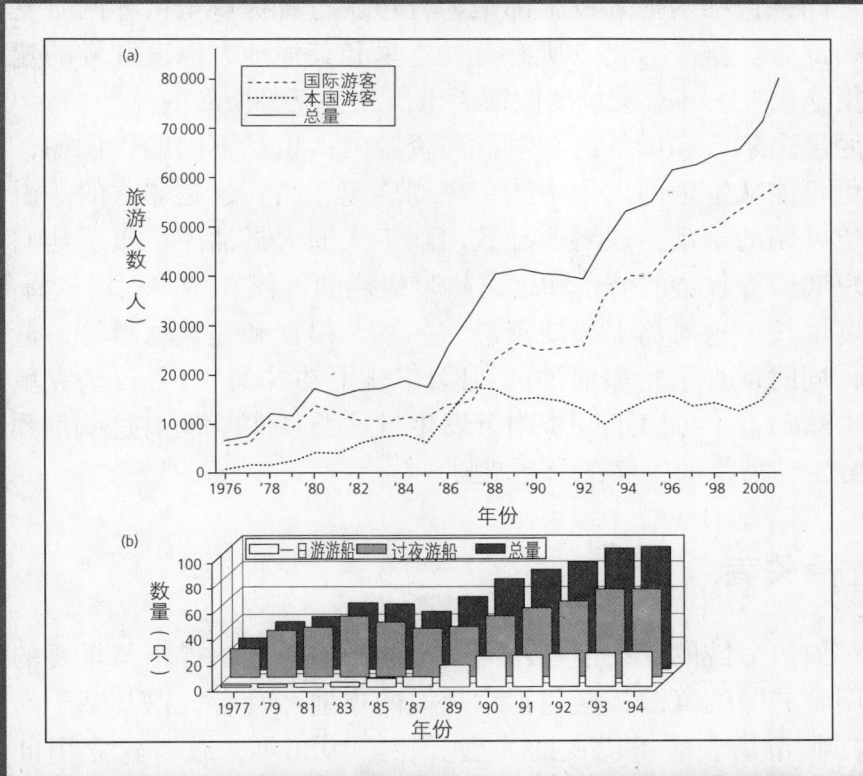

图4.3 格拉帕戈斯群岛的旅游增长情况：（a）游客总量；（b）到达群岛的游船数量
［资料来源：（a）1976—1995年数据来自Jackson，1997:251; 1996—2001年数据来自厄瓜多尔旅游组织（CETUR）;（b）MacFarland and Cifuentes，1995］

的镇阿约拉港（Puerto Ayora）和首府巴克里索港（Puerto Baquerizo Moreno）停留几个小时、乘坐游轮的乘客几乎没有吸引力。由于大多数物资需要从内陆引进，来满足游客需求，加之生态旅游所能提供的就业机会又甚少，只有很少一部分的游客消费能对岛内经济有所贡献。娱乐活动只局限于潜水、浮潜和垂钓，这些活动以及骑马等陆地活动的进一步开展都需要更多的设施。目前3个海港社区只能提供最基本的设施和不同级别的小规模饭店。阿约拉港拥有10万居民，占群岛人口的一半，是发展度假地的最有潜力的地区，正在建设中的休闲商业区（RBD）毗邻海港，海港处在通向巴尔特机场和达尔文研究所的道路之间，包括网吧等设施都是为背包旅行者提供全世界网络支持系统的一部分。至今为止，所有有关这里和其他地方深度开发的建议都遭到拒绝，唯一一家豪华度假饭店坐落在圣克鲁斯岛内。

厄瓜多尔人和国外游客对群岛资源的认识是不同的，例如，国内游客更可能从本地商人手中购买黑珊瑚纪念品，这是非法的。由于国内航空补贴的推动，旅游业导致内陆工人的大量涌入，吸引他们的是岛内短期经济收益的前景和远离热带疾病的气候。岛内人口以每年8%的幅度增长，这对岛上稀缺资源，如水、粮食和建筑材料等，造成了压力，同时增加了货船泄油的风险[事实上在2001年1月，圣克里斯托伯岛（San Cristobal Island）附近发生过这类事件]。所有这些都预示着岛内野生动植物的生存正受到威胁。

利益相关者

对周边海域的保护也是相当关键的，旅游业不得不与重要的捕鱼业利用着共同的资源；这包括小规模的本地经营者，以及基于内陆、供应国际市场、装备优良的大型货轮。1986年，政府建立了世界最大、占地13万多平方公里的格拉帕戈斯水生资源保护区。1995年，经过一致的努力，商业捕鱼活动被禁止，尤其禁止对海参的捕获，海参在远东地区被看做是一种兴奋性药物。岛上居民抗议GNPS和达尔文研究所的人员，不满他们对野生动植物栖息地的故意破坏。由于当地民众感觉自己的利益被忽视，同样的事件也发生在其他的国家公园，当地社区认为他们的利益被排除在外，如西班牙的科托多尼亚那（Coto Doñana）国家公园。在这次事件中，格拉帕戈斯政府开始考虑社区参与的原则，1998年厄瓜多尔议会颁布的《格拉帕戈斯特别法》就意识到了可持续性发展的重要性。主要内容有：

- 加强环境保护与旅游业各组织之间的合作（图4.4列出了各类利益相关者）。

- 基于当地自然旅游的促销。

- 像INGALA这样的区域发展规划机构加强对旅游业发展的控制，

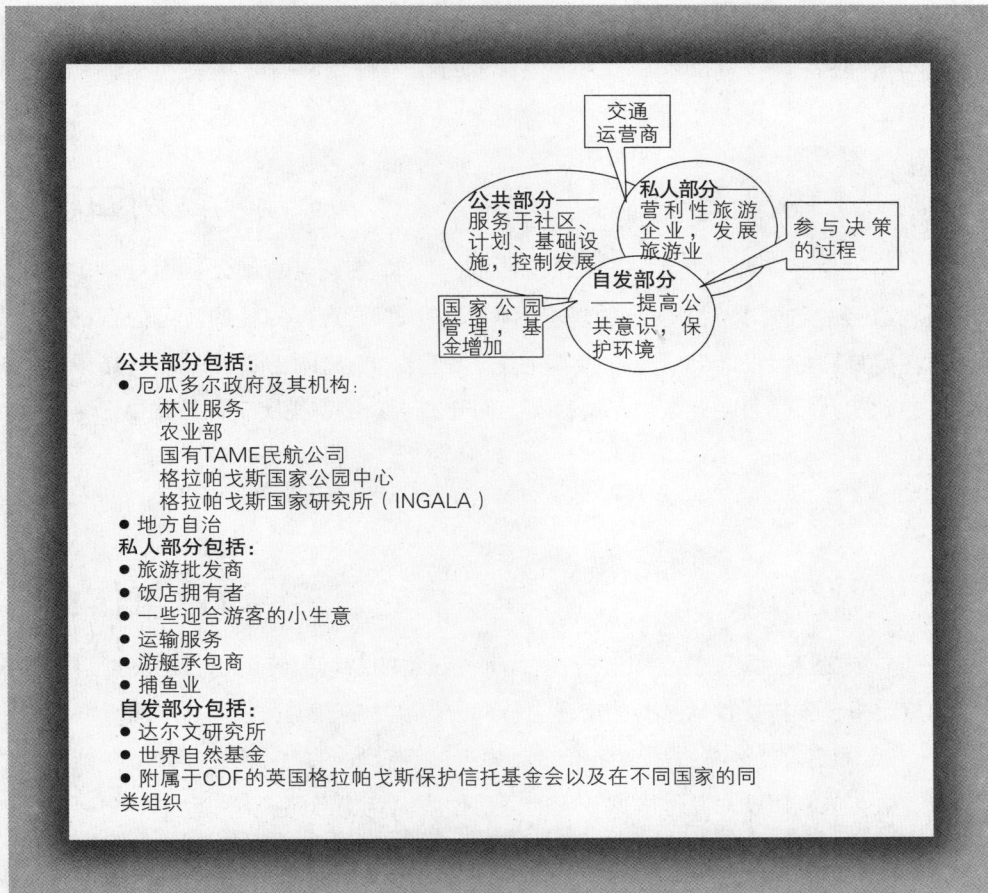

公共部分包括：
- 厄瓜多尔政府及其机构：
  - 林业服务
  - 农业部
  - 国有TAME民航公司
  - 格拉帕戈斯国家公园中心
  - 格拉帕戈斯国家研究所（INGALA）
- 地方自治

私人部分包括：
- 旅游批发商
- 饭店拥有者
- 一些迎合游客的小生意
- 运输服务
- 游艇承包商
- 捕鱼业

自发部分包括：
- 达尔文研究所
- 世界自然基金
- 附属于CDF的英国格拉帕戈斯保护信托基金会以及在不同国家的同类组织

图4.4 格拉帕戈斯旅游业的利益相关者

要求开发者提交有关环境影响的报告。

- 控制岛上居留权的发放，稳定人口数量。
- 游客门票收益的40%归GNPS用作环境保护的经费。
- 通过对动植物进口实施更严格的检疫来保护岛上原有的生物品种，防止被外来物种根除。

《格拉帕戈斯特别法》的效用还有待时间的验证。厄瓜多尔与其他发展中国家一样，都对自己的遗产引以为豪，然而财政能力的有限使得环境保护在越来越紧迫的经济和社会问题的环境下不得不被搁置。面对当地政府官员的效率低下和官僚化以及跨国集团反对的声音，可能难以找到一批有资历的专业人士去执行一系列的措施。很明显，保护群岛环境涉及众多利益方，旅游业是其中一方，但不是唯一的利益相关者。

案例回顾

格拉帕戈斯群岛是独一无二的旅游资源，本案例着重阐述在面对众多不同利益相关者要求优先发展的情况下，保护和管理这样独特的资源的各种困难。尤其是当我们看到所采取的各种减少游客影响的措施所产生的不同结果，更感到压力。格拉帕戈斯群岛是现实力图在政治和经济干扰下保护野生资源的最佳案例。

讨论与作业

1. 借助互联网和旅游小册子，为一位纽约的游客制订到格拉帕戈斯群岛的旅游行程安排，包括所有的交通中转和一份详细的旅游行程。

2. 讨论为什么格拉帕戈斯群岛上关于游客管理的条例会如此详尽并能得以有效实施，以及对其他国家公园的适用性。你能提出保护野生动植物免受污染和干扰的其他规定或建议吗？

3. "国家公园"的定义是什么？与欧洲和北美的国家公园比较，格拉帕戈斯群岛是否满足IUCN（世界自然保护联盟）设定的所有标准？

4. 列出旅游业对生态的正面和负面的影响——估计这些影响中有多少会出现在群岛上？

5. 格拉帕戈斯群岛是众多岛上居住者的家园——在课堂上把学生分成正反两方，组织一次辩论，分别扮演不同角色，角色可以包括市长、商人、渔民等岛上社区的成员，以及GNPS的成员。

致　谢

十分感谢格拉帕戈斯保护信托基金会（Galapagos Conservation Trust）为本案例研究给予的帮助。

参考文献

Chapman, M. (2003) Islands of the fittest, *National Geographic Traveler*, April, 46–57.

Crowley, P. (1999) *The Galapagos: Tourism at the Crossroads*. Tourism Concern, London.

Hall, C. M. and McArthur, S. (1998) *Integrated Heritage Management*. The Stationery Office, London.

Jackson, M. (1997) *Galapagos: A Natural History*. University of Calgary Press, Calgary.

MacFarland, C. and Cifuentes, M. (1995) Case study: Ecuador, in V. Dempka (ed.), *Human Population, Biodiversity and Protected Areas: Science and Policy Issues*. American Association for the Advancement of Science, Washington, pp. 135–188.

网址

www.galapagosonline.com

案例5
气候变化对旅游业的影响

简　介

　　气候变化是人类面对的最严峻的课题之一。本案例讨论引起气候变化的原因，以及气候变化对旅游业和旅游者的影响。完成本案例后，你将：

1. 认识到气候变化对旅游业的重要影响。
2. 了解引起气候变化的主要因素和气候变化的起因。
3. 意识到全球气候变暖对旅游业产生的后果。
4. 意识到臭氧层变薄给旅游业带来的后果。
5. 认识到目的地和旅游部门会对气候变化作出应有的反应。

关键问题

　　本案例涉及5个关键问题：

1. 全球气候变暖和臭氧层变薄造成了气候的改变，并成为影响人类生活的重要因素。
2. 全球气候变暖被认为是燃烧矿石燃料产生的温室效应引起的，温室效应阻止了热空气的向外扩散。它对旅游业的影响包括海平面上升造成低洼旅游地出现洪涝灾害和雪线消退造成滑雪胜地的萎缩。
3. 喷雾器和冰箱这些装置向大气中排放的气体削薄了臭氧层。这一效应对旅游业的影响主要体现在旅游地更直接地暴露在紫外线之下和珊瑚礁变白等对旅游地造成的破坏。
4. 气候的改变催生了旅游习惯的相应改变，越来越少的旅游者会选择日光浴。
5. 一些海滩度假目的地迫切需要调整旅游产品。

气候变化

不同的气候因素，如空气和海水的温度、阳光、风速风向、湿度（空气中水的含量）和雨雪量等都在各种各样户外活动中扮演着重要的角色。虽然室内滑雪场馆可以提供人造雪，但这种做法毕竟要花费大量资金，而且不能够很完美地代替真正的雪——如冬季的阿尔卑斯山。我们可以就休闲中心的人工冲浪和深海潜水的人造礁为例做类似的调查。在如今的地中海和众多热带岛屿，气候作为它们的主要财富，是吸引游客的重要动力。相反，像英国这些北方国家，阴郁的天空则对出境游有强劲的推动力。虽说平均气温等是我们描述一个旅游目的地气候经常要考虑的因素，但气候变化意味着天气极端现象的出现，如热浪会在将来变得越来越频繁。

气候变化对旅游业影响的重要性是潜在的，但在一些地区已经有所显现。而在过去，气候变化经历了相当长的一段时期，如今由于人类对自然环境造成了影响和破坏，有明显的迹象可以说明这种变化的程度正在加剧。气候变化的两个主要方面是全球气候变暖和臭氧层变薄。

全球气候变暖的原因

从20世纪开始，世界平均温度已经提高了0.5℃，到21世纪有可能再提高2.0℃。温室效应的成因和影响至今没有一致的说法，一些科学家把气温的上升与空气中二氧化碳、甲烷和氧化亚氮排放量的增加直接联系起来。这些气体来自矿物燃料的燃烧，如交通运输所需的石油和煤，或来自人类对大面积热带森林树木的频繁砍伐。人们通常认为二氧化碳是造成温室效应的原因，认为它把过多的热辐射保留在地球的表面，无法排放到外层空间。

气候变化的迹象并不来自一方，有各种各样的解释。一些科学家根据阿尔卑斯山冰川上涨和引退的迹象，相信目前的变化仍处在上一个千年的波动范围内。即使全球气候正在变暖，但苔原底下融化的永久冻土层所释放的甲烷以及北极地区温度相对升高所带来大量增加的降雪有可能导致另一个冰河纪。根据这种假定，夹带大量冰块的拉布拉多寒流将加强，墨西哥湾暖流会向南偏离它现在的路径，穿过北大西洋。因此不难预料，北纬地区将经受广泛的气候恶化。

全球气候变暖对旅游业的影响

滑雪胜地

全球气候变暖的影响在山区有最为明显的表现。这些地区的冰川在逐渐消退，高纬度的冻土层正在融化，雪崩发生的几率变大。很多滑雪胜地，尤其是那些处于低纬度的地区，以及像阿尔卑斯山脉等边缘地区的滑雪度假地，由于冰雪覆盖的日益减少已经变得无利可图了。

海平面上升

南极半岛是高纬度地区的一个典型例子，这里的冰帽迅速融化并且变得十分不稳定。南极冰雪的大量融化会导致全球范围的海平面上升，导致马尔代夫和密克罗尼西亚等低地岛屿旅游地受灾。地中海地区变得更炎热干旱，一些度假地的水资源变得更为短缺。如此一来，来自北欧的游客减少。不难想象，得益于夏季的延长，他们可以在自己的海边度假地享受亚热带的日光浴了。图5.1总结了旅游与气候变化的关系。

不良的副作用包括：

● 虫害入侵、大肠杆菌传播而致的疾病（如西尼罗河病毒的肆虐，使北美在2002年遭受了长期的旱灾）。

● 本地的动植物有可能遭受生态破坏。

● 尤其在城市，持续的热浪伴随糟糕的空气质量。

● 风暴活动频繁以及造成海岸线的侵蚀。

● 沿岸海藻日益繁殖严重污染水质。

航空公司由于使用破坏环境的飞行燃料而受到处罚，运输费用可能提高。

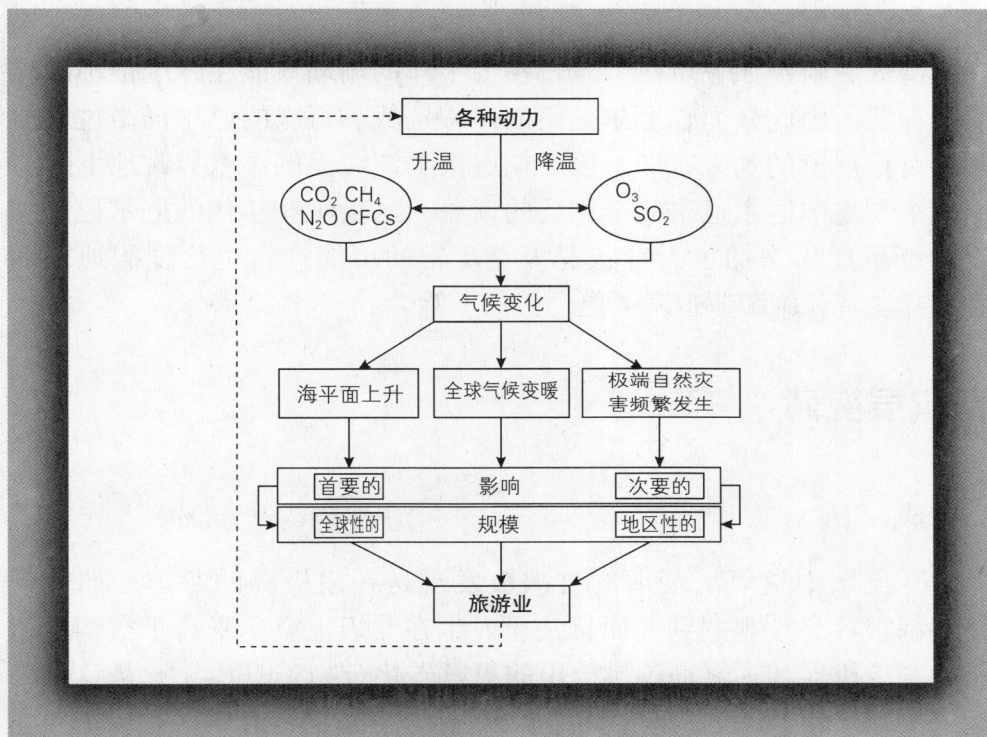

图5.1 气候变化与旅游业的关系
（资料来源：Giles and Perry，1998：76）

厄尔尼诺

厄尔尼诺现象是太平洋赤道带大范围内海洋与大气相互作用失去平衡而产生的一种气候现象。厄尔尼诺是西班牙语，是"圣婴"的意思，每隔3~5年，在圣诞节前后发生。厄尔尼诺现象的特征表现为信风异常变弱、表面洋流逆向运动、大量暖流反常地涌向南美洲海岸。厄尔尼诺取代秘鲁暖流，给干旱的海岸地带带来强降雨，破坏海洋生物，随之造成海滩度假地和厄瓜多尔、秘鲁渔业的经济损失。由于以信风为特征的天气系统相对稳定，影响到整个热带以外的地区，厄尔尼诺的影响范围不只局限于太平洋的南美海岸。这一系统的崩溃造成全球性的影响，波及范围能到达美国西部、非洲南部、印度尼西亚、澳大利亚和波利尼西亚，一般带来反季节性洪涝、干旱和台风。频密的森林大火和烟雾弥漫的气候被认为是致使东南亚1997—1998年厄尔尼诺肆虐的原因。在其他地区，暖空气带来的强降雨使许多人受到疾病折磨的威胁，如登革热。生长在太平洋的珊瑚只能在跨度很小的温度间存活，因此会面临厄尔尼诺的严峻挑战。每次的厄尔尼诺过后通常会有拉尼娜的到来，即一段时期内南美洲海面的温度异常地下降，形成了与之前厄尔尼诺完全相反的现象。20世纪90年代的厄尔尼诺导致的严重后果增加了天气状况极端反常的可能性，也给度假地规划者、开发者和旅游业带来了更严峻的考验。

臭氧层变薄

成　因

平流层中臭氧层变薄的首次被发现是在南极洲的冬季，如今一整年都很容易被观察到，而且甚至发生在北极上空。来自于空调、冰箱、制冷机器和烟雾剂等排放出的氯氟碳化合物（CFCs），被认为是造成臭氧层变薄的原因。当然，旅游业的发展也是造成这一结果的因素之一。在一些发达国家，政府、各行业和消费者已经采取了行动控制CFCs的排放，但仍期待着全世界范围内禁止CFCs排放能得到落实。在这方面，1996年《京都议定书》的签订迈出了这一共同努力的第一步。

对旅游业的影响

臭氧层能过滤掉致命的短波紫外线（UVC），降低有害的户外紫外线（UVB）对人体的伤害。人们发现的臭氧层空洞已让不少地方的游客受到健康的威胁——例如南半球的澳大利亚部分地区、新西兰、南美洲，甚至是阴冷的福克兰群岛（应该注意到，臭氧层的变薄不会影响大气和海面的温度，与全球气候变暖也没有联系）。毫无疑问，越来越多的紫外线使人类患上皮肤癌和白内障的几率不断上升。皮肤正常的人首次在太阳底下暴露15分钟就会遭受被太阳晒伤的危险，即使使用了高防晒系数（SPF）的防晒油或防晒乳液也阻挡不了紫外线对皮肤的长时间伤害。媒体对此的兴趣可能最终影响人们对日光浴和海滩旅游的态度。

- 由于假日游客发现穿着高防晒系数衣服的好处，太暴露的穿着可能变得不再时尚。
- 传统上依赖海滩旅游的旅游地要通过提供附加产品和游览项目以达到多样化。

案例回顾

本案例揭示了气候变化对旅游业的重要意义，以及天气状况将来会变得更加无常这一事实。实际上，气候的改变使旅游资源发生变化，旅游活动正受其影响——如雪线的消退和臭氧层空洞造成的太阳侵害力的增大。旅游业也正以不同的方式应对这些挑战，如海滩度假地多样化开发。正如本案例所预示的那样，未来气候的改变要求我们对旅游业和旅游者转换思考方式。

讨论与作业

1. 给欧洲南部海滩度假地的经理撰写备忘录，总结天气变化对其市场的潜在影响，以及度假地应采取哪些措施。

2. 许多旅游业投资者看中了海岸地带，借助地图，指出哪些有可能成为受海平面上升威胁的旅游目的地。

3. 你是澳大利亚山脉滑雪胜地的经理，你会采取哪些措施对抗全球气候变暖的威胁以确保旅游季节盈利？

4.（1）评估下面目的地的旅游活动与现今气候的适应度：

①东非成为狩猎旅游的目的地（一年分为雨季和旱季）。

②相比加勒比或昆士兰，冈比亚成为欧洲游客"冬天的太阳"的度假地（要注意到南半球的季节是相反的）。

③相比昆士兰，红海开展深海潜水活动。

④相比加州北部，在英国西南端的康沃尔开展冲浪活动。

⑤相比奥地利、阿尔卑斯山脉或澳大利亚山脉，拉普兰（斯堪的纳维亚半岛北部）成为滑雪度假地。

⑥西班牙的伊比沙海岛作为"夏日阳光之旅"的包价旅游度假地与布雷顿作为散客夏日度假地。

你需要获取这些旅游目的地的平均气温、相对湿度、日照和降水量等资料，绘成图表以便比较。

（2）调查全球气候变暖对这些目的地和旅游者活动造成影响的可能性。

5. 研究"珊瑚白化"（coral bleaching）现象。就珊瑚白化对澳大利亚大堡礁旅游业造成的影响，给澳大利亚环境部部长写一份简介。

参考文献

Bunyard, P. (2001) The truth about climate change. *The Ecologist*, November, pp. 4–11.

Giles, A. and Perry, A. (1998) The use of a temporal analogue to investigate the possible impact of projected global warming on the UK tourist industry. *Tourism Management*, 19 (1), 75–80.

Henson, R. (2002) *The Rough Guide to Weather*. Rough Guides, London.

Lynas, M. (2003) Winter tourism feels the heat. *Geographical*, 75 (10), 97–105.

Pearce, E. A. and Smith, C. G. (1990) *The World Weather Guide*. Hutchinson, London.

Rogers, D. (2004). Going to extremes. *Condé Nast Traveler*, May, 93–105.

The Royal Meteorological Office (1970–) *Tables of Temperature, Relative Humidity and Precipitation for the World*. HMSO, London.

Soplee, C. (1999) El Ninō/La Niña: nature's vicious cycle. *National Geographic*, 195 (3), 73–95.

Viner, D. and Agnew, M. (2000) *The Implications of Climate Change on Tourism Markets and Demand*. Climate Research Unit, University of East Anglia, Norwich.

World Tourism Organization (2003) *Climate Change and Tourism*. WTO, Madrid.

案例6
旅游地交通管理

简　介

　　由于航空旅游特色显著，人们很容易忽略在国际旅游与国内旅游中占很大份额的地面交通。本案例研究的问题涉及旅游目的地的机动车辆以及交通管理的各种方法。完成本案例后，你将：

　　1. 了解汽车旅游的优势。

　　2. 了解汽车旅游给旅游目的地带来的各种问题。

　　3. 了解进行旅游地交通管理，诸如设立新的设施、把旅游交通从当地交通中分离出来的益处。

　　4. 了解通过城市外围停车换乘设施（park and ride schemes），限制机动车辆进入景区。

　　5. 了解交通管理各种方法的评判标准。

关键问题

　　本案例涉及5个关键问题：

　　1. 机动车是国内与国际旅游最主要的交通工具，因为大多数旅游都是短途的。

　　2. 这种交通形式给旅游地带来了一系列的问题，包括安全、干扰与交通拥堵等。

　　3. 通过诸多管理方法如开发观光公路（scenic drives）和旅游路线把旅游交通独立出来，这不仅可以加深游客的旅游体验，而且可以减少旅游交通带来的问题。

4. 鼓励旅游者使用旅游地提供的公共交通，减少私人汽车的使用（如进行停车和游览路线规划），从而大大降低对环境敏感地区的影响。

5. 每一种管理方法都有在特定环境下的适用性，有各自的评判标准并且牵涉到许多问题。

旅游地的机动化交通

地面交通是旅游地最主要的交通形式，主要以小汽车为主，但大客车/巴士也扮演着重要角色，这就给旅游地带来了一系列问题：

- **安全** 与其他交通方式相比，小汽车的安全性差，在全世界，每年平均有25万人因此丧生，700万人受伤，特别是儿童死亡人数非常大。因此，很明显，无限制地使用小汽车对于旅游地和景区安全是一个重大隐患。

- **速度** 度假旅游的行车速度一般比普通驾车慢10%，并且旅行者不确定他们的路线。

- **设施** 小汽车需要诸如停车场等许多专门设施，这些一般会对整个景区造成视觉干扰。在海滨旅游胜地，海岸上一条繁忙的公路会把旅游宾馆、零售商店、其他活动设施等与沙滩分离开来。

- **视觉污染** 小汽车集体停放会产生炫目的色彩与光亮，常常对自然、人文景观或者度假地和历史古镇产生视觉干扰。

- **交通拥堵** 小汽车经常会造成前往景区的道路与景区内部交通拥堵。

- **环境影响** 小汽车的噪声与尾气排放是旅游地的重要污染源。

然而，在旅游地使用小汽车却又往往是不可避免的。

- 小汽车具有门对门的便利性，比其他任何交通形式更私人化，想去哪就能去哪。

- 被认为是一种廉价的旅行方式，特别是对家庭而言，因为路费和折旧费相对于旅行费用太微不足道了。

- 具有最佳的沿途观光效果。

- 方便携带行李、宠物、娱乐设施和一些特殊人群（如老人、残疾人等，没有小汽车，他们便不能抵达旅游地）。

- 可以被用来运载大件物资、帐篷与游船等。
- 可以用作旅行途中进行野炊、观光等活动的基地。

旅游地交通管理措施

然而，小汽车对多数旅游地的影响日趋严重。因而，许多旅游目的地采取措施，进行交通管理，致力于解决这些问题并协调当地交通与旅游交通的关系。由于自驾车旅行者对各种限制都很抵触，这些措施的实施可能会很困难。我们似乎容易接受对商务和日常生活交通的限制措施，但是在休闲度假时，便不愿意接受它们了。尽管如此，我们都想获得更高质量的旅游体验，那么对旅游交通的管制是不可避免的。

以下有两个主要的管理措施：

1. 限制游客使用私人小汽车

停车换乘设施

这些包括为旅游者提供可替代的交通方式。通常是要求游客在某处泊车，乘坐巴士或其他交通工具到达景区。停车换乘设施规划需要以下条件：

- 设置防止"短循环式系统"（short circuiting the system）的道路系统。
- 当地居民与商业团体的支持——这些路线规划经常被视作是对当地居民自由的侵犯并使商人担心他们的生意会受到损害。
- 进行有效的可视化营销、宣传，设置路标与提供信息。
- 旅游者牺牲一部分自由观光旅游的权利获得最丰富的旅游体验。
- 美观且安全的停车场所，相邻的避雨候车地/公交车站。
- 前往游览地有规律的交通车辆——这是停车换乘设施规划带来的最大的好处，可以有效管理和控制到达旅游地的游客人数。

停车换乘设施规划适用于以下旅游目的地：街道比较窄且进入性比较差的历史城镇与乡村；交通设施会影响观赏效果的自然景观；儿

童安全需要特别关注的以家庭游客为主的景点与旅游地。泊车与游览路线规划的实施也有很强的灵活性，可以仅用于旅游高峰期——比如周末与节假日。

提供可替代的交通工具

提供富有创意的其他交通形式也是一种非常有效的管理措施，实现人与车分离，比如：

● 开通城市循环观光巴士与游船，在主要景点设上下车站，像在伦敦、纽约等很多历史古城和英国山峰国家公园（UK's Peak District National Park）等乡村地区都是如此。

● 发展适合旅游需要的公共交通，比如，在英格兰北部的一处罗马时代的历史古迹哈得良长城（Hadrian's Wall），公交车沿着墙在主要景点停靠，这可以节省游客往返的时间。

● 制作旅游信息电脑光盘，使旅游地的公共交通系统更形象易懂。

● 开发新颖的交通工具，如缆车、马车、娱乐有轨列车与游艇等。单轨铁路一般用于主题公园与展览场所，但对于大部分景点而言，却太碍眼且昂贵。

2. 把旅游交通从当地交通中分离出来

观光公路

观光公路的产生与发展把旅游交通从地方交通中分离出来。旅游者驾车一般比较慢，希望体验驾车的乐趣，而不是简单地从A地到B地越快越好，所以为度假的自驾车旅行者开设专门的观光线路是可行的。因而出现了提供非凡的驾车体验与旅行享受的观光公路，并使旅游管理者可以控制进入公路的车辆数量。环境问题也可以得到缓解，因为游客更愿意待在他们的车内。

观光公路一般可以提供以下特色服务与设施：

● 为游客提供解说与信息。

● 提供观光、野炊和烧烤的休息场所。

● 风景优美，设计独特的驾车体验最大化了景观的效用。

● 汽车旅馆、商店和咖啡厅。

观光公路主要在北美，比如蓝色山脊公园道（Blue Ridge Parkway），它在弗吉尼亚州与北卡罗来纳州间蜿蜒而行，并且经常可见汽车广告。但是在欧洲与世界其他地方观光公路还比较少。

案例回顾

毫无疑问，人们更喜欢自驾车旅行，它能给游客带来许多便利与好处。然而，就像这个案例所描述的一样，太多的汽车给旅游地的管理带来了一系列问题，还不仅仅是安全、干扰、交通拥堵等问题。如果要保证旅游体验的质量，游客就必须接受对他们驾车权利的限制与管理。通过富有创意的设计，开发观光公路，设计优美的观光车道和观光线路，使游客不驾驶小汽车时同样产生美妙的旅游体验。

讨论与作业

1. 根据你自己的经历列出自驾车旅行的优势与劣势。

2. 在班上展开辩论赛，正反方观点分别是：（1）自驾车旅行并因此可能对旅游环境造成一些损害；（2）限制游客自由以创造一个更好的旅游环境，并且可能改善旅游地居民的生活质量。

3. 在你当地的旅游景区选取一个停车换乘设施，并从旅游业的角度测评它的收益和成本。

4. 许多停车换乘设施规划因为当地居民的反对而失败了，分别从停车换乘设施规划给当地居民带来的好处与不便两方面对此现象进行评述。

5. 选取你们当地一个普通的旅游景区或景点，分析那里的交通问题，并起草一份报告来提出一个最合适的解决方案。

参考文献

Tolley, R. (ed.) (1990) *The Greening of Urban Transport*. Belhaven, London.

案例7
欧洲政策与旅游业

简　介

欧盟是为数不多的试图在其范围内制订具有国际影响力的旅游政策的几个地区之一。本案例追溯欧盟旅游政策的历史以及有关的问题。完成本案例后，你将：

1. 了解旅游业在欧盟中的作用和重要性。
2. 了解欧洲共同体形成的历史背景。
3. 了解欧盟中涉及旅游的各个机构。
4. 了解欧盟关于旅游政策立法提案的程序。
5. 了解欧盟其他领域的各种政策对旅游业的影响。

关键问题

本案例涉及5个关键问题：

1. 欧洲仍然是世界上最重要的旅游地区。
2. 欧盟是具有主权国家的联盟，像这样能适用于所有欧盟国家的旅游政策并不普遍。
3. 在欧盟章程中旅游业的法定权力很少。
4. 涉及和影响旅游业的有关问题一般都在其他领域的政策中，如交通或地区发展政策。
5. 欧盟的旅游政策并不是一成不变的。

欧洲旅游业

欧洲各国经济、社会和文化多元化发展。多元化的特点部分解释了为什么欧洲一直是矛盾的冲突地，20世纪的两次世界大战都发生在此。欧洲也受到来自北美和东南亚新近工业化国家发展的经济压力。当我们分析各地区所占国际旅游份额时，发现欧洲不再是一枝独秀。

- 1960年欧洲入境旅游人数占有率为72%。
- 到2000年，这一数据下降为58%。

然而，欧洲市场依然决定了世界旅游的格局，尽管欧洲人口不到世界总人口的10%，所占土地面积的比例更小。2000年世界入境旅游总人数为6.97亿人次，欧洲接待了其中的4亿人次，其旅游收入也占到了世界旅游总收入的50%。发达的经济使欧洲成为世界最重要的旅游输出地，主导着国际旅游的出境旅游客流，同时其国内旅游需求也很旺盛。

欧洲在世界旅游所处的重要地位基于以下原因：

- 欧洲多数地区的经济水平已发展到大众高消费阶段或趋向成熟阶段。人口虽然老龄化程度高，但富足、闲暇、出游愿望强烈。
- 欧洲语言种类多，文化资源丰富，有着众多的世界级旅游景点。
- 2002年在欧洲很多国家实施的欧洲统一货币——欧元，极大地促进了旅游的发展。
- 欧洲包括众多相邻的小国，国与国之间的短途旅游客流巨大。
- 地区气候差异显著，形成自20世纪50年代以来稳定的由北向南寻找太阳的旅游客源。
- 欧洲旅游基础设施完善，水平高。
- 旅游业发展水平高，旅游服务质量虽然不是最好的，但很不错。
- 欧洲多数国家建立了财政收入稳定、完善的旅游机构进行营销和发展。

政策制订的背景

成立欧洲联盟的动力来自于二战之后的百废待兴。关于煤炭和钢铁关税同盟的理念可以追溯到1951年，随后欧洲煤钢共同体（ECSC，European Coal and Steel Community）建立。ECSC运作非常成功。随着越来越多国家的加入，它扩展到其他更多的经济领域。到1957年签订《罗马条约》，它成为欧盟法规的基础。然而，在最初的条约中并没有涉及旅游政策。《罗马条约》缔造了欧洲共同体（EEC），也就是现在的欧洲联盟（EU），在过去的几十年中成员国从最初的6个，到1994年发展成15个。到20世纪80年代中期，对欧洲市场一体化的迫切需求促进了《单一欧洲法案》的通过，目的是到1992年末消除内部市场发展的障碍：

- 实质性障碍（physical barriers）
- 技术性障碍（technical barriers）
- 财政性障碍（fiscal barriers）

欧洲市场一体化在欧盟组织和决策机构的框架下运作，这些组织和机构也对旅游产生影响，它们包括：

- **欧盟委员会**（European Commission）　总部设在比利时布鲁塞尔，执行《罗马条约》，是欧洲实际上的"行政机构"（civil service）。实施欧盟有关条约、法规和欧盟理事会作出的决定。委员会由多个部门（或总局）组成。第二十三总局（Directorate General XXIII）主要负责旅游事务。

- **欧洲议会**（European Parliament）　设在布鲁塞尔和斯特拉斯堡。欧洲议会由选举产生，主要职责是讨论和修改欧盟有关立法，是欧盟的监督和咨询机构。该机构一直有支持旅游提案的传统。

- **部长理事会**（Council of Ministers）　一旦欧盟委员会提出议案，欧洲议会举行了协商，理事会最终作出有关欧盟法律和法规的决定，因而部长理事会是实际上的立法者。它扮演协调者的角色，代表成员国利益，以一致同意的方式修改委员会的提案。有关旅游方面的议题已成为重要的政策议案。

● **欧洲法院**（European Court of Justice）　设在卢森堡，是欧盟的仲裁机构，负责解释欧盟的各项条约和法规，同时负责审理和裁决在执行条约和规定中发生的各种争议。该机构针对旅游政策以及涉及对旅游产生影响的有关政策进行仲裁。

● **欧洲投资银行**（European Investment Bank）　欧洲投资银行主要通过提供长期贷款，支持欧盟地区发展。旅游发展项目从地区发展计划中获益匪浅。

● **欧洲地区委员会**（Committee of the Regions）　地区委员会由来自各成员国地区当局的代表组成，越来越成为旅游问题研究的重要论坛。

● **欧洲经济和社会委员会**（Economic and Social Committee）　为欧盟咨询机构，关注社会和就业等问题——这两方面都涉及旅游的关键问题。

21世纪初，统一欧洲的理念进一步向前东欧集团和欧洲外围，像马耳他、塞浦路斯等国家蔓延，随着这些国家加入欧盟，重新调整了原先欧盟国家资金的分配。下列国家于2004年加入欧盟，其中有些是重要的旅游目的地：

● 塞浦路斯
● 捷克
● 爱沙尼亚
● 匈牙利
● 拉脱维亚
● 立陶宛
● 马耳他
● 波兰
● 斯洛伐克
● 斯洛文尼亚

欧洲政策对旅游的意义

推动欧洲市场一体化的各项立法与组织对旅游业发展的意义体现

在很多方面。可以表述为：

1. 旅游政策是共同体贸易和预算的一小部分。

2. 在其他政策领域，像交通和地区发展部门，都涉及旅游的发展影响和预算。

欧盟的旅游政策

如果我们把欧洲与世界上的其他地区相比的话，能够有超国家的、适用于所有成员国的旅游政策是不寻常的。这表明了旅游在欧盟国家的重要性，旅游业直接创造了8亿个工作岗位，至少占了国民生产总值的5%。然而，有关欧洲旅游政策的历史也不长，而且也经历了各种变化；一直以来批评声音不断，认为过于零碎、临时。同样，与第一部分里我们谈到的其他政策相比，旅游业的有关政策也显得不那么有影响。原因之一是在欧洲范围，还没有能够适用于旅游业的法定权威，"辅助性原则"是欧盟的基本原则之一，旅游发展是欧盟事务，而非整个欧洲。

欧洲旅游政策发展过程中的重大事件包括：

● **1980年** 设立旅游事务专员。

● **1982年** 发布《欧共体旅游发展指导方针》（Initial Guidelines on a Community Tourism），强调：人有自由迁徙的权利；社会旅游的重要性；改善旅游业工作环境；旅游季节性问题；地区发展以及文化旅游的重要意义。

● **1984年** 欧洲法院判定欧盟可以根据人、服务、资金有迁移、流动的自由的条款干预旅游事务。部长理事会强调共同体应该给予旅游更多的关注。

● **1986年** 颁布《旅游业领域共同体行动》，确定委员会在旅游业的目的是：迁徙自由；提出时空的不平衡；为旅游者提供信息和保护；改善工作条件；提高旅游数据统计率。此文件使旅游成为共同体政策的组成部分，在旅游预算上也有所提高。

● **1988年** 举办欧洲旅游年筹备会，为1990年正式启动作充分的准备；这可以全方位地宣传旅游，但强调文化和生活方式的差异性，更重视旅游分配在季节和地区间的平衡。

- **1989年**　为了更好地实施欧洲旅游年计划，成立欧盟委员会第二十三总局。而且部长理事会制订了旅游业在共同体中的发展条款，强调：
    - 制订旅游业相关规则。
    - 各成员国制订旅游战略时的相互合作。
    - 共同体的旅游政策要为个体旅游者和旅游企业带来利益。
    - 健全旅游销售渠道。
    - 加强旅游人力资源的投资。
    - 建立旅游数据统计系统。
    - 协调好共同体政策中有关旅游基础设施的建设。
- **1990年**　欧洲旅游年——并非绝对成功。
- **1991年**　根据1989年部长理事会制订的有关条款，制订《共同体促进旅游发展行动纲领》。此纲领指明从1993—1995年间旅游发展目标：完善旅游统计系统；错开休假时间；鼓励成员国间的合作；保护消费者权益；提高旅游与环境保护的意识；发展文化旅游、乡村旅游、社会旅游；注重青少年培养以及提升欧洲旅游目的地形象。
- **1995年**　发表《欧盟在旅游发展中的角色》绿皮书。这个建设性文件指出今后欧盟委员会在旅游业发展中的四种选择：从不作为，由各成员国各自制订旅游政策（选择1），到共同体层面上全面负责旅游事务（选择4）。
- **1996年**　《促进欧洲旅游发展的第一个多年计划——Philoxenia》（来源于希腊语"好客"），欧盟委员会把它作为促进旅游持续发展的新的行动计划，同时强调了诸如旅游影响、竞争与质量等问题。
- **1997年**　欧洲议会通过了1995年绿皮书的选择4，有效地确定了欧盟在旅游业发展中新的角色。这意味着《罗马条约》需要修改，应包括"旅游竞争力"方面的条款。这一年欧盟也第一次发表了有关旅游就业方面的一系列报告——《旅游就业行动纲领》。
- **1999年**　欧盟旅游发展非常重要的一年。首先，"欧元"成为欧盟统一货币，对旅游来说，意义重大；其次，部长理事会第一次未能支持旅游，抵制了Philoxenia——促进旅游发展的欧洲计划。结果是政策的重点转向把旅游作为促进就业的手段，同时制订欧盟委员会文件《提高旅游就业潜力》。

● **2001年**　第二十三总局工作组成立，负责欧洲旅游的未来发展，促成了委员会的政策性文件《欧洲旅游未来发展共同纲领》。它强调旅游企业间的联营与合作，以提高欧洲旅游的竞争力以及可持续发展。

● **2002年**　部长理事会通过决议，采纳《欧洲旅游未来发展共同纲领》，把它作为欧盟政策对旅游影响的有力监管，以及欧洲旅游目的地推广的依据。

影响旅游的有关政策问题

消除实质性障碍（physical barriers）

● **立法**　消除旅行障碍，货物与服务自由通行，允许各成员国旅游者自由往来，意味着欧盟间废除边境控制和海关检查。

● **交通政策**　交通政策对旅游有两方面的影响：改善欧洲地面交通的通达性，实现自由旅行畅通无阻；解除交通管制，重要突破是欧洲航空放松管制的三个阶段：加强地区性机场的作用、支持小型航空公司、改变全欧洲航空旅行格局。

消除技术性障碍（technical barriers）

● **地区发展**　为了缩小欧洲内部区域经济发展的不平衡，专门设立不同类型的结构基金，用于扶持小企业，乡村、市区和衰败工业老区的重建以及创造就业机会，旅游业是主要的受益者。

● **环境立法**　一系列环境立法提案开始影响旅游，特别是在水质保护、环境影响与审计制度以及像沙滩"蓝旗"计划之类的杠杆管理等方面的条例。

● **社会立法**　影响旅游的条款包括改善兼职、临时工作人员的工作条件以及成员国之间互相承认学历和资历。这会鼓励欧盟国家旅游行业劳动力流动。然而，有不同意见认为，在带有"违背社会公德的"标签的产业中，与北美和东亚及太平洋地区相比，对工作时间的限制会使欧洲在国际旅游市场占有率上失去竞争力。

● **消费者权益保护法**　这对旅游业意义深远。《打包旅行指令》（Package Travel Directive）为包价旅游提供法律保护，《分时度假指令》（Timeshare Directive）保护那些购买了分时度假食宿设施的消费者，而且涉及了很多有关旅游信息方面的条款。

消除财政性障碍（fiscal barriers）

● **欧洲经济货币联盟** 欧洲单一货币（欧元）的诞生和"欧元区"的建立扫除了欧洲旅游兑换货币的麻烦，也作为票价计算的等级基础，鼓励泛欧洲企业的发展。

● **税款的协调** 欧盟的很多政策都涉及为欧洲创造"近乎平等的竞争环境"。其中有两点对旅游业有直接的影响：

1. 由于交通运营商和机场从免税商品中获利巨大，成员国之间是否应取消免税额度一直是有争议的议题。

2. 在欧洲，货品和服务所课征的增值税（VAT）调和会影响旅游企业和成员国政府的税收。

案例回顾

毫无疑问，旅游业是欧盟经济社会发展的重要因素，这反映了一个事实：欧盟是世界上为数不多的试图制订具有跨国性质旅游政策的地区之一。然而欧盟宪法指出，从政策的角度来看，旅游只是处于从属地位，影响旅游的诸多决策存在于其他立法领域，如交通、地区发展。

讨论与作业

1. 利用WTO数据资料，在地图上画出欧洲国家主要国际客流的流向，指出哪些是欧洲主要旅游客源国，哪些是主要的旅游目的地国。

2. 选择一个2004年加入欧盟的国家，列出加入欧盟后该国家在旅游方面所受到的影响。

3. 列举欧洲旅游政策所取得的成就，用有效举措和重大举措把它们归类。例如，欧洲旅游年这一活动也许并不是很有效，但与其他举措（如应对旅游的季节性）相比是否很重要？

4. 画出表格，竖列为欧洲政策涉及旅游的各项重大举措，横行为各项欧盟政策（旅游、交通、消费者权益保护等）。表格在为旅游业构思政策的难度方面告诉了我们什么？

5. 你是如何理解"辅助原则"的？你认为把它运用于与欧盟有关旅游的政策中恰当吗？

参考文献

Davidson, R. (1998) *Travel and Tourism in Europe*. Addison Wesley Longman, Harlow.

Horner, S. and Swarbrooke, J. (1996) *Marketing Tourism, Leisure and Hospitality in Europe*. International Thomson Business Press, London.

Montanaria, A. and Williams, A. (1995) *European Tourism: Regions, Spaces and Restructuring*. Wiley, Chichester.

Pompl, W. and Lavery, P. (1993) *Tourism in Europe: Structures and Developments*. CAB, Wallingford.

Williams, A. M. and Shaw, G. J. (1991) *Tourism and Economic Development: Western European Experiences*. Belhaven, London.

World Tourism Organization (2004) *European Integration in the Era of the European Union's Enlargement and the Development of Tourism*. WTO, Madrid.

网址

http://Europa.eu.int

案例8
危机与风险管理规划

简　介

自2001年以来，旅游业受到诸如9·11事件和巴厘岛爆炸等"震惊"事件的影响。本案例阐明旅游业应如何适应诸如此类不可避免事件的发生以及如何进行风险管理。完成本案例后，你将：

1. 了解危机可以是人为因素或自然因素造成的，或是两种因素共同影响的结果。

2. 了解重大危机事件对旅游业的严重打击。

3. 了解风险管理的过程以及解决危机的各个阶段。

4. 了解旅游业对9·11事件的应对措施。

5. 对严重影响国际旅游的公共健康危机所采取的应对措施进行评估。

关键问题

本案例涉及5个关键问题：

1. 应对危机已经成为从事旅游行业不可避免的事情，但这一事实表明，旅游业必须能预见危机并对此进行有效的管理。

2. 自2000年以来，旅游业多次受到包括9·11事件、巴厘岛和马德里爆炸等恐怖事件的影响。正是这些事件促使旅游业不得不进行危机管理。

3. 自2000年发生的重大危机事件的影响极其严重，迫使许多航空公司倒闭，影响国际旅游的客流量。

4. 危机与风险管理受到旅游业的推崇，它能很好地应对这些突发事件。它的管理规划方法已自成体系，包括一系列如何预测和处理危机的步骤和引导。

5. 并非所有危机都是由恐怖活动所造成的，但危机管理为我们提供了一个框架，用于应对不同类型的危机事件或自然灾害，如"非典"、地震等。

旅游与危机

旅游业始终处于各种自然和人为灾害的威胁之中，特别是对那些无法承担外汇损失的发展中国家更是如此。旅游业的脆弱性自经历过2001年发生的几次重大危机事件以来表现得非常明显。首先是2001年发生的9·11事件，随之是阿富汗战争，以及2002年10月的巴厘岛夜总会爆炸、蒙巴萨的以色列酒店爆炸、2003年"非典"和伊拉克战争。发生在巴厘岛的恶劣行径给印度尼西亚的经济带来沉重打击，"非典"的爆发严重影响了亚洲的旅游业，特别是"非典"重灾区，如中国、新加坡和加拿大的多伦多。但9·11事件的破坏性最大，使国际旅游需求在2001年最后一个季度直线下降，这一事件使多数航空公司破产，旅游收入锐减。游客推迟旅游计划，开始是害怕恐怖活动，而后是担心全球经济衰退工作难保。

危机事件给旅游业带来的主要影响有：

1. 以政府和国际组织名义，采取快速的联合措施挽救旅游业。

2. 旅游业所涉及的各个行业迫切需要更好的市场情报分析。

3. "危机与风险管理"这一词汇进入旅游业。

4. 安全措施和移民程序更加严格。

你应该了解许多其他危机和自然灾害的影响更为局部化，如：

● 人为灾害，如火灾、暴乱、长时间的罢工、绑架、空难以及其他交通事故、贸易损失、原油泄漏污染海滩和生态环境。

● 自然灾害，如地震、火山喷发、洪水（2002年夏天在德累斯顿、布拉格发生的洪灾）和台风。

● 既有人为原因又有自然因素造成的危机，如大范围的电力中断造成交通混乱、森林大火。

危机与风险管理规划

危机与风险管理使我们意识到我们必须预防危机的发生，制订出应对危机发生的措施。风险管理规划有利于帮助旅游目的地和企业提前做好应对危机的准备，有效降低危机的潜在影响。危机带来的影响是很严重的，不仅仅是生命财产的损失，还有负面的媒体报道。

亚太旅游协会（PATA）的定义为："任何潜在的，会对任何组织和产品信誉产生长期影响的或干扰其正常运作的情况，统称为危机。"（PATA，2003，P.2）

危机与风险管理已经在很多目的地实施。国际组织，如WTO 、UNCTAD和 PATA出版了指导风险管理的书籍。风险管理的本质是估计目的地和组织会发生的问题，确定它们中的主要风险，从而制订战略、应对危机。一旦危机发生，马上采取行动，进行危机管理。这特别需要组织内部有极强的领导艺术，建立危机管理团队。危机管理规划模板包括以下要素（有时称作"危机管理4R"）：

1. **削弱（Reduction）**　对潜在的危机和风险进行初选，确定目的地和组织的优劣势，削弱危机的不良影响。

2. **准备（Readiness）**　制订规划以及持续的应对评估策略与战略。

3. **应对（Response）**　如果危机发生，随之实施所制订的危机管理规划，包括着重于减少损失的应对措施和着重于消除公众恐惧的媒体沟通。

4. **恢复（Recovery）**　在危机发生过程中，一项有效的评估规划结果的标准是，组织重新恢复正常运作的速度以及业务恢复到危机前水平的速度。

美国应对9·11事件的安全措施

9·11事件凸显了旅游业缺乏应对危机的管理规划以及危机管理中应对和恢复的要素。9·11事件的发生更暴露了美国在机场缺乏安全措施；也没有证据表明自1988年泛美航空爆炸案发生以来，欧盟的安全系统切实可行。尽管长期以来美国联邦航空局（Federal Aviation Administration，FAA）一直负责航空安全，但它的可靠性现在遭到质疑，舆论断言它过于关注航空公司的商业利益，对安全措施过于松懈。9·11事件之后，一个新的联邦机构——美国运输安全管理局（Transport Security Administration，TSA）由议会通过成立，主管航空安全。措施包括接管负责来自私人公司的行李检查，培训机场人员熟悉安全检查程序。2002年TSA归属美国国土安全部（Department of Homeland Security，DHS），协助其他部门共同负责移民、海关检查和突发事件处理等事项。针对9·11事件的应对措施包括：

- 情报导向措施，如建立航空公司、机场人员以及乘客肖像档案，以确定可疑人员，使用带有生物测定数据的身份证。

- 在各航站采取有效的人群控制管理，把乘客与接送机人员区分开来。

- 在机场安装行李自动检测仪。

- 为机组人员提供反恐训练，在一些航班上配备由联邦政府雇用的武装空中警卫，也叫做"空中警察"（配备空中警察已经是以色列国家航空公司的惯例，实行了很多年）。

- 大都市上空实施航空管制，限制安装可能有危险的装置。

只要考虑一下美国航空运输的规模，就知道控制安全措施的成本是很困难的。例如：

- 在具有代表性的一天中午，超过6000架民用和通用飞机穿越美国领空。

- 民用航空公司使用的机场有429个，除此以外，还有8000多个小机场是很难有效监控的。它们主要为包机提供服务，商务专员租用包机的目的是为了节省9·11事件之后大机场进行安检所花的时间。

至少在短期内，大多数美国人不得不接受由于恐怖活动给他们带来的旅行上的不便。然而，有人认为收集乘客的个人信息是监视行为，在强调自由的美国社会是不恰当的，是对公民自由权益的侵犯。

应对健康卫生危机

人们对国外旅行与传染病传播联系的认识已经有几个世纪了。到港的旅行者要强制接受防疫检查，这一措施起源于中世纪的威尼斯，乘客和船员登陆前要在港口停留40天，以防城市受到瘟疫的侵害。不久前爆发的"非典"提醒人们在航空旅行非常普及的时代，疾病的传播速度是如此之快。在世界卫生组织的协助下，各国政府能很快控制病情的蔓延。要求所有往返于亚洲的人员戴上口罩被证明是非常有效的，可以减少"非典"的传播。从理论上说，生化恐怖分子可能会利用天花病毒，相比其他病毒，这种病毒更容易在空气中传播。海关人员每天都要检查乘客携带的动植物，防止非法入境（如来自西非的"丛林肉"会对一国的生物多样性产生影响）。

安全措施在世界各地的机场和港口都得以实施，这表明旅游业受到多么严重的威胁，防止危机发生的道路是多么漫长。这些短语"危机"、"风险"、"安全"自2001年越发显得意义重大，这一趋势还将继续。

案例回顾

从事旅游业，危机不可避免。旅游业已认识到在旅游地和公司层面都需要进行有效的危机与风险管理。这是旅游业前进的一大步，确保旅游业为未来灾难做好准备，更好地减少其负面影响。

讨论与作业

1. 给纽约市长写份报告，概述9·11事件之后旅游消费者行为有哪些变化以及对城市旅游有哪些影响。

2. 分类指出影响旅游的主要危机，并依次简述危机管理如何能降低其影响。

3．利用网络和媒体资源，列举最近发生的一次危机事件，以时间为线索，以表格形式列出随着事件的发生，它对旅游业的影响。与其他同学的表格对照一下，是否有一致的地方？

4．选择一个你熟悉的旅游地，给其经理写份报告，概述危机管理的"4R"以及度假地如何利用"4R"对可能的危机进行规划。

5．为什么发生了像9·11事件这样重量级的危机事件之后才促使旅游业认真严肃地对待危机管理？

参考文献

Bierman, D. (2002) *Restoring Tourism Destinations in Crisis: A Strategic Marketing Approach*. CABI, Wallingford.

Keller, P. (2003) *Crisis Management in the Tourism Industry*. Elsevier Butterworth-Heinemann, Oxford.

Pacific Asia Travel Association (2003) *Crisis: It Won't Happen to Us!* PATA, Bangkok.

Pizam, A. and Mansfield, Y. (1996) *Tourism, Crime and International Security Issues*. Wiley, Chichester.

Wilks, J. and Page, S. (2003) *Managing Tourist Health and Safety in the New Millennium*. Elsevier Butterworth-Heinemann, Oxford.

Withers, R. (2002) Managing the impact of natural and man-made disasters on tourism. *Tourism-2002*, MICG Publishing and the Tourism Society, pp. 28–30.

World Tourism Organization (1996) *Tourist Safety and Security: Practical Measures for Destinations*. WTO, Madrid.

World Tourism Organization (1998) *Handbook on Natural Disaster Reduction in Tourist Areas*. WTO, Madrid.

1.3　旅游目的地的前景

案例9
太空：旅游发展的最前沿？

简　介

　　本案例参考Leiper（1979）的旅游系统和旅游生命周期来分析太空旅游的前景。学习完本案例，你将：

　　1. 了解太空旅游这一理念的历史渊源。

　　2. 了解实现太空旅游的各种障碍。

　　3. 了解太空旅游生命周期的不同阶段。

　　4. 能够判定太空旅游系统的各种因素。

　　5. 了解太空旅游未来发展趋势。

关键问题

　　本案例涉及5个重要问题：

　　1. 长期以来，太空旅游是很多人和团体的梦想，但把旅游者送上太空的实践并非易事。

　　2. 太空旅游的内涵非常丰富，包括地面太空旅游设施以及真正意义上的太空游。

　　3. 实现太空旅游困难重重，不仅费用高，而且太空旅游的安全问题至关重要。

　　4. 毫无疑问，当技术和费用障碍得以解决时，太空旅游将成为现实。

　　5. 未来太空旅游的活动不仅包括在低轨道的各种活动，而且可以实现登月旅游以及火星旅游。

太空旅游

太空旅游的概念（Collins and Ashord，1998）为：公共成员在低地球轨道上进行的短暂的消闲活动。

"太空"指海拔100公里以上的高空，此海拔高度空气密度不再对航空器的运行产生影响，而且星空熠熠生辉。在这一海拔高度的"近太空"进行亚轨道飞行，当乘坐的航空器以"5马赫"（5倍于声速）的速度重新进入大气之前，你可以体验到几分钟的失重状态。

随着1957年苏联人造地球卫星的发射，1961年人类第一次进入太空，以及1969—1972年间美国国家航空和航天局进行的阿波罗任务，成功实现12位美国宇航员登月，人类终于实现了以往只能出现在科幻小说中的遨游太空的梦想。然而，"太空竞赛"是由两个超级大国之间的冷战所激起的，冷战后双方便失去了进一步探索的动力。纯粹出于旅游目的的太空竞赛通过1996年的"X奖金"而得到推进——美国一基金会拿出100亿美元，奖励第一家建造能乘坐3人并安全返回且两星期内再进行第二次飞行的太空船的公司。第一位太空旅游者直到2001年5月才进入人们的视野，他支付200亿美元进入国际太空站访问1周。太空旅游协会认为，太空旅游今后的发展不仅包括在近太空的子轨道和轨道旅游，还应该包括在地面的有关活动，如模拟太空游（迪斯尼"太空任务"模拟太空船发射升空以及飞抵火星的征程）和太空研究中心。

太空旅游协会的宗旨是：通过科学研究，激发公众兴趣，筹集资金，获取政治支持，尽快让更多的人参与太空旅游成为现实。

尽管太空旅游的吸引力如此巨大，技术上也有可能性，但却要花费如此之长的时间，这是为什么呢？这里列举出以下主要原因：

● **成本与投入**　由于发射成本高，飞行器不能实现真正意义上的再利用，使太空旅游非常昂贵。并且，宇宙飞船需要大量的燃料。目前，太空计划仍然依赖弹道导弹技术发射卫星以及进入空间站。弹道火箭在每次使用后报废，美国国家航空和航天局的航天飞机不得不每次发射后丢弃燃料外贮箱，导致太空计划成本高，又浪费。火箭推进式航天飞机的发展使之可以重复使用，往返的间隔只要几天的时间，大大降低了成本。即使这样，也需要一定的需求量才能盈利，这也是私人企业在市场营销领域可以涉足的方面，通过风险资本对航天事业进行投资。然而，企业也需要政府航天事业相关部门的合作，它们通常对太空旅游兴趣不大。

● **健康与安全** 2002年哥伦比亚号宇宙飞船事故等事件意味着无论是从消费者的角度，还是从所涉及的保险公司的意愿来看，安全将永远是太空旅游的重大课题。带翼航天器比现有的航天飞机安全系数要高，后者发生重大事故的可能性也是民用航空的1万倍（Ashford，2003，p.89）。在太空的健康问题，以及发射噪音都限制太空旅游的发展。由于零重力，宇宙探索对人的身体有一系列的影响，如降低骨密度等。宇航员能很快适应在太空中的失重状况，但对付太阳和宇宙间的辐射更麻烦。不同于宇航员，旅游者只在亚（次）轨道飞行几个小时，不会有这些健康问题，但对于那些住在"太空旅馆"或较长时间进行轨道飞行的旅游者，情况就不一样了。

太空旅游的生命周期

我们可以把太空旅游的生命周期划分为4个阶段：

● **探索阶段** 这一阶段每次旅行的费用从10万到2000万美元不等，即使这样，仅美国市场需求量目前估计为每年1万人次，而且多数客户已经支付成千美金作为他们第一次太空游的订金。这一阶段，设施还没有充分发展，很可能旅游者只是坐在现有的航天飞机的空余座位上，所以食宿条件还很简单，谈不上"豪华"。

● **发展阶段** 这一阶段费用降低为每次1万~10万美元，市场份额增加。旅行计划可按常规进行，舒适度提高，保证体验质量。各种设施增多，食宿设计为多种预制模块以供旅游者选择。

● **成熟阶段** 这一阶段价格下降到2000~10000美元，市场需求进一步增大，供应商之间竞争激烈。设施更加齐全，可以在轨道上同时服务上百位旅游者。

● **大众市场阶段** 这一阶段亚轨道太空旅游如同20世纪末兴起的飞机包价旅游一样普及，每年有数千万的旅游者。我们可以细分市场，从而满足不同旅游者的需求。

完善的太空旅游所具备的要素

利用Leiper旅游系统，我们可以分析太空旅游的客源区、旅游目的地区和过境区（transit zone）。

太空旅游的客源区

太空旅游的真正需求量取决于价格、在太空停留时间和相关设施。而且医学方面的进步（如抗眩晕药物）将使飞行更受欢迎。太空旅游需求将随着汤加、哈萨克斯坦等国太空船发射降落场，以及太空游乐中心的发展而受到激发，如佛罗里达太空海岸（Space Coast），在那里，旅游者可以体验到模拟太空飞行。如果我们期望美国和日本成为主要的客源国，那么不久中国、英国、法国、德国、俄罗斯和巴西这些航天科技处于领先地位的国家将加入到这一行列。

旅游目的地区

食宿设施期望从服务几百人的太空轨道酒店，发展成为能为成千旅游者提供食宿的轨道度假主题公园。

在旅程中游客能体验到：

● "太空船地球"（Spaceship Earth）。我们乘坐假想的太空船穿越时间的隧道，沿途可以看到历史上真实的一幕又一幕场景。

● 天文景观。

● 利用微重力设计各种娱乐活动，如游泳、体操、新型舞蹈、无人驾驶飞行和球类运动。

● 在航天舱外的太空行走（穿上防护衣）。

● 利用水栽培技术种植低重力植物，进行外星环境地球化（terraforming）试验——最终目的是使火星适合人类居住。

过境区

到太空旅游的成熟阶段，交通工具包括接送乘客前往太空度假地的渡船（shuttle ferry）和运送物资的货运飞船。到这一阶段，渡口就像机场一样运转，有一定数量的太空船。

飞行体验的设计注意在发射和返回地面时提供适度的加速度，渡口设计为能与常规机场联合运营。

火星：下一个旅游前沿？

据WTO预测，到2020年，近太空旅游（指比月球距离近的任何地方）将成为平常事。外太空旅游至少还需要一代人的努力才能实现。太空船要花9个月的时间才能到达火星，加上要在"红色星球"上待至少1年的时间，等待合适的时机才能返回。然而，来自旅游者中的"另类"冒险人士对于外轨道的旅行探险需求是不可避免的，这将推动太空旅行在技术上的突破。机器人"登陆者"将为我们提供火星的有关信息——它巨大的火山以及其他景色特征，有些像地球，有些是它独有的——但只有人类自己真正到达那里才能体验到。

案例回顾

太空旅游是众多人的梦想，但技术、成本、安全障碍意味着只有少数的富翁，而非大多数人能实现这一愿望。然而，正如本案例所表明的，通过对其前景的充分调查以及生命周期理论的运用，一旦这些障碍消除，太空旅游将会在未来的某个时机成为现实。

讨论与作业

利用网络和其他可获资源，列出时间表，标出历史上有关太空旅行的事件。利用生命周期概念，在时间表上标出太空旅行在未来可能发生的事件。

1. 为短暂的低轨道太空旅游设计宣传小册子。你的产品介绍可以着重于从地球到太空再返回的整个体验，也可以强调在目的地产品的体验要素。

2. 选择在地球上的某一太空旅游景点，从游客人数、旅游体验和经济收益方面分析它的成败。你认为这些景点可以成为太空旅游的替代品吗？

3. 拟定出在太空旅游成熟阶段旅游者的细分市场。

4. 在课堂讨论WTO的断言：到2020年，近太空旅游将变得很平常。

参考文献

Ashford, D. (2003) *Spaceflight Revolution*. Imperial College Press, London.

Collins, P. and Ashford, D. (1998) Space tourism. *Ada Astronautica*, 17 (4), 421–431.

Crouch, G. (2001) The market for space tourism: early indications. *Journal of Travel Research*, 40 (2), 213–219.

Leiper, N. (1979) The framework of tourism. *Annals of Tourism Research*, 6 (4), 390–407.

Monbiot, G. (2000) Space tourism: burning up the planet. *Contours*, 10 (3), 17–18.

Newberry, B. (1997) The ultimate room with a view. *Geographical*, 69 (10), 9–14.

Smith, V. L. (2000) Space tourism: the 21st century 'Frontier'. *Tourism Recreation Research*, 25 (3), 5–15.

网址

http://www.spacetourismsociety.org
http://www.xprize.org
http://www.spaceadventures.com

案例10
旅游与扶贫

简 介

贫困已经成为世界主要挑战之一。本案例总结了目前利用旅游来消除贫困的各种尝试。完成本案例后，你将：

1. 了解贫困的概念与内涵。

2. 了解旅游在消除贫困方面所发挥的作用。

3. 了解旅游与消除贫困的战略。

4. 了解实施这些战略的困难。

5. 了解围绕旅游作为消除贫困的手段所引发的各种怀疑。

关键问题

本案例涉及5个关键问题：

1. 有关贫困的定义多种多样，但国际机构认识到，无论如何定义，对贫困的讨论是十分重要的。

2. 旅游的属性是活动，这意味着可以借助其本身的特点作为扶贫的途径。例如旅游业具有劳动密集型的特点以及劳动技能要求低。

3. 可以采取多种扶贫旅游的战略，包括扩大当地就业、提高收入、改善生活方式以及提高社区参与度。

4. 影响旅游扶贫战略实施的因素很多，包括利益分配、所有权以及当地可利用的旅游资源等问题。

5. 很多因素阻碍扶贫旅游的实施。

贫 困

贫困已成为世界主要问题之一。世界银行关于贫困的定义是，任何人每天可支配的资金少于1美元。但贫困不仅仅是经济问题——其他观点认为贫困问题还包括生活条件和可获资源。2002年，在约翰内斯堡举行的可持续发展世界首脑会议上，其中的一个结论是要认识到旅游对消除贫困所作出的巨大贡献。然而，人们才刚刚认识到旅游在扶贫中的作用。在过去很长一段时间里，经济、地区与环境问题一直是旅游发展首先要考虑的问题。《约翰内斯堡议程》正成为旅游未来发展的中心课题——旅游发展的作用是消除世界贫困问题。

扶贫旅游（Pro-poor tourism）

简称为 "PPT"，这一议程受到发展中国家和国际组织机构（世界旅游组织、联合国贸易与发展会议、世界银行）的热烈欢迎。例如，世界旅游组织已经制订了一项"可持续旅游与消除贫困"的计划，即ST-EP（Sustainable Tourism - Eliminating Poverty）。

PPT是一种方式，而不是一种产品或一种旅游形式。它的定义为"能提高贫困人口净利益的旅游"。关键问题是："如何通过发展旅游业减少当地的贫困人口，采取适当的政策、战略和规划提高扶贫力度？" 目前由于扶贫旅游的实践还不成熟，可借鉴的经验不多，对于援助组织和目的地来说，需要不断学习与实践才能回答这一问题。

旅游业扶贫的优势：

● 旅游的产生与消费发生在同一地——旅游者不得不到访旅游目的地，为当地提供经济增长的机会。

● 旅游业属于劳动密集型行业，妇女受雇率高。

● 旅游吸引力强的地方一般处于偏僻的外围地区，经济发展条件有限。

● 旅游业的发展在发展中国家和最不发达国家（Least-Developed Countries，LDCs）意义重大，例如拥有世界80％贫困人口的12个主要国家，包括中国、越南、老挝、柬埔寨、缅甸和一些太平洋岛国。另一方面，很多非洲经合组织国家至今为止还没有很好地发展旅游业（表10.1）。

表10.1 2002年旅游与出口比较的相对重要性

	经合组织国家（OECD）	欧盟国家	发展中国家	最不发达国家
旅游收入占出口收入比重（%）	8.0	7.5	8.5	11.3

扶贫旅游战略

我们可以把扶贫旅游战略分为3种类型：

（1）产生经济收益

● 创造就业机会，保证家庭收入的稳定性。

● 直接或间接为小企业提供机会，如为旅游者提供手工艺品和食品等产品。

● 发展当地的合作。

● 提高整个社区的经济受益——如利用社区公共土地将其开发成露营地。

（2）改善生活条件

● 通过培训与教育，降低旅游对环境的影响，减少对自然资源的掠夺，提高公共服务的水平——如教育、医疗、信息和基础设施。

（3）社区参与和利益共享

● 调整政策和规划框架，提高社区参与度，给予社区居民决定权，加强与私人企业的联系与合作。

扶贫旅游的实施取决于上述不同类型的战略目标：

● 基于目的地的扶贫旅游战略适合某些特殊群体，它鼓励组织间的经济联系，如旅游企业与当地农户的协同，减少进口带来的"渗漏"（leakage，从当地经济中流失的钱），加强合作，发展当地经济以及提高社区居民的自豪感。

● 基于国家政策的扶贫旅游战略适合的目标是为了改善土地制度结构，完善规划程序，培训与教育，发展基础设施建设。

成功实施上述战略取决于一些关键原则：

● 获取当地资源所有权和控制权的必要性。

● 旅游业是一个系统，要求交通的可进入性、一定的食宿条件以及各种服务和产品的支持。

● 在各地，扶贫旅游的原则是相同的，但它的实施要考虑到旅游产品的差异，如小规模的生态旅游到大众旅游。

● 需要在公平的基础上建立私人企业间的合作。

● 并非所有贫困人口获益绝对平等。

● 工作重点应放在产生的效益上，而非仅仅降低成本。

然而扶贫旅游战略的实施也会遇到以下障碍：

● 援助组织的观念，认为旅游属于富裕阶层。

● 来自于当地社区巨大的经济漏损（Economic Leakage），降低了旅游的纯收益。

● 缺乏教育、培训以及对扶贫旅游的认识。

● 缺少投资以及低息贷款，当地旅游企业无法运作。

● 在极贫困地区缺少基础设施和基本的服务设施。

尽管困难重重，扶贫旅游的理念前景看好，将成为未来旅游发展的中心课题。

案例回顾

　　毫无疑问，贫困是当今世界的主要挑战之一。目前国际上采取的措施表明，旅游在消除贫困方面发挥着重要作用。这就是众所周知的扶贫旅游（PPT）。经过实践，证明扶贫旅游战略是切实可行的。然而，尽管人们对扶贫旅游的理念持乐观态度，但如果让旅游成为消除贫困的有效途径，还需要克服许多阻碍。

讨论与作业

　　1. 利用互联网和其他媒体信息，找出为消除贫困制订的一份旅游规划。

确定它所采取的是哪种扶贫战略，列出在实施过程中可能遇到的问题。

2. 设计包括扶贫要素的旅游体验小册子。仔细考虑一下如何最大限度地使旅游者的消费使东道国受益。像OXFAM等组织的网站很有帮助。

3. 为旅游批发商设计指导旅游者访问贫困国家的行为准则。准则要具体到旅游者恰当的行为要求，所采取的战略要保证旅游者的消费和活动能给社区的贫困人口带来利益。

4. 利用联合国数据资料，在世界地图上找出遭受贫困问题困扰的国家，根据你对世界主要旅游客源国和旅游目的地国的认识（WTO的网站会对你有所帮助），有多大的可能性，在将来的某一天，两张地图会看起来相似？

5. 给某一持怀疑态度的大型慈善机构写一份报告，说明为什么你认为旅游业在其消除非洲贫困的主要目标中可以发挥很重要的作用。

参考文献

Ashley, C., Boyd, C. and Goodwin, H. (2000) Pro-poor tourism: putting poverty at the heart of the tourism agenda. *Natural Resource Perspectives*, 51 (March), 1–12.
World Tourism Organization (2002) *Sustainable Tourism – Eliminating Poverty*. WTO, Madrid.

网址
http://www.adb.org/Documents/Policies/Poverty_Reducation/default.asp
http://www.propoor tourism.org.uk
http://www.worldbank.org/poverty
http://www.world-tourism.org

第二部分

阐述地区旅游以及旅游地理的案例

2.1　欧　洲

案例11
伦敦多克兰区：码头区的重建和旅游业的发展

简 介

本案例探讨伦敦多克兰区（London Docklands，伦敦市内泰晤士河沿岸地区，也称码头区，在20世纪60年代因为新科技和货柜的启用而没落，译者注）。伦敦多克兰区是一个展示旅游业怎样促成城市区域重建的极佳范例。完成本案例后，你将：

1. 明白伦敦多克兰区的重建过程。

2. 认识旅游业在伦敦多克兰区重建中所扮演的角色。

3. 了解交通在伦敦多克兰区发展中所起的作用。

4. 了解伦敦多克兰区游览胜地的特点，其中许多旅游点对当地居民也很有吸引力。

5. 认识限制伦敦多克兰区旅游业发展的一些因素。

关键问题

本案例涉及5个关键问题：

1. 伦敦多克兰区是在城市重建过程中，旅游业发挥举足轻重作用的例子。

2. 伦敦多克兰区的交通系统的发展备受关注，而该地区的主要动脉——泰晤士河则被忽略了。

3. 在伦敦多克兰区和周边地区（如格林威治），一批旅游景点已经开发，尽管最重要的千禧宫（Millennium Dome）未曾获得成功。

4. 大多数旅游开发区是为了吸引当地居民和外地游客而设计的。

5. 作为旅游地伦敦多克兰区尚存在许多问题，包括地理位置和当地职能部门管理等。

背　景

伦敦多克兰区是发展地方性、区域性旅游的例子。另外，这也是世界上最大的城市内部重建项目之一，包括为了商业和住宅用途对长约90公里的码头区的改造。虽然发展旅游业是事后产生的想法，并不属于原来计划的一部分，但是通过这些改造项目，伦敦的这个新的码头开发区——先前被人忽略的地方，每年吸引150多万名游客。

正如官方所指定的那样，伦敦多克兰区沿着泰晤士河的两岸延伸。与维平（Wapping）、狗岛（the Isle of Dogs）、皇家码头（the Royal Docks）一样——一般被认为是伦敦东区（East End），它也包括先前的萨里码头（Surrey Docks）和河南岸从伦敦桥（London Bridge）延伸到戴普弗德港（Deptford）的广阔地带（见图11.1）。尽管空间上是分离的，这些地区却有着共同的历史。它们都被下列因素左右：航运业、社会剥削和被伦敦的其他地方边缘化。

首先被围起来的码头建于19世纪早期，用于减缓在伦敦池（Pool of London，泰晤士河在伦敦桥和伦敦塔之间的部分）严重的航运交通堵塞和防止贵重货物被盗。皇家码头的最后部分——King George V一直到一战后不久才完工。同时，这些码头在英国的海外扩张和工业的发展中，以及用于为庞大的非技术工人提供廉价住房中发挥着重大的作用。除了简易的小酒馆以外，多克兰区和伦敦东区几乎没有其他的娱乐设施。在柏孟塞区（Bermondsey）的St Saviour's Dock 是伦敦最声名狼藉的贫民窟之一，查尔斯·狄更斯笔下的《雾都孤儿》中描述的贫民窟雅各岛（Jacob's Island）的所在地，而白教堂（Whitechapel）则是19世纪80年代著名的"开膛手杰克"（Jack the Ripper）谋杀案的地点。

多克兰区在二战中被炸得千疮百孔。虽然战后进行了大量的贫民窟清理工作，该地区仍旧无法吸引人们的眼球。游客们有意避开它，部分原因是它被视为犯罪猖獗的地方。同样，这些码头本身有类似堡垒的围墙和安全设施，阻碍公众进入。泰晤士河自身的码头区同样如此，到处是码头和货仓，沿河形成了几乎不间断的障碍。对伦敦人来

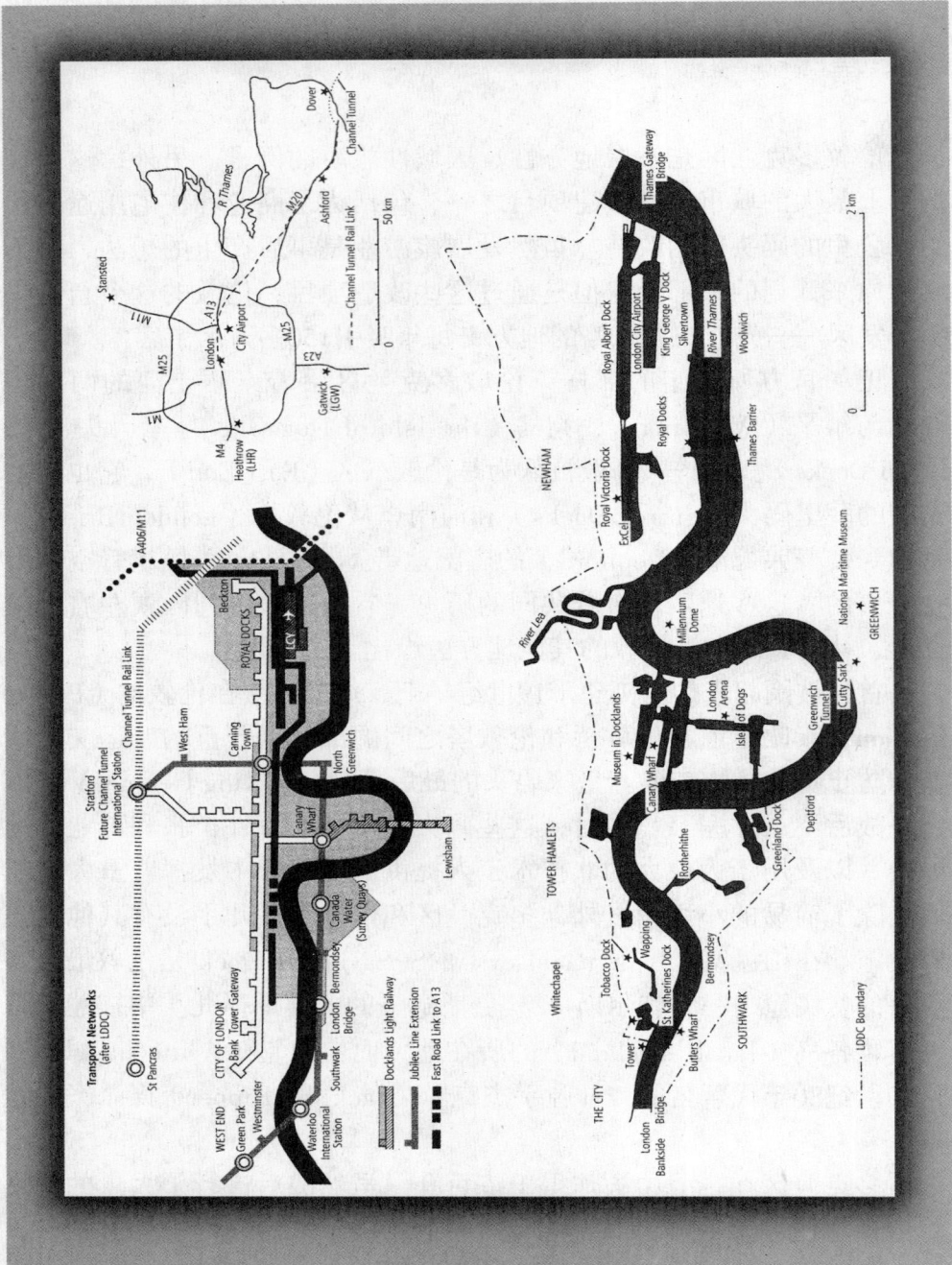

图11.1 伦敦多克兰区

说，泰晤士河不再是那条18世纪的交通枢纽。与伦敦市中心相比，多克兰区缺少地铁和郊区铁路运输系统，游客们不容易通过公共交通工具到达。到20世纪60年代，由于需要深水港的货柜船的引入，被围起来的码头遭废弃了。结果东印度（the East India）、伦敦（London）、圣凯萨琳（St Katherine）和萨里码头等在1967—1970年被关闭，接着是在1981年西印度（the West India）、米尔沃尔（Millwall）和皇家码头等几个船坞也关闭了。据估计，5万人因此失业，多克兰区因此面临着严峻的社会和经济问题。超过2200万平方米的泊船坞、码头和货仓遭遗弃，但私营经济不情愿投资在其重建项目上。显然，当地政府机构——纽汉区（Newham）、萨斯华克区（Southwark）、陶尔哈姆莱茨区（Tower Hamlets）镇委员会——所提供的资源不足以完成这个城市复兴的任务。

那时执政的保守党政府意识形态上倾向于使用市场力量而非政府干预手段去扭转城市经济滑坡的局面。它设立了13个具有广泛职权的都市开发公司（Urban Development Corporation）去购买土地，准备发展计划和提供必需的基础设施。于是，码头区所在地被以市场价格卖给或租给私人发展商。多克兰开发公司（LDDC）是这些政府机构中最为著名的。与旅游业有着密切联系的是那些负责内城改造和码头区重建工作的都市开发公司，例如在布利斯托（Bristol）、中央曼彻斯特（Central Manchester）和利物浦（Liverpool）的一些都市开发公司。多克兰开发公司可以驳回任何来自工党控制的当地政府就该计划提出的反对意见。该开发公司的部分地区被政府指定为"企业带"，在这里发展商可以获得慷慨的减税优惠和不受规划控制的发展自由。在来自一个加拿大公司有力的财政支持下，这个地区发展成了以Canary Wharf和先前的西印度船坞为中心的新的大规模写字楼办公区。

交　通

交通的改善对伦敦多克兰区成功地成为旅游目的地和商业中心至关重要。

● **伦敦城市机场（London City Airport）**　这个由私营部门出资建

造的新机场比拥挤的希思罗机场（Heathrow）距离伦敦的金融区近得多，是为了满足商业管理人员的需要而兴建的。然而，这块位于皇家码头的土地却受到限制，原本计划是建成一个短跑道机场的。能够降落远程大型喷气式飞机使伦敦城市机场得以连接更多的欧洲城市，同时建造了一条造价昂贵的公路，改善了机场到伦敦内城和高速公路网络的交通。

● **多克兰区轻轨列车（Docklands Light Railway）** 这个为多克兰新开发区提供快速的运输服务的系统是由多克兰开发公司、伦敦交通局（Transport for London）和其他非政府部门提供资金建立的。轻轨1987年开始启用，全自动化，轨道高于街道，成为了一件新奇事物，其自身很快就成为游览热点。

● **朱比利地铁延长线（Jubilee Line Extension）** 作为伦敦地铁系统的一部分，它在Stratfard站和Waterloo Station站把Canary Wharf地区和连接英法两国的海峡隧道连接铁路（Channel Tunnel Rail Link）连接起来。因此朱比利线提高了多克兰区和格林威治的可进入性，不仅可快速到达伦敦市中心地区，还与全国和欧洲大陆的铁道网络连接。Canary Wharf Station站本身也是一件土木工程的杰作，每小时可运送4万名乘客。

相反，作为交通资源的泰晤士河被人们忽略了。虽然大量的船只用于水上餐馆、集体娱乐、观光旅游和游览航行，但是把多克兰区和格林威治连到伦敦内城和威斯敏斯特的定期水上巴士服务需要克服以下问题：

● 要找到合适的船只比较困难，因为用于该服务的船只要速度快、灵活、噪声小。

● 每位乘客的水路营运成本比公路成本高得多。

● 负责管理水上活动的伦敦港务局（Port of London Authority） 对泊船码头的使用有限制。

一种新的服务在2004年开始启用。作为伦敦交通系统的一部分，水上巴士乘客可以使用"旅游卡"设施，以折扣价鼓励游客在非高峰期使用公共交通设施。

游览胜地和娱乐设施

伦敦多克兰区在20世纪80年代和90年代期间由一个工业废弃地区被改造成以新的现代化商业和住宅开发区为主体的水上城市。然而，旧多克兰区是工业革命的产物，新多克兰区是基于电脑技术的信息革命的缩影。Canary Wharf地区拥有伦敦最高的建筑（Canada Tower），是该计划中的佼佼者，作为欧洲最重要的金融中心之一与法兰克福（Frankfurt）竞争。不仅"城市"向东扩展着，总部原先在Fleet街的报纸刊印业也迁移到维平和狗岛。许多具有建筑价值的货仓现在成了餐馆、酒馆、商店、艺术工作室、公寓和博物馆。一些湿船坞成了快艇码头，为水上运动提供了便利。这些面积达160万平方米的地表水在对公众开放的27公里的濒水地区可能是新多克兰区最吸引人的特色了。新增加的5000张酒店床位保证了首都的住宿储备，包括一间位于Rotherhithe的青年旅馆和在皇家维多利亚船坞（Royal Victoria Dock）的"游艇酒店"。然而，酒店和餐饮业产生的新工作只占有各种各样的开发工程所产生的新工作的10%。不是所有这些工程都获得成功。例如，在维平地区的Tobacco Wharf被作为多克兰版的考文特花园（Covent Garden，伦敦城区著名的休闲中心）来宣传，但它作为休闲购物中心的未来还不太明朗。

大部分多克兰区内的游览胜地和娱乐设施首先是为了当地居民和商人群体的使用而设计的。对游客有着重大意义的包括：

● **休闲和购物场所的发展**　例如海斯商场（Hay's Galleria）、巴特勒码头（Butler's Wharf）和圣凯萨琳船坞，它们都因邻近著名的双塔桥和伦敦塔旅游胜地而受益。

● **会议和展览会场所**　是以位于Canary Wharf中心的Cabot Hall和位于皇家码头的ExCel为代表的。ExCel拥有超过伦敦两大传统会展中心Earls Court和Olympia更好的设施，因此，它被选为2002年世界旅游展的展馆。然而，开幕那天住在市内的旅游观光业的代表和参展商们被迫忍受交通堵塞和延误带来的不便。需要改善交通网络来克服一个边缘地区的发展劣势，但由于ExCel的建立，在皇家码头地区出现了一个可以与Canary Wharf竞争的商业中心。

● **遗址胜地**　与伦敦内城的其他区域相比，多克兰区有着较少的历史性的建筑。这里只有几个18世纪的教堂，但其对游客的吸引力却比不上在维平和Rotherhithe的河边酒吧。这些酒吧以它们的历史为卖点：它们或多或少地与真实的或者是想象的走私和海盗故事有关。该地区更为具体有形的海事活动遗迹是停泊在圣凯萨琳船坞和西印度码头的具有历史意义的船只。一艘先前远洋航行的班轮被改建成一个酒店休闲中心，成为Canary Wharf的著名游览点。多克兰区内的博物馆集中了与伦敦码头发展和居民生活有关的从罗马时代到现代的相关物品。

● **体育胜地**　包括伦敦竞技场。伦敦竞技场是一个举办大型音乐会和运动项目的场所，吸引了整个首都的注意。皇家维多利亚码头是为举办国际水上运动项目而成立的，特别是为了2012年将要在伦敦举办的奥运会。

还提议在该地区建立其他游览项目，包括一个在银镇（Silvertown）的世界级的水族馆。

多克兰区工程的反对者认为它没能给当地的工人阶层创造就业机会，因为大部分就业机会产生在金融和银行部门。新建的河边公寓被高收入的城市管理人员和中产阶级的专业人员购买，当地的中产阶级化也由增建的餐馆和商店的类型体现出来。重新对伦敦市内这样大的一块地皮进行大规模的规划的机会已经丧失了，虽然在多克兰工程中可以找到一些现代建筑和设计的经典范例，但大部分的项目是零散和平庸的。

多克兰区作为一个旅游目的地有以下缺陷：

● 它展得太开，缺乏整体的集中。格林威治隧道是塔桥和Woolwich之间的行人过河的唯一通道。

● 游客标志指示不够。

● 自从1998多克兰开发公司解散以来，多克兰区是由三个与英格兰合作组织（English Partnerships）有联系的当地机构负责，这个组织属于政府城市复兴机构。因此，该地区的宣传效率不高。

● 与伦敦其他地方相比，这里给游客提供的夜生活是不够的，例如Canary Wharf白天挺热闹，下班时间后则一片沉寂。

多克兰区吸引的游客可能对那些代表"新式英格兰"的旅游景点，如巴特勒码头设计博物馆更感兴趣，而非伦敦更为传统的"主题公园式的英格兰"。把多克兰区看做大伦敦的一部分来发展可能是更符合实际的，重点是从Waterloo到Woolwich 的Flood Barrier段沿着泰晤士河南岸的发展上，现在从Canary Wharf 到Woolwich只需15分钟的时间。

● 在伦敦桥的西面是Bankside，又一个没落的地区。该地区在莎士比亚时代是伦敦的娱乐区。这里的旅游景点包括重建的环球剧院（Globe Theatre）、泰特现代美术馆（Tate Modern Gallery）和威那泊利斯葡萄酒博物馆（Vinopolis wine museum）。

● 从前萨里码头沿河而下就是格林威治，有着诸如卡蒂萨克（Cutty Sark，英国19世纪名船）和海洋博物馆（National Maritime Museum）这样的旅游胜地，更不用说千禧宫在当地的复兴中所起的作用了。

由区政府和旅游企业组成的联合机构负责伦敦东区的宣传工作，包括整个多克兰区和格林威治，试图改变该地区在美国市场上的形象。这种品牌重塑活动在伦敦其他区域已经尝试过。然而，多克兰区未来的成功更有可能依赖于交通的发展，例如Crossrail项目，Crossrail将把伦敦东区和希思罗机场，以及海峡隧道铁路直接联系起来。这些会对其他没落地区的重建起到催化剂的作用，例如：

● 肯特郡北部通到河口南面的泰晤士河口（Thames Gateway）。

● 北面的利河谷（Lea Valley），重点是Stratford的交通要塞。

案例回顾

伦敦多克兰区的建设是世界上最大的城市振兴工程之一。由于其位于世界上毋庸置疑的最受欢迎的旅游城市伦敦的边缘，因此，城市振兴计划包含着显著的旅游成分，这个因素同样吸引了当地居民。然而，多克兰区的地理位置和政治的变化阻碍了当地旅游业的成功发展。

讨论与作业

1. 画一个资产负债表，标明在"褐色地带"（前工业用地基础上发展而来，如千禧宫）发展旅游胜地的代价及收益，与"绿色地带"（前乡村的未开发的土地）作比较。

2. 你为旅游运营商工作，把伦敦东区作为"不为人知的伦敦"向美国游客作介绍。你会把该地区的哪些特征纳入你的旅游计划中？

3. 调查ExCel，把它与Earls Court或位于伯明翰的国家会展中心NEC作比较，说明其作为举办大型贸易展览（如世界汽车展Motor Show）的展馆的优势和不足。

4. 讨论在伦敦多克兰区和利河谷举行2012年奥运会不同项目的利弊。

5. 调查泰晤士河可被提升为伦敦的首要旅游胜地和大型交通枢纽的方式。

参考文献

Beioley, S., Crookston, M. and Tyrer, B. (1998) London Docklands: the leisure element. *Leisure Management*, 8 (2), 30–31, 33.
Law, C. (2002) *Urban Tourism*. Continuum, London.
Murphy, P. (1997) *Quality Management in Urban Tourism*. Wiley, Chichester.
Page, S. (1994) *Urban Tourism*. Routledge, London.

网址
http://www.visitlondon.com

案例12

新森林地区（New Forest）：环境敏感地区的旅游管理

简　介

本案例分析新森林地区——英国南部汉普郡（Hampshire）一个环境敏感又有着独特风光的地区。汉普郡的环境承受很大压力，不仅来源于旅游业与娱乐业，而且来自其他诸如住房与交通方面的问题。完成本案例后，你将：

1. 了解新森林地区作为娱乐与旅游资源的价值。

2. 了解新森林旅游业的各组成部分。

3. 认识到旅游业对新森林地区造成的重大冲击。

4. 认识到新森林地区的旅游管理层中包含着不同的利益群体，他们对新森林未来发展的优先选择意见不一。

5. 了解新森林地区旅游战略的主要组成部分。

关键问题

本案例涉及5个关键问题：

1. 新森林自然资源独特，对资源的各种需求日益增长。娱乐业与旅游业虽然为当地带来经济利益，却对资源以及当地人的生活产生重大冲击。

2. 在旅游业方面，新森林有一些小型旅游景点及不同档次的住宿设施，公路是通往该地区的主要交通方式。

3. 新森林采取了严格的游客和交通管理措施来控制游客数量及旅游冲击。

4. 许多有影响力的利益群体都有兴趣管理新森林地区，但他们的战略目标却存在着分歧。

5. 为了解决发展新森林旅游业各方利益之间的争端，必须实施一系列的旅游管理方案。

新森林区的地理位置

严格来讲，新森林地区既不新，也没有森林，而是一片荒野，点缀着一些树木。沙质土壤不肥沃，早期没有人来此定居，因而当1079年征服者威廉把该地区当做私人猎鹿场时，该猎场并不受欢迎。事实上，威廉当时的"新"猎场森林比现在这个方圆230平方公里核心的区，定名为新森林历史名胜区的地方要广阔得多。在过去的几个世纪里，这里作为皇室的地盘被保护起来，没有开发。新森林的许多风景、植物和动物一直在许多法律条文的保护之下，但是立法院给了它国家公园的地位，却没有将之命名为国家公园；在公众的长期质疑下，政府于2004年终于将它命名为新森林国家公园，但是许多相关利益群体却认为命名会带来更多的问题而不是利益。这个新的国家公园占地570平方公里，不包括像Avon谷和南安普敦（Southampton）水域的西海岸等我们通常认为属于新森林地区的地方。

旅游业的规模

无论是对于过夜游客还是一日游游客来说，新森林都是一个非常受欢迎的旅游胜地。游客数量上升的压力来源于邻近的卫星城伯恩茅斯（Bournemouth）和南安普敦，而且，这里很容易通过全国高速公路网到达。据估计，新森林的旅游业将会：

- 为当地提供3000个就业岗位。
- 每年为当地贡献7000万英镑。
- 吸引超过700万名游客。

旅游业的组成部分

景 点

吸引游客的主要是风景和动植物，即使新森林地区不足一半的地方被森林覆盖。这里主要有三个风景区：

- 从Salisbury延伸到Christchurch的Avon谷风景区。
- "森林"本身——到处镶嵌着旷野、林地和村落。
- 从西边的Christchurch到南安普敦水域之间的海滨。

新森林地区内或其周边还有许多其他吸引游客的地方：

- 博里于（Beaulieu）——主要有国家汽车博物馆、宫殿和修道院。
- 巴克勒哈德村（Bucklers Hard）——保护完好的造船村，可追溯到拿破仑战争时期。
- 布雷莫尔宅第（Breamore House）及花园。
- 保尔顿斯主题公园（Paulton's Park）——邻近新森林的小型主题公园。
- 花园，比如埃克斯伯里花园（Exbury）、Lymington和Everton。
- 埃林潮汐动力磨坊（Eling Tide Mill）以及遗址中心。
- Lyndhurst 新森林博物馆及游客中心。
- 罗克伯恩罗马别墅（Rockbourne Roman Villa）。
- 野生动物旅游点，比如水獭、猫头鹰及野生动物保护公园，以及新森林爬行动物中心。
- 吸引游客的农场和农产品、葡萄园、苹果酒及参观酿酒。
- 建有传统茅草屋的村庄，如Emery Down、Burley和Sway。
- 新森林年度展，据推测，每年可吸引游客达10万人。

交　通

　　交通管理是新森林的重要问题之一。虽然在Weymouth和伦敦Waterloo站之间有着方便的铁路网络，可还是有很多游客驾车前来。交通的管理包括在畅通无阻的公路上开车限速40英里/时（65公里/小时），以及利用周边风景区、沟渠及城墙防止在野外随便停车——游客们将根据标示到指定的150多个停车区停车。1999年以前，新森林大多数停车场是不收费的，可从那以后游客们就开始交停车费了。其他方面的交通手段包括一直受青睐的骑马、自行车出租（虽然在某些地区骑山地车可能发生危险）、驾驶马车和乘坐常规公交车、客运车服务。相对私人汽车来说，这些交通工具与一系列的交通网络相结合，旨在减少到新森林旅游的驾车游客的数量。

住　宿

大部分游客都在新森林附近的度假地伯恩茅斯住宿。然而，新森林本身就有为数不少的露营点和厢式旅行车停车点，提供的床位超过2万个。该地区内的村镇里提供的食宿服务包括普通的住宿+早餐式旅馆、小旅馆和客栈，但这类服务型旅馆提供的床位数量相对较少，自助旅馆和自助公寓提供的床位更多。

旅游管理

控制好逐年增长的游客数量是至关重要的，否则将会对当地居民生活及野生动植物栖居地带来不良影响。新森林区议会定期对游客进行调查访问，并且已经从1996年开始推行一项名为《交新朋友》（NFDC）的游客管理战略。这个战略计划是1994年制订的名为《与敌人共存》的参考战略文件的延续（此文件的命名策略与新文件刚好相反），旧文件指出了新森林旅游业面临的各种挑战。最近，该议会又提供了一系列措施，皆在帮助旅游企业采取可持续发展的策略。虽然新森林国家公园有制订发展规划的权威，可仍有数量众多的机构、企业、社会团体和其他部门参与了对新森林的旅游管理。这包括：

- 汉普郡郡议会（Hampshire County Council）——参与战略规划。
- 新森林区议会（New Forest District Council）——当地的权威机构，负责对新森林的各方面的日常管理及人口管理。
- 新森林旅游局（New Forest Tourism）——当地旅游行业协会，代表超过250家私营企业。
- 英格兰南方地区旅游局（Southern Tourist Board）——负责汉普郡和多萨特郡（Dorset）地区的旅游推广。
- 林业局（Forestry Commission）——主要负责英国森林业的管理，但同时对林业创造的旅游娱乐业机会感兴趣。
- 乡村管理机构（Countryside Agency）——保护英国景区的政府机构，并对乡村地区如新森林地区的娱乐业进行管理。
- 英国自然环境保护局（English Nature）——另一负责保护英国动植物的政府机构（未来是否存在还在审核当中）。

● 全国农场主联盟（National Farmers' Union）——代表该地区广大农场主的利益。

● 国家土地所有者联盟（Country Landowners' Association）——代表当地土地所有者的权益。

● 森林护卫法庭（Court of Verderers）——管理监控新森林的"平民"（那些在当地拥有或租有土地因此有权在国家公园内牧养牲畜的人）。这种古老的土地管理方式使得有5000头左右的马匹在景区内漫游，成为景区的一道独特的风景线，尽管每年都有马匹穿越没有护栏的公路时被车撞死的事故发生。

显然，有着这么多的合法的和相关的利益群体，新森林国家公园的管理必然困难重重，但是为了方便协调管理任务，成立了新森林国家公园管理委员会。这个地方权威机构已经意识到均衡各方利益的艰巨性，这在它的目标宣言中有所阐述：

我们的目标是使新森林区变成游客、旅游业、当地社区与环境达到完美融合的旅游目的地，能为改善生活质量作出显著贡献。

新森林旅游战略将有助于达成下列目标：

● 通过适当的营销手段调控客流。

● 整合旅游与交通。

● 调研并确保战略信息正确无误，并与游客沟通交流。

● 服务设备达到最佳水平，并使其物有所值。

● 当地社区积极参与。

● 保护并加强改善环境质量。

● 在恰当的地点提供恰当的体验服务。

国家公园管理机构的反对者们认为划定国家公园只是政府的一种官僚行为罢了，他们声称提高国家公园的地位只会促使更多的游客来到新森林地区。而支持者们却宣称应该扩大公园的版图，把Avon谷和南安普敦水域包括进去，因为这些地方比以前更容易受到开发的影响。国家公园的认定至少意味着在新森林地区规划修建公路干道成功的可能性是微乎其微的。

案例回顾

　　新森林属于国际旅游自然风景区，吸引了大批旅游和休闲游客。虽然旅游和休闲业为当地带来就业机会和旅游收入，有一种观点却认为旅游活动会对当地的资源带来不良影响。结果，许多机构参与了这个复杂的管理计划，旨在减少游客数量以及所带来的影响。而这个新国家公园权威机构很可能会对该计划给予更多的重视。

讨论与作业

　　1. 根据已参与保护该地区免受开发的各个机构的观点，讨论新森林地区被指定为国家公园后的优势与劣势。与英格兰和威尔士其他国家公园相比，这里的情况又有何不同？

　　2. 英国Equus Tours是一家组织骑马游的旅游公司。假设你是该公司的员工，公司要求你为经理写一份报告，阐述新森林在骑马游项目上如何与爱尔兰和其他欧洲大陆骑马游竞争。

　　3. 新森林国家公园拥有3.8万人口。在班里举办一场关于是否应该发展该地区旅游业的辩论赛，并为班里的同学分配不同的角色，这些角色包括当地农场主、从伦敦来的游客、英国乡村保护运动（CPRE）和蔓生生物协会的代表、当地旅游景区的所有者或者是当地商界的代表等。

　　4. 用表格画出新森林的公共部门、私营部门及志愿者组织为保护并促进旅游业发展所扮演的不同角色。

　　5. 请比较Beaulieu国家汽车博物馆与新森林展作为旅游景点的异同，注意考虑它们的产品、服务、目标市场和"绿色"合格证。

参考文献

Climpson, A. (1998) Kitting out tourism businesses. *In Focus*, pp. 6–7.
Demetriadi, J. (2001) Little Acorns protect the Forest. *Hospitality*, October, pp. 14–15.
Font, X. and Tribe, J. (1999) *Forest Tourism and Recreation*. CABI, Wallingford.
New Forest District Council (1994) *Living with the Enemy*. NFDC, Lyndhurst.
New Forest District Council (1996) *Making New Friends*. NFDC, Lyndhurst.

网址

http://www.forestry.gov.uk/forestry/
http://www.hants.gov.uk/newforest/
http://www.newforest-online.co.uk
http://www.nfdc.gov.uk
http://www.thenewforest.co.uk
http://www.visitsouthernengland.com

案例13

马恩岛（The Isle of Man）：一个旅游胜地的复苏

简　介

马恩岛是英国近海的一个岛屿。作为一处走到了生命周期最后阶段的传统旅游地，它给自己重新定位，摆脱典型英国海滨旅游地的定位，成为复苏旅游胜地的典范。完成这个案例后，你将：

1. 了解马恩岛旅游业的历史遗产是如何影响该岛屿的旅游业发展的。

2. 了解马恩岛地理位置的重要性。

3. 了解马恩岛旅游地的组成部分。

4. 了解马恩岛旅游业市场需求变化的情况。

5. 了解马恩岛如何重新定位其旅游产品。

关键问题

本案例有5个关键问题：

1. 直至20年前，马恩岛是处于其生命周期最后阶段的传统的英国海滨旅游点，同时也接待海边金融业的商务旅游。

2. 马恩岛当局意识到重新定位的必要性，以期打开新的旅游市场。

3. 岛上完备的旅游景点与设施，足够使它跻身21世纪旅游市场。

4. 自20世纪70年代以来，该岛旅游市场无论从游客数量还是特征来讲都有所改变。

5. 马恩岛成功转型为一处遗产旅游地，辅以海滨度假旅游以及强劲的商务旅游，这一切表明它已步入生命周期的复苏阶段。

马恩岛

马恩岛长50公里，宽20公里，地处爱尔兰海，位于爱尔兰、英格兰和苏格兰的中间，地理位置既有其优势也有其劣势。其优点是，它可以吸引来自英格兰中部和北部及苏格兰低地和爱尔兰东岸的大量游客。其缺点是，要去马恩岛，得坐短程的飞机或轮船。由于马恩岛常受来自大西洋经过爱尔兰海域海浪的影响，所以在轮渡过程中很有可能遇上坏天气。

马恩岛在9世纪曾遭斯堪的纳维亚人（Viking）的入侵，后来在很长一段时间里又先后被苏格兰和英格兰统治。尽管如此，它还保留着自己的语言——马恩岛语，这就是我们所说的马恩岛的凯尔特文化遗产。19世纪中叶，马恩岛作为英国皇室的一个附庸国，获得自治，拥有自己的议会——马恩岛议会（Tynwald）、民政和邮政服务。

马恩岛有着很长的旅游历史，在20世纪初达到顶峰，那时，成批的旅客乘坐蒸汽轮船来到这里享受海滨假日。不过，马恩岛的旅游业在20世纪取得的成绩不过是各种运气的综合。第二次世界大战结束后，马恩岛的游客曾一度猛增，但从20世纪中叶开始，游客的数量开始持续下跌，这主要是因为游客兴趣的改变。他们不再被马恩岛传统的旅游项目吸引。自20世纪70年代以来，随着沿海金融业的兴盛，马恩岛的旅游业也迎来了复兴，旅馆和餐饮业的质量得到了提高，以满足商务旅游的需要。由于马恩岛的旅游点越来越多，现在常被当做电影电视的影视基地。2001年，其旅游业创造的价值占该岛屿国民生产总值（GDP）的6%。

旅游需求

马恩岛旅游市场的需求量在19世纪末和20世纪初达到顶峰，因为当时大量的来自英格兰北部、苏格兰中部以及南部的游客被这里传统的海滨旅游项目和值得投资的融通股票所吸引。在二战后的一段时间，马恩岛旅游业的当权者未能及时对游客兴趣和英国国内假日旅游市场结构的变化作出反应，结果导致游客人数减少。不过，自从20世纪80年代中期政府加大对旅游业的投入和支持以来，马恩岛的旅游产品和设施得到复苏（这部分也是由于商务游客的驱使），每年的游客量达到了30多万人次，其中大多数为英国游客，爱尔兰共和国的国内市场也是一个重要来源，这样一来，大部分的游客是经海路来的。

旅游供给

景　点

- **道格拉斯（Douglas）和海滨城镇**　马恩岛上的主要城镇是道格拉斯，它有着历史悠久的维多利亚时代的宾馆和露台式旅馆。道格拉斯是马恩岛的首都和主要海港，主要特色是它的迈克斯博物馆（Manx Museum）和"马恩人故事"展览。道格拉斯是旅馆、餐馆和其他旅游设施中心。确实，这里的旅游业支持着当地居民光顾的许多商店和娱乐的生意，其中包括修复的维多利亚欢乐剧院和Summerland——赌博和休闲中心。另外一些海滨城镇也有着自己的旅游景点、工艺品店、美术馆和旅馆，这些城镇是：
  - 伊林港（Port Erin），是杰出的自然风景区，以宽阔的峡谷、美丽的沙滩和迷人的海滨步道而闻名。
  - 皮尔（Peel），那里的摩尔传统博物馆（Moore's Traditional Museum）里陈列着渔业工具以及马恩岛最著名的产品——腌鱼。
  - 拉姆西（Ramsey）。
  - 卡斯尔敦（Castletown）。
- **文化遗产**　马恩岛有着丰富的文化遗产，包括凯尔特人（Celtic）和挪威人（Norse）的遗迹，主要景点有：
  - 道格拉斯北部的拉克西水车（Laxey Wheel），著名的工业遗产，是仍在运转的世界上最大的水车。
  - 皮尔的古城堡和天主教堂等历史建筑以及马恩岛的前首都卡斯尔敦的拉申城堡（Castle Rushen）。
  - 皮尔附近的Tynwald山，那里有马恩岛的第一个议会的遗址。
  - 博物馆和手工艺品中心，包括拉姆西的小树林乡村生活博物馆（Grove Rural Life Museum）、在皮尔港口附近新建的遗产中心——

马纳南别墅博物馆（House of Manannan）以及拉姆西的航海博物馆（Nautical Museum）。

     ○ 克雷格尼什民俗村（Cregneash Folk Village）—— 一座重修的乡村生活博物馆，那里有着最古老的马恩人村舍，向人们展示岛民们过去的小农场生活。

● **自然遗产**　马恩岛一直被看成是英格兰风景的缩影，因为这一小块土地上集中了海滩、荒野丘陵、山谷和海岸等不同的地貌。这种自然遗产用来发展特殊的假日旅游，岛上设有三条长长的小径，可用来徒步行走或骑自行车。主要景观有：

     ○ The Point of Ayre——马恩岛北部被保护起来的沙滩海岸。

     ○ Ballaugh Curraghs的湿地野生公园。

     ○ The Calf of Man——小岩石岛，是南部野生动物的栖息地。

     ○ 马恩岛林业部管辖的17座山和海岸峡谷，备有休闲设施。

     ○ 圣约翰的Cooily Ree （Nook of Kings）花园。

● **交通遗产**　马恩岛以交通方面的旅游而闻名，这些盛事包括：

     ○ 一年一度的"游客杯"（TT，Tourist Trophy）摩托车赛。起源于1904年，在环岛公路上举行。那一周，马恩岛的旅馆爆满。年内其他一些赛事也在环岛公路上举行。

     ○ 从Laxey到岛上最高峰Snaefell的电力山地火车。

     ○ 道格拉斯海滨大道上名为toast-rack的有马拉的电车。

     ○ 行驶在道格拉斯和拉姆西之间的马恩岛电力火车。

     ○ 从道格拉斯到南部伊林港的马恩岛狭道蒸汽火车（Manx narrow gauge steam railway），在其终点站伊林港还有一个火车博物馆。

住宿与交通

马恩岛有着各种类型的旅馆，从豪华的乡村别墅到实惠的宾馆，应有尽有。马恩政府有一项长期支持旅馆业的计划，一是为了适应市场的需要，二是为了吸引融通股票。旅游业当局对旅馆服务也实行强制注册和分级体制。到2002年，岛上共有将近7000个床位，大多数属于服务式酒店。

传统上，游客是乘坐马恩汽轮公司的轮船来岛上的。从利物浦、希舍姆（Heysham）、贝尔法斯特（Belfast）和都柏林等港口出发。

马恩岛尝试打入乘船停靠上岸观光游览市场。最近几年，他们还引入了快艇（catamaran）服务，不过岛上的马恩航空公司（隶属于英国航空公司）运营良好，成为商务和休闲游客来岛的另一途径。岛上唯一的机场Ronaldsway机场现有一个航空博物馆。此机场服务于6家航空公司，航班飞往英国各主要机场以及爱尔兰和海峡群岛。当然，作为一个海岛，马恩岛在很大程度上依赖它的航空服务。马恩岛议会密切监控交通政策，也严格检查试图加入这一网络的其他公司的申请。

旅游组织

旅游部（Department of Tourism and Leisure）负责休闲和公共交通，也负责旅游业的促进和发展。该部门的宗旨是"鼓励与发展旅游业，改善马恩岛的经济社会利益"。旅游部和其他负责遗产和规划的部门紧密合作，如马恩国家遗产局和马恩自然保护协会就负责岛上的许多自然和历史景点。

马恩岛尽量使它的旅游产品符合21世纪游客的口味。这里传统的旅游市场侧重英格兰海滨旅游，目前还是主要的吸引要素，而且在此基础上加入了其他一些元素，以吸引更多的游客。比如提高旅馆服务业的质量，鼓励利用岛上自然、文化遗产开发的旅游项目，增开影视拍摄点，另外，利用岛上8个高尔夫球场、绝佳的钓鱼和其他一些设施开发运动旅游项目。很有意思的是，这些计划的实施也要有高质量专业的宾馆服务业作后盾。道格拉斯市已有的设备已显得捉襟见肘，因而有些业务已开始转向岛内乡下的旅馆业。由此可见，马恩岛是一个重新定位、提升自身竞争力的成功典范。

案例回顾

马恩岛是体现旅游地生命周期的经典案例，从起步到20世纪50年代的衰败，它经历了一个完整的生命周期。岛上当局当机立断，重新把自己定位成遗产旅游地，以新的旅游产品吸引新的市场，大获成功，从而进入了生命周期的复苏阶段。

讨论与作业

1. 马恩岛的旅游发展史在多大程度上可以对应Butler的旅游地生命周期的不同阶段？

2. 请描述马恩岛复苏其旅游产品所采取的措施（步骤），并将其与其他旅游地比较，从而衡量这些措施的有效性。

3. 有人说过，"多亏了旅游业，道格拉斯市的市民们才得以享受超乎寻常的一系列设施。"请将道格拉斯市和与其人口数量相当的英国本土某个工业城镇相比较，谈谈你对这句话的理解。

4. 调查一下马恩岛为促进旅游业的发展而采取的一系列措施，包括影视基地的开发。

参考文献

Conlin, M. V. and Baum, T. (1995) *Island Tourism*. Wiley, Chichester.

Cooper, C. (1990) Resorts in decline: the management response. *Tourism Management*, 11 (1), 63–67.

Cooper, C. and Jackson, S. (1989) Destination life cycle: the Isle of Man case study. *Annals of Tourism Research*, 16 (3), 377–398.

Drakakis-Smith, G. and Lockhart, D. (1997) *Island Tourism: Trends and Prospects*. Pinter, London.

网址

http://www.gov.im/tourism
http://www.isle-of-man.com/

案例14
都柏林：首都旅游业的发展

简　介

　　都柏林是世界舞台上重要的旅游城市。本案例探讨爱尔兰首都的旅游资源、旅游组织和旅游市场。完成本案例后，你将了解到：

　　1. 都柏林作为旅游城市的重要性。

　　2. 都柏林是爱尔兰的大门。

　　3. 都柏林丰富的旅游资源。

　　4. 都柏林的旅游市场。

　　5. 都柏林的旅游业是如何组织的。

关键问题

　　本案例涉及5个关键问题：

　　1. 都柏林已发展为世界舞台上一个重要的旅游城市，它是爱尔兰通向世界的大门。

　　2. 旅游业为该市作出了巨大的贡献。

　　3. 都柏林的卖点是它的遗产、建筑和一些重要的国际机构，还有它的社会生活、餐饮以及爱尔兰人的热情。

　　4. 都柏林的旅游设施越来越上档次，包括它的交通（尽管交通拥挤仍是一个问题）。

　　5. 都柏林连同爱尔兰其他地方在旅游组织上表现得相当出色，已成功说服欧盟，获得了发展旅游的基金。

都柏林

都柏林有着绝佳的地理位置，它前临宽阔的都柏林海湾，背靠威克罗（Wicklow）群山。都柏林地区容纳了380万人口，占爱尔兰共和国人口的1/3。都柏林不但是世界闻名的重要的旅游城市，也是爱尔兰通向世界的大门，它拥有一家主要机场，还有重要港口当莱瑞（Dun Laoghaire）与世界联系。数据表明，都柏林是爱尔兰游客人数增长最快的城市，到2002年它接纳了330万海外游客与近百万的国内游客，同时旅游业提供了2.5万个全职工作岗位。

都柏林的旅游资源

都柏林的主要旅游资源包括其悠久的历史、文学遗产、国家机构以及保存完好的18世纪的旧城市风貌，都柏林在1991年被评为"欧洲文化城"。都柏林最早于9世纪成为斯堪的纳维亚人的居住地，后来渐渐发展成一个城邦，在18世纪经历了一段鼎盛时期，许多都柏林最好的建筑都是那时建的。今天在运动场两旁、宽阔的街道边或是宽敞的广场周围仍能看到乔治亚时代的建筑。都柏林的旅游资源集中在一块不大的地方，方便步行参观，参观时可顺着设计好的主题线路。不过，这种过于集中的方式还是引起了争议，为此，市政府正试图把旅游景点从中心地带分散开去。

近期开始的整修和重新发展计划在为本地居民和游客发展城镇景观的同时，更注重保护都柏林的传统街景和特色。这一计划得到由欧盟资助的"都柏林的历史心脏项目"（EU-funded Historic Heart of Dublin Project）的援助。该项目发行都柏林建筑股票，为了减缓都市衰退、社会弊端与失业等问题。该项目旨在增强都柏林中心地带的经济活力，使之成为一座真正能持续发展的城市，遗产能得到尊重和修复，社会经济和社会需求也能得到满足。

从地理角度来看，都柏林的旅游资源主要集中在两个地方——利费伊河（River Liffey）和爱尔兰最古老、最著名的大学——三一学院（Trinity College）。

利费伊河举世闻名，这里有都柏林最有名的黑啤酒出产地——Guinness酿酒厂，参观这里对游客来说也是一种特殊的经历。利费伊河把都柏林分为北部和南部。市政府曾把这里当成迎接新千年的中心地带，在这里搭建了新世纪步行桥（Millennium Footbridge），并在河两岸用木板铺就了人行道。

三一学院位于利费伊河南部，这里收藏了凯兰书卷（或译凯尔经，Book of Kells），也是都柏林旅游的中心地带。

● 在三一学院的南部和东南部是迷人的乔治亚广场，这个广场完全可以与巴斯（Bath）和伦敦的一些广场，如Fitzwilliam广场媲美。该地段还有一些重要的国家机构，如国家博物馆、爱尔兰国家美术馆、国家历史博物馆和家谱局。家谱局是民族旅游市场的主要资源，因为很多游客到这里来追寻他们的爱尔兰根源。这里的都柏林城市博物馆、Dublin博物馆和都柏林市政厅的多媒体展览厅，向游客展示都柏林的历史背景。

● 三一学院的西边是坦普酒吧区（Temple Bar），即新开发的"左岸"区，那里有美术馆、商店、俱乐部、餐馆和一些娱乐场所。

● 坦普酒吧区旁边是都柏林城堡——英国统治时期政府的旧址，还有两座天主教教堂——St Patrick's和Christ Church。

过了河来到北岸，是爱尔兰最有名的街道之一——奥康奈尔街（O'Connell Street）。那条街上有邮政总局和一系列旅游景点，包括：

● Parnell广场乔治亚大厦里的Hugh Lane现代艺术美术馆。

● 都柏林国家博物馆。

● 都柏林作家博物馆，展示都柏林文学名人，如乔伊斯（Joyce）、王尔德（Wilde）和Sheridan等人的生平与作品。

● 凤凰公园——欧洲最大的有围墙的公园。

交通、住宿和旅游组织

都柏林旅游局（Dublin Tourism）是隶属于国家旅游机构爱尔兰旅游局（Failte Ireland）的地方性的旅游机构，它负责旅游市场的开拓。它的主要任务包括旅游策略方案的设计与实施，新产品开发和旅游销售，同时也负责旅游信息局的运作。都柏林会议局（Dublin Conference

Bureau）负责将都柏林推广成为重要的会议举办地。都柏林市内和周边有各种各样的旅馆，包括乡村旅馆、城堡旅馆、宾馆、招待所、农场旅馆、大学宾馆、青年旅馆和野营地。都柏林还是国内外游客的购物娱乐天堂。它主要的娱乐场所和节日有：

- 国家交响乐队所在地，重新修整的国家交响乐厅。
- 艾比剧院。
- 修复后的Gate剧院。
- 奥林匹亚剧院。
- 爱尔兰影视中心。
- Jury歌舞表演和Doyle的爱尔兰歌舞表演。
- 节日有在都柏林举行的爱尔兰电影节。1998年，由都柏林主办了环法自行车比赛的第一站比赛，这是本赛事第一次在法国以外的地方举行第一站比赛。

　　该城市众多的酒吧在向世界宣传爱尔兰这个工作中起了重要的作用。不过，很多都柏林人认为像坦普酒吧区这种地方，名气再大也是不起作用的。现在越来越多的酒吧已被单身女子和单身男子晚会取替，因为英国大陆成批的年轻人周末品酒团受爱尔兰自由酒类专卖法的吸引而慕名来到这里狂欢。

案例回顾

　　都柏林是一个管理组织得相当成功的旅游地，它聚集了成功旅游业的各大要素。这座城市拥有大量的遗产景点和国家重要机构，如博物馆和美术馆，同时它也拥有大批因爱尔兰人的热情好客而闻名的酒吧和餐馆。这些要素再加上政府和欧盟在资金上的支持使得都柏林的旅游业不成功都难。这一切意味着爱尔兰已复兴为欧洲一个重要国度。

讨论与作业

1. 讨论媒体及爱尔兰作家，如詹姆斯·乔伊斯等人的作品对都柏林旅游业所起的促进作用。

2. 以都柏林为例，讨论城市中心，如坦普酒吧区推广的夜生活经济所引发的另一反对观点：全天候开放的酒文化所引发的严重社会问题及需要付出的代价。

3. 根据都柏林中心区域的地图，设计一条徒步旅游线路，选择的景点要能吸引来自澳大利亚有着不同背景和兴趣的游客。

4. 20世纪70年代以来，爱尔兰经济快速发展，其中一个后果就是首都都柏林的交通拥挤问题。请探讨这个问题的本质并提供解决方案。

参考文献

Cronin, M. and O'Connor, B. (2003) *Irish Tourism*. Channel View, Clevedon.
Law, C. (2002) *Urban Tourism*. Continuum, London.
Murphy, P. (1997) *Quality Management in Urban Tourism*. Wiley, Chichester.
Page, S. (1994) *Urban Tourism*. Routledge, London.

网址

http://www.dublincity.ie/dublin/
http://www.visitdublin.com

案例15
北极斯堪的纳维亚（Arctic Scandinavia）的冒险之旅

简 介

本案例介绍了地处北极圈的斯堪的纳维亚旅游地。这种旅游地属于旅游业的边缘产业，同时也是处于旅游地生命周期的发展阶段。完成本案例后，你将：

1. 了解斯堪的纳维亚很大一部分地区处于北极圈内。
2. 了解发展北极圈斯堪的纳维亚旅游业的局限性。
3. 评估瑞典拉普兰（Swedish Lapland）旅游业发展的资源基础。
4. 了解挪威斯瓦尔巴特群岛（Norwegian islands of Svalbard）旅游业面临的安全及发展方面的问题。
5. 了解发展旅游业对瑞典拉普兰环境和文化产生的潜在影响。

关键问题

本案例涉及5个关键问题：

1. 近1/3的斯堪的纳维亚地处北极圈内，尽管该地区有发展旅游业的潜力，不过这里的旅游必定带有边缘特点，并受到一系列因素的约束，尤其受天气的影响较大，很多时候无法随心所欲地前往。
2. 瑞典拉普兰的旅游资源适合冬季运动、文化旅游或生态游。
3. 挪威斯瓦尔巴特群岛的旅游业受约束的程度更大，仅局限于冒险旅游。
4. 这一地区的旅游活动要求游客事先明白这里环境的恶劣性，存在健康、安全隐患，在斯瓦尔巴特群岛，情况更是险峻。因此，旅游供应商应遵守各项规定。
5. 在这两处北极圈旅游地发展旅游业，要尽量避免对环境、文化和当地社区的负面影响。不过在这里发展旅游业的经济效益是相当可观的。

瑞典的拉普兰和挪威的斯瓦尔巴特群岛

将近1/3的斯堪的纳维亚处于北极圈内，挪威的斯瓦尔巴特群岛离北极圈仅1000公里左右。不过这两处的气候条件却比同纬度的其他地区，如格陵兰、加拿大北部，阿拉斯加和西伯利亚要好。这里受来自北大西洋暖流的影响，北部海角周围海面终年不结冰，这样一来，到斯瓦尔巴特群岛的游客可直接坐船，而不用坐飞机。夏天，瑞典拉普兰的温度相对苏格兰或更南部地区要宜人。

瑞典的拉普兰

在本案例分析中，瑞典的拉普兰发展旅游业和经济的潜力更大。除了斯瓦尔巴特的气候要比它暖和外，它相对其他北极圈地区有如下优势：

- 它可从瑞典和芬兰的主要人口居住地乘汽车、火车、飞机轻易到达。
- 自16世纪开始就有南部人口到此定居，基础设施发展良好。

不过拉普兰相对瑞典其他地方还是有一种边缘的感觉。过去的游牧民族萨米人（Sami people）已融入瑞典主流经济、社会结构中而不会受到剥削。在福利享受方面也不会有依赖感，自己的民族性也得以保存。这在北极圈的其他土著社区是很少见的。

采矿是该地区的主要经济活动。北极圈内最大的城市基律纳（Kiruna）也是因此而繁荣。基律纳因其夜生活享誉全瑞典（基律纳拥有世界上最大的铁矿）。这里的旅游业起步于19世纪，并因下列原因变得越发重要：

- **对生态游和绿色主题兴趣的增长**　瑞典的拉普兰是欧洲最大的没有遭到破坏的荒野之一。拉普兰有六大国家公园，其中Abisko公园最著名。这里有大面积的松树林、云杉林和桦树林，也有广阔的冻土带，无数的湖泊、山景和未遭污染的水流以及急速的河流。拉普兰的人口占瑞典总人口的5％，面积却占总面积的25％，这里静谧而安宁的生活，再加上冬日的奇观——北极光将整个夜空照亮，使得它举世闻名。

● **冬季运动** 瑞典拉普兰是欧洲最北的滑雪场，在这里，滑雪爱好者可以长时间练习这种运动，甚至可以在6月的阳光下练习滑雪，可谓是极其新鲜。这时积雪厚重，但也不会出现阿尔卑斯山区滑雪场的雪崩。不过，由于这里冬季白天很短，所以滑雪季节要到2月中旬才能开始。里克斯格伦森市（Riksgränsen）靠近挪威边境，是基律纳和纳克维京（Narvik）的铁路枢纽，1932年，瑞典的第一家滑雪学校在那里创办。那里有很多越野滑雪线路，不过对于喜欢高坡滑雪的人来说，这里可能不够有吸引力，因为这里的垂直落差才400米，坡度不够大。其他冬季项目还包括冰中垂钓、乘坐雪地摩托探险旅行或乘坐爱斯基摩犬拉雪橇。

● **萨米（Lapp）文化** Jukkasjärvi（在萨米语中意为"集会的地方"）和Jokkmokk是萨米传统文化的中心，那里传统的生活方式得以保留，萨米人穿着色彩鲜艳的皮革衣服。当其他地方都已用上雪地摩托和手机时，这里还是用犬队替代驯鹿队，游客在Jokkmokk可以买到银制和皮制手工艺品。

● **冰雪旅馆** Jukkasjärvi还有一种特殊的冬日景观——冰雪旅馆，它是世界上最大的圆顶建筑（事实上北美魁北克附近的Duchesne Park可以与之抗衡，不过那里是用热水浴，而这里用的是斯堪的纳维亚式桑拿浴）。这两处都有一个共同点，即它们都是旅游业持续发展的范例，它们利用的是可再生资源。在Jukkasjärvi，旅馆里的房间和家具是由3万吨冰和压缩的雪制成的，这些冰雪是每年11月从结冰的Torne河里挖出来的，一直用到冰雪融化，这通常可持续到次年5月。尽管室外的温度可低到-35℃，房间里的温度可保持在-7℃。房间床上用品都是驯鹿的皮毛制成的，非常保暖。尽管如此，很多游客还是愿意选择瑞典人山中的牧人小屋，那是木头做的，要暖和得多。这里还有露天剧场，模仿着莎士比亚圆形剧场。不同的是，这里的剧场是用冰搭建的，演员说的是萨米语。冰雪旅馆吸引了各种顾客，有议会团体，也有来自日本蜜月旅行的新婚夫妇等。

● **其他户外活动** 夏天的活动有漂流、徒步旅行、爬山和垂钓。瑞典拉普兰的Björkliden有世界最北端的高尔夫球场。秋天的田径项目较为流行，因为这里环境恶劣，所以可以全年提供生存训练。

挪威的斯瓦尔巴特群岛

斯瓦尔巴特地处挪威本土以北1000公里处，事实上已接近格陵兰岛。群岛最大的岛屿是斯匹兹卑尔根（Spitzbergen），因其美丽的海湾冰山、冰川，还有已适应那里恶劣环境的野生动物而闻名。斯瓦尔巴特位于北纬75°，地属北极，冬季有几个月全为黑夜，气温极低。4～8月是斯瓦尔巴特的夏天，尽管这几个月全为白昼，但气温也很少升到10℃以上，且天气变幻莫测。西斯匹兹卑尔根岛比其他地方容易前往，其他地方一年中的大部分时间是由冰雪覆盖的。西斯匹兹卑尔根岛早在16世纪就被荷兰人发现，但那时无人定居，现在那里有三个定居点，其中两个是由俄罗斯人居住，一个是由挪威人定居，名为Longyearbyen，这些居住点主要依赖煤矿业，不过这些煤矿业在世界市场已没有什么竞争力了。尽管这里的群岛归挪威政府管辖，不过已被当做国际商务活动中心了。

西斯匹兹卑尔根岛在20世纪早期被当做北极探险队的据点，如今这成了吸引国际游客的因素，现在每年有2万多人被这里的北极风景吸引，很多游客从挪威大陆乘坐游轮来到这里。Longyearbyen有很多旅游设施，不过最大的景点是Magdalen海峡，那里有以前的捕鲸业和极地探险留下的遗迹。有些乘坐飞机来到这里的游客在Longyearbyen待上几天，参加白天的短途旅行；另外一些，主要是来自挪威的游客，被荒野冒险活动吸引，这包括：

- 徒步旅行、爬山。
- 乘坐小船游览海岸。
- 春季乘雪地摩托旅行或滑雪。
- 观鸟。
- 参加生存训练和领导力课程。

参加这些活动之前需要几个月的计划和准备，游客们一般都清楚到此旅游可能会碰上一些危险，比如说，可能会碰到北极熊（在斯瓦尔巴特，北极熊属被保护动物）。不过，挪威政府为保护游客安全，同时为了保护北极圈生态环境，对游客及旅游组织制订了一系列规章制度。比如旅行社必须向斯瓦尔巴特市市长报告他们的活动，并要对游客的行为负责。

旅游业在斯瓦尔巴特举足轻重，因为它给近10％的斯瓦尔巴特人提供了就业机会。不过，如果旅游业想取代煤矿业而成为斯瓦尔巴特的主要经济支柱，还需继续扩大规模，但是这会相应对环境产生负面影响。

案例回顾

本案例向我们展示了一个旅游地生命周期的发现阶段，这个旅游地堪称旅游业的前缘，那里的旅游业受气候影响很大。在我们考察的两个旅游地，旅游产品的开发完全是建立在已有的资源库上。在斯瓦尔巴特尤其如此，它所开拓的冒险旅游完全是为它的环境量身订制的。不过，在这种地方开展旅游业必须经过严格的管理和规划，尽量降低旅游业对环境、东道国以及游客本身的影响。

讨论与作业

1. 利用网络，为一位富有的美国人设计一条北极圈巡游路线（包括斯匹兹卑尔根和俄罗斯最北端）。请把途中所要经过的地方和各个转站点写清楚，并提供每个地方的冰雪和生态信息。

2. 调查一下旅游业对萨米人的生活方式和文化所产生的影响。

3. 请准备对当地自然主义协会所作的演讲，演讲的内容是北极斯堪的纳维亚的生态系统及发展以自然环境为基础的旅游业的潜力。

4. 借助表格和图表比较斯匹兹卑尔根和瑞典拉普兰两地的气候。请告诉游客到这两地应准备的衣物和设备。

5. 请给对以下旅行感兴趣的乘客提供必要的信息：

- 观看北极光。
- 游览北极。
- 入住冰雪旅馆。

参考文献

Hall, C. M. and Johnston, M. (1995) *Polar Tourism*. Wiley, Chichester.
West, M. (1997) Polar experience. *Geographical Magazine*, 69 (4), 44–45.

案例16
布鲁日（Bruges）：旅游业对历史名城的影响

简　介

布鲁日是比利时旅游业中的佼佼者，它是北欧保存最好的中世纪城市之一，并因此吸引了许多一日游游客和过夜游客。布鲁日碰到的一些问题也同样适用于其他的历史城镇。完成本案例后，你将：

1. 了解布鲁日旅游业的重要性。

2. 了解布鲁日的旅游景点和设施。

3. 了解布鲁日寻求一日游游客和过夜游客之间的平衡。

4. 了解旅游业给这一中世纪城市带来的严重的交通问题。

5. 了解布鲁日在旅游的规划和策略方面的一些首创。

关键问题

本案例涉及5个关键问题：

1. 布鲁日是一座保存完好、迷人的中世纪城市，旅游业在它的经济中起着很重要的作用。

2. 布鲁日的主要旅游景观是它的古建筑、城镇风貌和一些重要活动，不过，这个城市特殊的中世纪布局给旅游管理提出了挑战。

3. 布鲁日旅游市场由一日游游客和过夜游客两大块组成，因而该城市要在这两者之间寻求平衡。过夜游客对经济贡献大，一日游游客虽然消费少些，但对这座城市也产生了一定的影响。

4. 布鲁日作为受欢迎的旅游城市的同时，其历史中心区也受到严重交通问题的困扰。

5. 布鲁日已出台了一些缓解交通堵塞、发展旅游的策略。

布鲁日

　　旅游业对布鲁日来说举足轻重，因为它给这个城市及周边地区直接或间接地创造了近6500个工作岗位，其中2/3属于旅馆和餐饮业。然而这个西弗兰德省（West Flanders）小城市的名气却给它带来了严重的交通问题，威胁着它独特的遗产。不过，布鲁日正试图通过创新性的规划和营销策略，解决这些问题。

　　布鲁日（在弗兰德语中叫Brugge）是北欧保存最好的中世纪城市，由此发展成为欧洲旅游市场上游客不断前往的短期度假地。它被联合国教科文组织评为世界遗产城市，并被选为2002年的欧洲文化城。它不像现代集合城市那样喧嚣，它更为人性化，如画的红色山形建筑，教堂的尖顶，鹅卵石铺就的街道和广场，弗兰德绿色乡间静静流淌的小河，一切宛如天上人间。从布鲁日的地图上可以看出，这里中世纪的街道由许多运河连接在一起，因而很多人把布鲁日称为"北方的威尼斯"，其实这会让人误解。在这座古城的外环路之外是新兴的住宅区和工业区，这里的游客相对历史中心要少一些。

　　老城中心有两大广场，Markt（集市）和Burg（中世纪早期弗兰德的伯爵的城堡）代表这座城市的双重身份，既是贸易中心，又是市政中心。

　　布鲁日在中世纪因与苏格兰做羊毛贸易而变得十分富有，在15世纪达到鼎盛，并在那时被Burgundy的公爵们选为他们延伸到法国及低地国家（Low Countries，指荷兰、比利时、卢森堡三个国家，译者注）的首府。那时的布鲁日是北欧首要的商业中心，它拥有世界上第一家股票交易市场。这里许多重要的建筑和艺术瑰宝也是源自那时。后来由于Zwin河口的淤塞，国际贸易转移到安特卫普市（Antwerp），布鲁日流失了很多财富和人口。到19世纪初，布鲁日似乎是走到了穷途末路，有一位著名的作家把当时的布鲁日称为"死城"。有意思的是，这反而救了这座城市，因为那里的市民们太穷了，穷得没钱建新房子，旧房子才得以保存下来。那时正值文学艺术界掀起了罗马运动，布鲁日的第一批游客被这里时间永驻的感觉所吸引，这便促使当时的市政府推行严格的保护措施，保护旧城区。这些措施一直延续到了今天。就在20世纪接近尾声时，布鲁日在北海（North Sea）海岸的 Zeebrugge（海上的布鲁日）设立了一个港口，经济迎来了复苏。旅游业的继续发展，成为这座城市繁荣昌盛的基石。

布鲁日的旅游资源

景　点

老城区的景点有：

- Belfry钟楼，是布鲁日具有代表性的标志性建筑。Belfry和以前的贸易大厅Hallen一起，占据Markt的主要地盘，并在塑造这座城市的历史中起着重要作用。

- Staduis（市政厅）是Burg的主要建筑，是另一典型的哥特式建筑。

- 多座中世纪教堂，其中最著名的是Onze-Lieve-Vrouwekerk教堂（又名Church of Our Lady），里面有米开朗琪罗的雕塑。

- 美术馆，里面有芬兰作家Van Eyck、Memling等人的作品。

- Begijnhof（Beguinage，女修道院）给布鲁日增添不少宁静魅力的救济院，是游客游览得最多的中世纪建筑。

- Minnewater（"爱之湖"）在中世纪是布鲁日的海港，如今成了一个浪漫的湖区。

- 运河泛舟很受游客欢迎。小船可以一直把游客带到城北7公里外的Damme，那里被称为布鲁日的缩影。在老城区乘坐马车也一样很受欢迎。

- 布鲁日的主要活动都是来自中世纪。最有名的要数"圣血大游行"。这个一年一度的活动自十字军东征一直延续至今，是比利时最具宗教色彩的节日之一。有些清教徒指责布鲁日简直是"中世纪主题公园"，并怀疑其传统的真实性。

- 除了一些遗产景点外，该城市的商店、高质量的旅馆和市场也很受游客欢迎。如果不是因为旅游业，传统的花边业早已销声匿迹，现在也只限于家庭手工业。另外一些不那么依赖旅游业的工业有巧克力制造（比利时的一种艺术形式）和酿酒业。

● 代表21世纪风格的景观有Concertgebouw（音乐厅），这是欧洲文化之城项目的产物。现在已成为布鲁日最具现代风格的标志性建筑和文化产品。

保存历史古城独特的风格，光靠保存好它的建筑遗产是不够的，如果古城的街上满是现代的标志牌和不相配的街灯，如果到处充斥着零售业和餐饮业的名牌，那种古城的味道就会完全被破坏掉。布鲁日比很多历史古城成功的地方就在于它在鼓励能为城市生活增添色彩和情趣的公共艺术展示的同时，又竭力地保留住了原有规模的商铺、贸易和传统的街道摆设。

Zeebrugge和布鲁日一样，被同时推向旅游市场。那里的夏天有多姿多彩的娱乐活动。古城区外的布鲁日有一座主题公园、一座海豚馆，还有一家主要运动项目综合部，不过这些对国际游客的吸引力都很有限。

布鲁日绝不是一个"博物馆式城市"，也绝非一潭死水。很多市民每天乘车前往布鲁塞尔上班。同时该城市的欧罗巴大学（Europacollege）也向世人表明了布鲁日在欧盟发展过程中所起的巨大作用。布鲁日12%的过夜游客是商务游客或会议代表。布鲁日是重要的国际会议中心，它有议会大厅和历史布匹大厦（Cloth Hall，撒切尔夫人曾在此发表了著名的反对欧洲联盟的演讲）等会议场所，另外还有7家宾馆，能容纳100个以上的代表团，适合举办大型会议。

交　通

该城市有良好的公路和铁路交通系统通往：
● 布鲁塞尔机场。
● Ostend和Zeebrugge的轮渡。
● 里尔城（Lille）在欧洲之星高速铁路线上。
● 经由E40高速公路可达英吉利海峡隧道。
● 乘坐大力士高速列车（"Thalys"，亦译作西北高速列车，译者注）可达巴黎。

住　宿

布鲁日可向游客提供各种住宿。酒店数量最多，有100多家，在

2002年提供了70%的床位，容纳了86%的过夜游客。这里大多数酒店较小，57%以上的不足20间房，自20世纪90年代初以来，超过80间房的酒店增幅很大。大多数酒店都带有独立卫生间和房间，一年至少开放10个月，其中有80%是三星或四星酒店。在价格方面，它们面临着来自根特、安特卫普和布鲁塞尔同行的激烈竞争。有2/3以上的酒店在布鲁日的老城区，如要找稍微便宜些的旅馆得到城市外围，包括青年旅馆（尤其受美国青年游客的欢迎）、营地、私人旅馆，这些地方主要吸引自助游的游客。另外有些度假山庄和公寓主要吸引比利时和荷兰的家庭游客。

布鲁日旅游市场的需求

过夜游客

布鲁日旅游吸引了世界各地的游客。20世纪90年代，日本是一个拓展的市场，9·11事件以及接下来的一些危机事件对旅游市场产生很大冲击，同时在美国旅游市场的重要性有所下滑。现在宾馆住宿的游客大多来自周边国家，其中英国游客最多（约占35%），但他们人均消费最低。国内游客入住宾馆人数只占10%，当然这不足为奇，因为

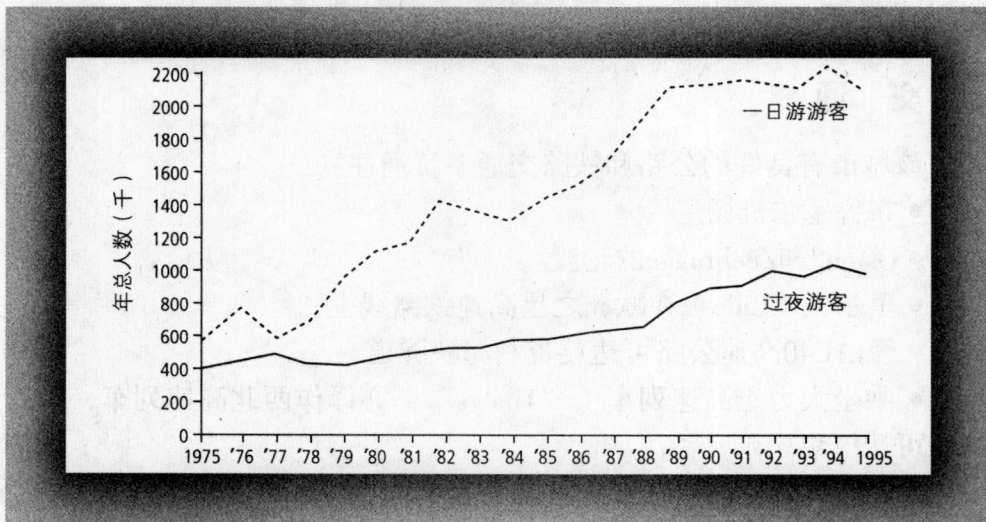

图16.1　布鲁日旅游增长情况

（资料来源：西弗兰德省（WES）经济研究局（Economic Study Bureau），1996）

比利时国家很小，同时又有那么多更为便宜的住宿方式供游客选择。

一日游游客

一直以来，增长最快的游客市场要数一日游游客。他们主要来参观海滨旅游胜地和比利时城市。这给布鲁日旅游业的发展指明了方向。1975—1991年间，布鲁日的过夜游客增长了1倍，而一日游游客却增加了3倍（见图16.1）。

面临的问题

大多数一日游游客自己开车，再加上布鲁日居民有车族也不断增加，现如今布鲁日面临和欧洲其他历史名城同样的问题，那就是如何平衡数量少但消费高的过夜游客和一日游游客。一日游游客虽对当地经济作出了贡献，但这些贡献可能会被它对这一历史名城产生的负面影响而抵消。表16.1总结了布鲁日这两种旅游形式的不同之处。

表16.1　布鲁日旅游业的特点

特点	过夜游客	一日游游客
数量		
旅行次数	616000	3050000
过夜数（夜）	1442000	
花费（欧元）	1.54亿	1亿
	高消费：50%以上的钱花在住宿上，16%花在购物上	低消费：1/3花在购物上
交通		
小汽车	43%	57%
长途汽车	13%	16%
火车	41%	23%
季节分布	75%的过夜游客集中在3～10月	集中在夏季，尤其是周末
增长方式	稳定	突飞猛进，但不规律
吸引导向	文化	文化及休闲购物
游客来源		
国内	12%	50%，主要来自说芬兰语地区
邻国	66%	34%
其他国家	22%	16%

（资料来源：西弗兰德省经济研究局，1995，资料已更新到2002年，为此特向弗兰德地区旅游局局长Wim Vanseveren致谢。）

由于旅游业的快速发展，布鲁日在20世纪90年代早期面临很严重的交通问题，在很大程度上影响了游客体验和当地居民的日常生活。主要问题有：

- 游客主要集中在老城区非常有限的区域（430万平方米）。在旅游旺季，除了大约8000名过夜游客，还有2万名一日游游客。考虑到老城区里仅有2000位居民，这一游客数量是很高的（与布鲁日11.6万人的总人口相比）。
- 大量旅游车辆阻碍了交通。
- 中世纪街道格局不能满足机动车行驶要求。

旅游策略

作为发展旅游的一个整体规划，有必要把构成布鲁日私营经济的小企业与制订旅游规划和营销政策的地方政府联合起来。为了提高旅游产品的质量，1992年，市政府出台了一项交通管理规划，并付诸实施：

- 加快历史城区的交通流量。
- 分流老城区的交通量。
- 劝说游客尽量放弃开私家车进入老城区。
- 鼓励使用自行车，把它当做一种绿色交通方式。
- 让居民在城市中心可以享受当地服务。

"畅通计划"的主要特征有：

- 由五个环形公路构成的循环系统把中心地带过量的交通引到外围多家大型地下停车场。
- 很多街道和广场——如曾经的交通中心Markt禁止通车；另外老城区实行单行线。
- 同时环形路的车流量得到改善。
- 长途旅游车停在老城外面。
- 限制小汽车的使用，同时提供快捷方便的公交服务。把私家车停在城外的游客可免费乘车去老城区。
- 自行车不设单行线限制。火车站及许多旅馆有自行车出租点。
- 指示牌更加清晰明了，向游客指明在布鲁日可乘公交车或自行车或步行，轻松游览。

控制交通，目的是为了保持布鲁日旅游业和当地居民需求间的平衡，侧重的是质量问题，这些可通过以下努力达到：

- 把新兴旅馆限制在老城区之外。
- 通过一揽子交易，鼓励回头客，包括给来自比利时和周边其他国家的过夜游客提供公共交通服务，这部分游客占据大部分宾馆床位，50%的这类游客只游览布鲁日。
- 推广召开研讨会和中小型会议。

案例回顾

本案例提出一个关键问题：如何在历史名城发展旅游业并保持它的原貌，同时又能给游客提供高质量的服务。布鲁日面临的另一个问题是，要保证旅游业对当地经济作出的贡献就必须保证过夜游客不被大量的一日游游客取代。对这一难题没有正确答案，因为一切都有待协商。

讨论与作业

1. 请为你们大学的一个由20名学生组成的旅行团设计到西弗兰德省布鲁日的三日游计划。该计划要包括该团出发时间和在布鲁日或Zeebrugge的住宿时间，还有行程安排。请评估到布鲁日的各种交通方式——公路、火车、轮船和飞机的可行性，并比较一下费用和旅行时间。

2. 请将布鲁日和约克（York，UK）或英国某一和它在大小与名气相当的历史名城比较，看看它们在管理游客方式上有何不同。

3. 在课堂上讨论将焦点集中在"历史遗产"上，使其成为"博物馆城市"，是否导致将本地社团的青少年拒之门外。利用布鲁日和其他历史城市来作为案例围绕命题进行辩论。

4. 阐述建筑师、规划师和艺术社团可以利用何种方式为历史名城营造独特的感觉，从而使之成功地满足21世纪的需求。

致　谢

感谢弗兰德地区旅游局局长Wim Vanseveren为本案例提供建议和最新材料。

参考文献

Ashworth, G. J. and Tunbridge, J. E. (1990) *The Tourist-Historic City*. Belhaven, London.

Drummond, S. and Yeoman, I. (2000) *Quality Issues in Heritage Visitor Attractions*. Elsevier Butterworth-Heinemann, Oxford.

Economic Study Bureau, West Flanders (WES) (1996) *Tourism in Brugge: Socio-Economic Aspects and Influence on City Planning*. WES, Brugge.

Law, C. (2002) *Urban Tourism*. Continuum, London.

Murphy, P. (1997) *Quality Management in Urban Tourism*. Wiley, Chichester.

Page, S. (1994) *Urban Tourism*. Routledge, London.

Richards, G. (2001) *Cultural Attractions and European Tourism*. CABI, Wallingford.

Toerisme Brugge (1999) *Sales and Meeting Guide 1998–1999*. Toerisme Brugge, Bruges.

Vanhove, N. (2002) Tourism policy: between competitiveness and sustainability: the case of Bruges. *Tourism Review* 57 (3), 34–40.

网址

http://www.brugge.be/toerisme/en/index.htm

案例17
冬季体育旅游对奥地利和瑞士的影响

简　介

阿尔卑斯山（Alps）是世界闻名的旅游资源及旅游地。本案例分析阿尔卑斯山旅游的困境。完成本案例后，你将：

1. 了解阿尔卑斯山发展旅游的吸引力。

2. 了解阿尔卑斯山从农业经济转向旅游业的潜在社会影响。

3. 了解发展旅游业对阿尔卑斯山环境的破坏。

4. 了解阿尔卑斯山地区的人们在试图调和发展旅游业带来的经济利益与其他一些负面影响时面临的困境。

5. 了解奥地利和瑞士实行的是权力下放，所以制订旅游政策的权力在各地方政府。

关键问题

本案例涉及5个关键问题：

1. 阿尔卑斯山是举世闻名的旅游胜地，旅游业对阿尔卑斯山的发展作出了极大的贡献。

2. 阿尔卑斯山的旅游业已渐渐地代替了农业，成为这一地区的主流经济，这一转变对该地区产生了一定的社会影响。

3. 旅游业，特别是冬季运动旅游的发展对脆弱的阿尔卑斯山的环境产生了极大的负面影响。

4. 阿尔卑斯山的旅游业的发展应尽量扩大其经济效益，同时尽量减少它对社会及环境所产生的负面影响。

5. 奥地利和瑞士两国的权力下放制度意味着地方政府握有发展旅游政策的制订权，这已成为旅游政策地方化的一个经典。

阿尔卑斯山

从消费的角度来讲，阿尔卑斯山是国际游客游览最多的地方之一。虽然有些山区提供了同样的美景，但没有哪个地方有阿尔卑斯山那样优越的地理位置，环绕它的是世界上最富有的几个城市。尽管上个冰川世纪的冰川运动以及地质的不同造成了阿尔卑斯山形态各异的地貌，但阿尔卑斯山最吸引游客的地方却是几世纪以来山民们的杰作。阿尔卑斯山区是土拨鼠（marmot）、小羚羊（chamois）和雪绒花（雪莲花）的避难所，这正说明了阿尔卑斯山区生态系统的脆弱。这些资源正受大规模的旅游业、水力发电以及道路建设的威胁。阿尔卑斯山地处欧洲南北交界的中心，这里的机动车辆越来越多，每天有大批量的货物出入上Rhone谷和Brenner关口。空气污染已成为一个严重的问题，而冬季在封闭山谷中反复出现的气温反常使这个问题更恶化了。有些地方的森林因此遭到了严重的破坏。旅游业的影响在冬季显得尤为突出，因为与冰雪有关运动的流行，比如高山滑雪以及与之相应的大容量输送滑雪者上山坡的交通，都会对环境产生影响。一半以上的阿尔卑斯山处在奥地利、瑞士和德国境内。20世纪90年代末，到这三个国家滑雪的人占世界各地旅游滑雪人数的1/4，这里提供的滑雪设施也是世界所有滑雪设施的1/4（表17.1）。

表17.1　世界旅游滑雪人数分布

目的地国家及地区	滑雪人数（百万人）	百分比（%）	滑雪索道数量（条）	百分比（%）
奥地利	43	—	3473	—
瑞士	31	—	1762	—
德国	20	—	1670	—
以上总和	94	24	6905	27
法国	56	14	4143	16
意大利	37	9	2854	11
斯堪的纳维亚	22	6	1860	7
北美	76	20	3644	14
日本	75	19	3600	14
澳大拉西亚	4	1	203	1
其他	26	7	2605	10
世界总和	390	—	25814	100

（资料来源：Hudson，2000）

社会影响

　　20世纪，阿尔卑斯山很多地区已经从以前的处于国家经济边缘的农业小村庄转变成为成熟的滑雪胜地，吸引世界各地富有的游客。以前当地传统经济主要以农业经济为主。夏天，牧民们把牲畜赶到森林里的牧场放牧，到了秋天才回到村庄。家庭模式主要以大家庭为主，一大家子人住在世代相传的农舍里。农业只能勉强维持生计，许多人家主要靠在冬季做些手工或到城市里打工补贴家用。19世纪晚期发展起来的旅游业使得山民可以把房间租给游客，山民工作之余又可以充当山里的导游，而后又可以充当滑雪教练，增加一些收入。自二战以来，旅游业已经从原先的从属地位一跃成为许多乡村经济的基础，现在只有2%的人口以务农为生。农舍已经变成家庭宾馆或是旅店，当地居民不再外出寻找工作，相反，很多外地人涌入此地，在旅游服务部门就业。

　　奥地利蒂罗尔（Tyrol）的圣安东（St Anton）滑雪胜地就是这种转型中的一个例子。它只有2500个居民，但是每年却给100万的游客提供住宿，其中80%的生意都是在冬季（12月底到第二年4月初）。夏季（7月、8月）短些，也更安静些，来的游客也不多。这里旅游服务业中的男女分工不同，妇女负责家庭事务或者旅店管理，这份工作在冬季相当辛苦，工作时间长。而男人的工作主要在家庭之外，工作种类和工作时间变化多些，和外界的接触也多些。滑雪教练和外界的接触尤多，这个行业在当地人眼中极有威望，在外国游客眼里也极有光彩，男女这种不同角色带来了一系列影响，如夫妻不和、酗酒，甚至导致家庭的破裂（McGibbon，2000）。

对环境造成的影响

　　尽管旅游业挽救了农业经济和许多传统文化，但阿尔卑斯山许多地方由于冬季运动的增长对当地环境还是产生了负面的影响，主要表现在：

- **准备滑雪跑道**　需要清除跑道上的植被和大石头，并将其挖深

20厘米，好让积雪覆盖，这无疑破坏了生态系统，给山坡留下看不见的伤疤，夏天积雪融化后，这些疤痕形成了不雅的景观。在坡底清除植被增加了发生岩崩、泥石流和雪崩的危险。

● **输送设备（索道）的发展**　最早的滑雪设施开发带动了道路的修建，破坏了曾经闭塞但完好的地区，如瑞士Valais州的Val d'Anniviers。现在直升机的使用使将滑雪站设在以往无法达到的高处变成了可能，有些地方甚至设立了和周边环境不相符的旋转餐厅和其他旅游设施。夏天，冰河都成了滑雪场，从而破坏了一些欧洲国家主要河流和分水岭。

● **人工造雪设备**　由于全球变暖，冬季变短，且不可靠，滑雪场经营者们为了保证雪的供应量，在越来越多的地方使用科技造雪。为了造1万平方米的滑雪地，要打成千上万次制雪炮，用掉近20万升的水。另外，人造雪融化得很慢。这样使得阿尔卑斯山本来就很短的植被复原期变得更短了。例如，由于气候严寒，那里高山上的草生长速度非常慢，7年才成熟一次。而在积雪比较浅的地方滑雪对这些草却带来了无法弥补的损坏。在人工造雪的过程中，为了加速结晶，使用了很多化学品，再加上水位的降低和噪声污染，使得土壤受到污染。

● **机动车辆增多**　尽管瑞士是欧洲第一个严格设定尾气排放标准的国家，它对日益增多的经过阿尔卑斯山区的成千上万的外国车辆却无能为力，因此空气污染已经成为这个曾以纯净的空气和水而著称的地区的一个棘手的问题。有些滑雪胜地——最出名的要数Zermatt——已严禁小汽车的使用，继而推广绿色交通工具，但这意味着在山下的山谷要给游客和当地居民设立长期停车场。

● **在滑雪道外滑雪**　世界上有一半以上的雪崩发生在阿尔卑斯山区，而这个问题仍然在继续恶化，因为越来越多的滑雪和滑板爱好者离开人多拥挤但相对安全的滑雪道，进到更深的山中滑雪。滑雪产生的震动会引起某些悬挂在下风方向斜坡上不够稳定的积雪发生位移，从而发生雪崩。尽管这里的人们伴随着这种被他们称为"白色死神"的危险生活了好几个世纪，但以前在很大程度上，他们都被低处山坡上的森林保护着。1999年发生在奥地利Galtur滑雪场震惊世界的大雪崩证实了大面积积雪移动起来的毁灭性的破坏力，当时这一切发生时，自然的屏障早已不在。现在取而代之的是水泥栅栏和钢筋篱笆，这种替代品又贵又不协调，但是也是没有办法的办法。

发展的两难困境

奥地利和瑞士规划权力的下放说明所有的决策不由政府或外界的利益集团制订，而是由当地的社区做主。他们可以投票通过大规模的冬季或夏季旅游的发展计划（如Crans-Montana和Verbier两个例子），也可以完全关闭这一行业。奥地利和瑞士的阿尔卑斯山区只有一小部分享受国家级公园地位，享受完全的国家保护，然而一些保护机构（如瑞士自然保护协会）却没有它们的英国同行国家托管会那样拥有这些资源。一个典型的阿尔卑斯山上的旅游点可能归十几个山民所有，这样一来就出现了竞争和没有统一管理的局面，这和北美的情况大不一样。在北美，高山旅游业掌握在一些大公司手里，由这些公司实行统一管理，因为有很多个滑雪场可供选择，滑雪爱好者不需要在某一个地方排队等候。在阿尔卑斯山，要扩大规模就要投入大量资金，建设滑雪场和其他相关设施，这对山区政府来说又是一笔不小的开支。另外，一旦扩展了，就会吸引更多的游客来消费，那么就要相应地增加旅馆的数量，而这又迫使当地山民放弃更多农地。而这些农地的消失又意味着夏季旅客可以观览的风景越来越少了。由于未来的冬季有着缩短的趋势，山里的居民可能会想着发展夏季旅游，为此他们肯定会投资高尔夫球场和山地自行车道，这就意味着环境要遭到进一步的破坏。

徒步旅行和一些"绿色"运动可以作为滑雪运动的替代品。尽管拓宽道路可能会造成泥土的腐蚀，但相对于冬季运动旅游，夏季旅游业对阿尔卑斯山区的影响应该是很小的。现在环绕着阿尔卑斯山的七个国家已经在探讨另外的旅游方式，计划设计一条国际徒步旅行线路，主要突出该地区的自然和文化景观。他们打的旗号是"通过阿尔卑斯"（或阿尔卑斯山脉）。阿尔卑斯山行动组（Alp Action）在督促当地社区寻求可持续性发展的旅游模式中发挥了不可替代的作用。

案例回顾

阿尔卑斯山是处于两难发展困境的经典案例。一方面要将利益最大化，一方面又要注意对社会和环境带来的不良后果。这主要是由于阿尔卑斯山主要的决策权在当地政府手中。人们不禁提出疑问，由社区来发展这种具有国际意义的旅游业是否为明智之举？

讨论与作业

1. 利用图表，描述奥地利或瑞士阿尔卑斯山区两个地处不同高度的滑雪场的地形与设施，让你的顾客选择最好的一个。

2. 替一对来自加拿大的带有一双十多岁儿女的夫妇选择一处奥地利或瑞士的旅游点。他们想体验一次"严肃的观光"，参观一些文化景点，同时参加一些冬季运动项目。在作选择时，你应该考虑：

- 去一些主要城市和历史名城的难易程度。
- 山的高度和地貌，包括适合不同能力滑雪者的坡度。
- 自然景观，如湖泊和瀑布。
- 交通设施，包括观光高速公路、山区铁路以及各种滑雪运送系统——封闭式空中缆车（cable cars）、循环式缆车（gondola lifts）、椅式空中缆车（chairlifts）和拖式缆车（drag lifts）。
- 住宿情况、滑雪的人可享受的娱乐设施以及après滑雪场夜生活。

3. 描述自19世纪以来典型的阿尔卑斯山村庄所发生的变化。请讨论旅游在增加当地山民收入的同时，是否提高了他们的生活质量。

4. 在班里组织一次讨论，给班上成员分配不同角色——当地市长、农民若干、生意人、学校老师以及村里其他成员，讨论在阿尔卑斯山的小社区发展大规模冬季运动旅游的利弊。

5. 评估奥地利和瑞士阿尔卑斯山雪崩和山崩的危险性，并针对评估结果列举一些尽量减少对居民和游客危害的措施。

参考文献

Barker, M. L. (1994) Strategic tourism planning and limits to growth in the Alps. *Tourism Recreation Research*, 19 (2), 43–49.

Fuchs, M., Peters, M. and Weiermair, K. (2002) Tourism sustainability through destination benchmarking indicator systems: the case of alpine tourism. *Tourism Recreation Research*, 27 (3), 21–33.

Galvani, A. (1993) Mountain tourism in Cortina d'Ampezzo: sustainability and saturation. *Tourism Recreation Research*, 18 (1), 27–32.

Goddie, P., Price, M. and Zimmerman, F. M. (1999) *Tourism and Development in Mountain Regions*. CABI, Wallingford.

Holden, A. (2000) *Environment and Tourism*. Routledge, London.

Hudson, S. (2000) *Snow Business*. Cassell, London.

Juelg, F. (1993) Tourism product life cycles in the Central Eastern Alps: a case study of Heiligenblut on the Grossglockner. *Tourism Recreation Research*, 18 (1), 20–26.

Koenig, U. and Begg, B. (1997) Impacts of climate change on winter tourism in the Swiss Alps. *Journal of Sustainable Tourism*, 5 (1), 46–58.

McGibbon, J. (2000) Family business: commercial hospitality and the domestic realm in an international ski resort in the Tirolean Alps, in M. Robinson (ed.), *Reflections in International Tourism: Expressions of Identity, Culture and Meaning*. Sheffield Hallam University, pp. 167–181.

Mose, J. (1993) Hohe Tauern National Park: test case for 'soft' tourism in the eastern Alps. *Tourism Recreation Research*, 18 (1), 11–19.

Pechlaner, H. and Raich, M. (2002) The role of information technology in the information process for cultural products and services in tourism destinations. *Information Technology and Tourism*, 4 (2), 91–106.

Pechlaner, H. and Saverwein, E. (2002) Strategy implementation in the alpine tourism industry. *International Journal of Contemporary Hospitality Management*, 14 (4), 157–168.

Socher, K. (1997) The influence of tourism on the quality of life in the evaluation of the inhabitants of the Alps. *Tourist Review*, 2 (April/June), pp. 17–21.

案例18
柏林：一个欧洲首都城市的复兴

简　介

自1990年德国统一以来，柏林已发展成为世界上重要的旅游城市之一。本案例分析柏林发展过程中旅游业所起的作用。完成本案例后，你将：

1. 清楚德国统一的背景及涉及的一些相关问题。

2. 清楚柏林旅游业的发展如何受前东西柏林差异的影响。

3. 清楚重新发展柏林历史特色所面临的困境。

4. 清楚德国面临来自其他成功的欧洲首都和旅游城市的竞争，在这种竞争中，柏林并非总是赢家。

5. 清楚重建前东德面临的经济问题以及这种问题对发展柏林旅游业的影响。

关键问题

本案例涉及4个关键问题：

1. 柏林正成为欧洲重要的首都和旅游城市，但在同其他一些更成熟的旅游城市竞争中，它仍处于劣势。

2. 柏林的主要景点基于其历史和遗迹，以及作为首都城市的一些机构。二战留下的一些阴影使得旅游业的发展面临两难困境：到底对这种"黑色旅游资源"（dark tourism）如何阐释，给予多少关注才合适。

3. 以前的东柏林和西柏林发展的方式很不一样，而如今这种不同也体现在旅游发展上。

4. 重建前东德给德国经济增添很大负担，从而影响了柏林旅游的发展。

历史背景

　　1990年德国统一，使东柏林和西柏林两大城市合为一体。之前的半个世纪，这两个城市的政治和经济体制完全不一样。东柏林属于东德（正式名称为德意志民主共和国），西柏林属于西德（全称是德意志联邦共和国）。随着柏林墙被推倒，自此再也不能阻隔两边人民的来往，现在这里成了世界游客纪念的一个地方。柏林墙被推倒之时，东柏林有130万人口，西柏林的人口为200多万。20世纪90年代，德意志联邦政府和大使馆逐渐从波恩转到柏林。从1871—1945年，柏林就曾是统一德国的首都。1998年新国会大厦（Reichstag）的启用标志着柏林地位的恢复。国会大厦是一座非常宏伟的政府综合楼的一部分，这座楼地处蒂尔—柏林中央公园（Tiergarten–Berlin's central park）的东边，新总理府在里面。另一件具有历史意义的事件是1994年自二战后驻扎在柏林的四国（美国、英国、法国和俄罗斯）联盟部队撤离该城市。此后，汉莎航空公司（Lufthansa）自1945年德国战败后第一次有了到柏林Tegel机场的航班。现在该城市已有了自己的地区性航空公司——柏林航空公司（Air–Berlin）。

　　冷战期间，东柏林和西柏林都曾借助旅游向外宣传自己，分别宣传东德和西德的社会主义体制和西方民主。

　　● 在东柏林，亚历山大广场（Alexanderplatz）被选为德意志民主共和国的中心，高350米的电视塔象征着这个社会主义国家的力量。1945年前，这个巨大的广场先后是普鲁士王国和第三帝国的权力中心，东德政权力图抹去这段历史。东柏林还保留了战前首都最时尚的一条街——菩提树下大街（Under den Linden）—— 在二战期间，这条街遭到同盟军的炮轰，被大面积地破坏。柏林大多的文化景点——大型博物馆、天主教堂、高等院校、宫殿和美术馆也都位于东柏林。

　　● 与之相反，西柏林把重心放在战前次中心——Kurfurstendamn。那里的商店、餐馆和酒店都很闻名。总的来说，西柏林在波恩联邦政府的慷慨资助下，实行自由经济，大力发展文化与经济。这里活跃的商业气氛和东柏林死气沉沉的夜生活形成鲜明的对比。西柏林相对于东柏林以及联邦共和国的其他地方更显出它文化的多元化，它吸引了来自整个欧洲的移民。当东柏林对西方游客大加限制时，西柏林成了一个主要的旅游中心。

西柏林是分离在西德之外、冷战时期被苏联控制的德意志民主共和国包围的"民主孤岛"。它的地面交通随时可能被切断，所以它成了经济封锁的目标。1948年，斯大林想通过切断西柏林的食物供给，逼迫他们屈服，后来西方联盟只能动用飞机紧急空运（这一事件间接导致了私人包机这一业务的兴起，在遇到危机时动用备用的飞机）。西柏林时刻需要北大西洋公约组织（NATO）的军事保护，这也使得它成了两个超级大国所有争端的爆发点。

战前柏林的中心波茨坦广场（Potsdamerplatz），由于地处东西柏林交界处，在冷战期间仍是废墟。自20世纪90年代后期开始，这里成为世界上最大的都市重建中心，目的是想把柏林变成21世纪的欧洲大都会。波茨坦广场是集剧院、宾馆、购物中心和餐馆为一体的商业中心。大多数重建项目在前东柏林境内，尤其是集中在腓特烈大街（Friedrichstrasse）东部的历史城区米特（Mitte）。18世纪的腓特烈大帝（Frederick the Great）和普鲁士的其他统治者塑造了优雅的菩提树下大街，这是一座巴洛克风格的城市。如今这种中世纪的遗产已所剩无几了。

重建计划最大的争议点是，那些遗产元素是否要保存或恢复。主要是考虑到意识形态，因为整个20世纪的欧洲历史都受柏林的影响。例如：

● 希特勒的总统府和战时雕塑也全都被摧毁，连旧址都被铲除，为的是怕它们成为新纳粹分子的祭坛。相反，一座纪念犹太人大屠杀的博物馆对当地居民开放。

● 同样，很多德国人希望所有东德的纪念碑被清除。2002年，议会（Reichstag）投票通过摧毁德意志民主共和国的议会——人民宫殿（DDR Parliament）。这一建筑是建在凯撒·威廉二世（Kaiser Wilhelm Ⅱ）和普鲁士君王宫殿的旧址王城宫邸（Stadtschloss）上的。现在这里又被重建，成为一个遗产景点。

● 社会主义东德很多年来一直忽视东柏林的巴洛克遗产，但在20世纪70年代却在重新肯定腓特烈大帝作为国家领袖的地位后启动一项巨大的修复工程。自从德国统一以来，围绕柏林最有名的建筑——勃兰登堡门（Brandenburg Gate）的修复引发了诸多争议。因为上面的普鲁士鹰的雕塑和铁的十字架被认为是军国主义德国的象征。

● 考虑到城市昂贵的地价和经济回报等因素，柏林的中世纪核心建筑可能不会修复了。新柏林已成为时尚、音乐和表演艺术的中心。世界上最大的街上派对——一年一度的"爱之游行"在此举行。这让人想起在魏玛（Weimar）共和国时代，柏林的歌舞表演也是相当前卫的。由于历史比较短，柏林对于短期旅行的游客来说，散发出迷人的魅力。柏林同时也是个绿色城市，它拥有许多公园、大面积的森林以及湖泊和运河。

柏林的交通相当发达，值得一提的是市郊火车（S-bahn）、地铁（U-bahn）两大交通网络。在冷战期间就运转得相当出色，如今规模又扩大了。下面介绍一下柏林的景点：

● **柏林墙：**柏林墙长160公里，现仅存一小部分，这一小部分成了世界上最大的露天美术馆。在腓特烈大街的查理关口附近（以前西方游客进入东柏林的出入口），设立了一座博物馆，纪念东柏林人向往西方自由的事迹。

● **博物馆之岛：**这是东柏林的历史中心，拥有欧洲最好的博物馆和美术馆。其中最有名的是Pergamon博物馆，那里收集许多中东古文明的艺术品，其中最有名的是巴比伦的伊师塔之门（Ishtar Gate）。

● **埃及博物馆：** 拥有西柏林古代遗物中同等价值的收藏品，包括具有3000年历史的Nefertiti女王半身像。

● **夏洛腾堡宫**（Charlottenburg Palace）：这里是腓特烈大帝最喜欢的住所。另外还有波茨坦西郊的华丽的夏季行宫——无忧宫（Sans Souci）。

不管怎样，新柏林旅游开发不能算是完全成功的。德国经济的低迷很难提供超出其预算的建设费用，柏林的财政已经出现严重赤字。由于商务和会务旅游不如预期的多，经济增长也不如预期的快，柏林出现很多的剩余床位。20世纪90年代的兴建狂潮并未带来经济复苏。相反，却导致多次经营失败。另外，2002年人口也没有达到预期的500万，只有350万。这是由于柏林要面对来自很多相当有实力的首都的竞争，而这时的联邦政府却无法再慷慨解囊，帮助其维持旅游业的发展。

案例回顾

柏林作为旅游城市的特殊之处在于：经过几十年东西部的分割后又重建。在重建过程中，旅游业起着重要作用。但围绕东西柏林不同的社会性质，以及怎样合情合理发展以往各自的特色却存在很多问题。同时，柏林的重建受战前东德经济发展的影响。另外，由于欧洲其他国家首都旅游业投入都很大，柏林面临的竞争也相当大。

讨论与作业

1. 阐述柏林对艺术和音乐爱好者的吸引力表现在哪些方面。

2. 某一旅游承包商提议将柏林列入一个游客年龄为20～30岁的旅游团的行程中，你作为其工作人员，会把柏林的哪些方面写入旅游宣传册中，为什么？

3. 请给"黑色旅游"下定义，并讨论对那些饱受纳粹迫害的人们来说，如果把那些能勾起他们痛苦回忆的地方加入旅游景点，这是否违背伦理道德。

4. 与伦敦和巴黎不同，柏林作为国家的主要城市有好几个竞争对手：慕尼黑、汉堡和法兰克福。请讨论柏林如何能在这种竞争中胜出。

5. 请详细描述柏林的一个景点或节庆活动，把它与某一特殊市场联系起来。

参考文献

Irving, C. (1998) The new metropolis. *Condé Nast Traveler*, November, 96–108, 174–178.

Page, S. (1994) *Urban Tourism*. Routledge, London.

网址

http://travel.yahoo.com/p-travelguide-1230601-berlin attractions-i

http://tripadvisor.com/Attractions-g187323-Activities-Berlin.html

http://www.berlin.world-guides.com/attractions.html

案例19

法国里维埃拉（French Riviera）: 时尚潮流对度假地发展的影响

简 介

法国里维埃拉海滨度假地是世界上最著名和最时尚的度假地之一。本案例检验时尚对目的地发展的影响。完成本案例后，你将:

1. 了解里维埃拉海滨度假地演变的历史。

2. 了解自19世纪以来，里维埃拉海滨度假地经历的几种不同的旅游模式。

3. 认识到时尚对里维埃拉海滨度假地旅游发展的影响。

4. 了解到里维埃拉海滨度假地主要的旅游资源。

5. 认识到旅游发展对里维埃拉海滨度假地的影响。

关键问题

本案例涉及3个关键问题:

1. 作为旅游目的地，里维埃拉海滨度假地有着悠久的历史，其历史折射出时尚对其从冬季保健旅游到夏季海滩旅游等一系列产品的影响。

2. 里维埃拉海滨度假地有一系列非常富于吸引力的旅游资源和设施支持其产品。

3. 里维埃拉海滨度假地的旅游发展给目的地带来一系列的负面影响。

里维埃拉海滨度假地旅游变迁

作为世界上最著名和最时尚的度假地，法国里维埃拉海滨度假地指地中海沿岸200公里大范围的海滨地区，从土伦（Toulon）到法国和意大利边境，其中蔚蓝海岸（Côte d'Azur）通常被划为戛纳（Cannes）东部的部分。这是一片令人惊异的美景海滩，在尼斯（Nice）东部，海上阿尔卑斯的山峰几乎延伸到海边。三条高速公路就沿着峭壁而建，沿途风光旖旎。山峰也保护这片面向南方的海滩免受大风的袭击。里维埃拉海滨度假地自然风光优美动人，海路、铁路、公路交通方便，各种休闲设施应有尽有。与旅游发展中时尚潮流的变迁相呼应，这一地区的旅游发展经历了如下几个阶段：

● **冬季保健旅游**　从19世纪中期到第一次世界大战爆发，里维埃拉海滨完全是冬季旅游目的地。富裕的英国游客开创了在地中海海滨冬日度假的时尚，尼斯的沿海长廊（Promenade des Anglais）就是当时情景的写照。1886年，一名法国诗人把这段海岸命名为蔚蓝海岸，这是早期度假地旅游宣传的例子。此时，戛纳和芒通（Menton）之间的海岸早已成为著名的富人度假地，在欧洲极为盛行，包括俄国贵族在内的富人云集于此。尼斯现在还有当时俄国贵族逗留的遗迹。维多利亚女王多次到访，更加彰显了度假地卓越的地位。辉煌的大饭店，如戛纳的卡尔顿（Carlton）和尼斯的Negresco酒店都是为了接待这样的达官贵人而建的，同时建立赛马场和赌场为他们提供娱乐。世界著名的蒙地卡罗（Monte Carlo）大赌场就是1863年开业的，这一举措几乎在一夜间为摩纳哥公国和著名的格里马尔迪（Grimaldi）家族带来了巨大财富。

● **夏季海滨度假旅游**　20世纪20年代之前，精英贵族们很少在夏季来到地中海海滨。这种状况到诸如法国时尚设计师香奈儿（Coco Chanel）和美国作家费兹杰拉德（Scott Fitzgerald）等名流使太阳浴成为时尚之后得到了转变。Juan-les-Pins是里维埃拉第一代的旅游度假地，吸引了一批新的富贵阶层，这些人是作家、艺术家、娱乐业人士，他们与从前的欧洲贵族不同。而这时的欧洲贵族由于连年的革命和战争，其财富大为缩减。随着一条新的滨海峭壁公路（the Moyenne corniche）的建设以及加莱—地中海特快豪华列车的开通，到这一带的交通更为便利，一些海滩的状况也得到了改善，有时甚至从外地运进一些优质的细沙来增加海滩的吸引力。

● **大众旅游**　20世纪50年代以后，里维埃拉的吸引力增强，吸引了更为广阔的国内市场。这得益于法国政府1936年的两项举措：引进带薪假期和鼓励建设到度假地的廉价铁路（虽然第二次世界大战拖延了旅游民主化的进程）。一系列度假营地和度假旅馆沿着里维埃拉海滨度假地的西部而建，很多原来的豪华饭店转建为度假公寓。同时，一些新的度假地应运而生，开始与一些著名的中心度假地竞争，例如，Saint-Tropez从一个小渔村一跃而成为著名的度假地。一些时尚的革新措施，例如比基尼的流行，确保了法国里维埃拉度假地成为世界关注的焦点。

旅游景点

里维埃拉海滨度假地提供一系列多样化的旅游产品，并且随着时尚的变化而变化。通过价格和各种各样的设施来保持其时尚形象，如船坞，外观独特，内部设施豪华；而在Port Grimaud小镇的度假地，有海边俱乐部、赌场和豪华大饭店等。度假地也有多种特色，有专供巨富的顶级休憩之所，尼斯附近的Cap Ferrat就是一例；也有满足法国一般家庭市场的大众型度假地，例如Saint Maxime和Saint Raphael。在20世纪20年代市场细分的迹象已经非常明显，这在当时戛纳的宣传广告中就有所体现：

芒通是颜色，蒙地（Monte）是铜臭，尼斯是嘈杂，戛纳是品位。

这在一定程度上是事实，因为芒通有老年残疾人度假胜地的名声，蒙地卡罗招揽了很多暴发户。现在，芒通粉红色市郊别墅散布在柠檬树林当中，是传统时尚保留最好的度假地。多数游客仍然是老年游客，与此相比，Juan-les-Pins的酒吧和迪厅吸引了大批年轻的度假者。里维埃拉海滨度假地主要的度假和旅游景区有：

● 蒙地卡罗　对"巨额资金"总是有着吸引力。现在摩纳哥公国已经不像以前那样依赖博彩业的收入，旅游产品呈现多样化，举办了很多国际体育赛事活动、展览会和商务活动，其2.7万名居民生活富裕。仅有195万平方米的面积，这个小国内寸土寸金，高楼林立，有"小曼哈顿"之感。然而，矗立在海港峭壁上的摩纳哥老城与凭借赌场发展起来的蒙地卡罗不同，还保留着几许传统的风貌。摩纳哥的主要旅游景点有海洋博物馆（与海底探险家Jacques Cousteau有关）和The Jardin Exotique博物馆（仙人掌收藏举世闻名，可能与其地中海气候有关）。

● **尼斯**　与其说是度假地，不如说是一个商业化大城市和主要海港，人口近50万。住宿设施多种多样，能够满足各种类型的消费者。机场不仅有大量的度假航班（很多是廉价航空公司的航线），还有着大量的商务航班，这得益于迅速发展的信息工业。尼斯还是著名的文化中心，历史可以追溯到古希腊时期，现今又与最著名的现代艺术相连，其博物馆和美术馆数目几乎与巴黎相当。

● **戛纳**　比蔚蓝海岸的其他几个主要度假地保留了更多的时尚和高档形象。呈月牙儿形的Croisette海滩引进了沙质良好的细沙，沿海大道两旁是茂密的棕榈树和豪华大饭店。新城的街道两旁密布着设计师的专卖店，与俯瞰海湾的旧城形成鲜明对照。戛纳电影节是最为著名的活动之一，为小城带来了巨额利润和声望。

● **里维埃拉西部（Western Riviera）**　在戛纳和Hyères之间的海滨总的来说不如蔚蓝海岸那么高档，发展程度也较低。除了Saint-Tropez，旅馆和酒店的价格也较为便宜，但这里的海滩更有吸引力，也更面向大众开放。内陆方面，Esterel和Maures山脉虽然不如海上阿尔卑斯山那么壮观，却孕育了很多令人赞叹的风景。Saint-Tropez是西部里维埃拉最著名的度假地，坐落在优美的海湾之中，时尚的风景吸引了众多名人来此度假，许多人希望"寻访名人或者被人寻访"。旺季时每天到达的车辆超过1万辆，使小镇的接待能力达到极限。

● **普罗旺斯（Provence）**　普罗旺斯内陆地区与发达的里维埃拉截然不同，然而这一点也在改变之中，因为内陆乡村越来越被拖入旅游业之中。为缓解海岸旅游压力提供食宿服务，为Grasse的香水工业培育鲜花，以及为巴黎市场提供水果和新鲜蔬菜仍然是当地主要的经济来源。无数的山顶村庄（villes Perchés）是早期遭受从北非而来的撒拉逊（Saracen）海盗（而非旅游者）的威胁所留下的遗迹。有些村庄，著名的如Eze和Saint Paul de Vence，已经被艺术家们占据，从事多种艺术品创作和生产。

旅游发展的影响

里维埃拉作为热点旅游地给当地带来了一些问题：

- **季节性**　法国人不愿错开度假的时间使得7月和8月旅游高峰期间过于拥挤。交通堵塞严重，酒店价格提高40%，营地几乎没有多余空间。由于对水的需求过度造成水资源供不应求。

- **为开发划拨土地**　法国5500公里长的海岸线中有1000公里已经密集都市化了，2000公里是"分散性开发"。蔚蓝海岸承受的压力最大，其中90%的海岸已经被开发。这些压力来源于人口的迅速增长以及中产阶级对用于度假住房和退休后住房的需求。不仅在海岸沿线有着几乎连续不断的线形的公寓和度假村，内陆地区也被开发，这些度假区几乎包围了当地的农业社区。

- **污染和环境恶化**　未经净化就排放的工业和生活用水而造成的污染已经造成海滩的封闭，而火灾——很多是为了开发耕地而人为点燃的——毁灭了大片的松树林和灌木丛。

- **犯罪**　在马赛和尼斯发生的与毒品有关的犯罪日益威胁着里维埃拉的游客安全。

- **过时的形象**　里维埃拉也发现自身很难跟上新的旅游度假趋势，过于强调自给自足，在与西班牙和意大利的滨海城市竞争中处于劣势。

案例回顾

本案例显示了法国里维埃拉海滨度假地从19世纪的冬季保健度假地发展成为今天的大众海滩度假地过程中时尚对旅游发展的影响。尽管里维埃拉被看做是成功的海滨度假地，其产品也随着时尚而调节，旅游的发展还是给当地带来了一些负面影响。

讨论与作业

1. 拟订一份在20世纪不同时期与里维埃拉度假地的特定地点有联系的著名作家、艺术家、电影明星和体育名人的清单（附名人简要介绍）。

2. 作为旅游咨询商，起草改变度假地"过时的形象"的计划来开发新的市场。

3．调查旅游节庆活动的重要性，例如尼斯嘉年华，拟订一份收支平衡表，列出举办这些活动的成本和为当地社区带来的收益。

4．为一对来自伦敦希望在蒙地卡罗度蜜月的年轻人设计多种旅行方式。对比不同的交通选择，如飞机、铁路、公路、海路等，考虑舒适、安全、便捷、成本和旅途时间等因素，提供一份从伦敦到蒙地卡罗的路线图。

参考文献

Bailey, M. (2000) Nice. *City Reports*, 1, 67–74.

Ring, J. (2004) *Riviera: The Rise and Rise of the Côte d'Azur*. John Murray, London.

Rudney, R. (1980) The Development of Tourism on the Côte d'Azur: An Historical Perspective, in D. Hawkins (ed.) *Tourism Planning and Development Issues*. George Washington University, 213–224.

网址

http://www.maison-de-la-France.com

案例20

旅游业偿还期的到来：巴利阿里群岛（Balearic Islands）的生态税

简　介

西班牙的巴利阿里群岛地方政府在2002年5月至2003年10月期间短暂地征收了环境税（ecotasa）。本案例利用这一例子去检验"谁污染，谁付费"这一原则在旅游业上的应用情况。完成本案例后，你将：

1. 了解自20世纪50年代起马略卡（Mallorca）和伊比萨（Ibiza）旅游业的飞速发展，以及大众旅游为这些岛屿带来的环境和社会影响。

2. 了解像巴利阿里群岛那样正受污染和过度开发威胁的地区，发展可持续旅游业的必要性。

3. 了解在制订群岛旅游政策上旅游运营商、饭店老板、地区和国家政府如何发挥各自的作用。

4. 了解征收生态税是国家和当地政府可以采用的为旅游区提供保护和获得资金的措施之一。

5. 了解征收生态税受到强烈反对的原因。

关键问题

本案例涉及5个关键问题：

1. 生态税让旅游者和旅游业承担了保护环境和提高当地社区生活质量的责任。这应该带动游客和当地居民为维护各种旅游业赖以发展的资源作出积极的贡献。

2. 与大多数旅游目的地相比，巴利阿里群岛经历了太多的大众旅游带来的消极影响，而且在很长一段时间内得不到补偿。

3. 群岛的旅游形象是享乐主义和海滩旅游，然而马略卡、梅诺卡

（Minorca）、伊比萨和福门特拉（Formentera）等岛屿都有着自己突出的特色，可以凭借各自的文化和自然资源划分其他细分市场。

4. 生态税是一个政策问题，它在得到了岛上居民和发展可持续性旅游倡导者大力支持的同时却遭到来自大多数旅游业从业者的反对。

5. 尽管生态税在实施中存在显而易见的漏洞，而且被普遍认为有欠公平和带有歧视性，但它确实为其他旅游目的地的发展开创了一个很好的先例。

巴利阿里群岛

巴利阿里群岛位于西地中海，距西班牙内陆约200公里，包括4个度假目的地：马略卡岛（Mallorca，在英国被熟知为Majorca）、梅诺卡、伊比萨（Ibiza，在加泰罗尼亚语中为Eivissa）和福门特拉。其中，马略卡和伊比萨凭借着5S〔阳光、沙滩、海水、性和sangria（一种鸡尾酒）〕享有盛名，如今却总与过度发展的大众旅游扯上关系。实际上，目前面积最大的马略卡岛看似有足够大的承载能力去容纳巴利阿里群岛每年1100万的游客流量中的绝大部分，但北欧人眼中具有传奇色彩的"马略卡岛"已经仅限于兴建在帕尔玛海湾和岛屿北部的几家巨型度假饭店（mega-resorts）范围内。与此同时，"另一个马略卡"继续吸引着社会名流和面向高端市场的旅游承包商。旅游业在马略卡不是新鲜事物——帕尔玛早在1905年已建立了旅游委员会——而在很长一段时间后才进入伊比萨，旅游业转嫁到更贫穷、不太完善的社会环境中。在西班牙内战（1936—1939）发生的前几年，岛上温和的气候和美丽的自然景观吸引了不少富裕的游客和名人，如琼·米罗（Joan Miró），同时，著名诗人及小说家格雷夫斯（Robert Graves）在山顶村庄Deia的家中也曾不遗余力地为岛屿作宣传。在20世纪50年代早期，西班牙旅游局以创新的思维把马略卡打造成度蜜月的旅游目的地，"爱情之岛"的形象确保了对刚从二战痛苦中解脱出来的欧洲各国市场的吸引力。航空运输和包价旅游的发展也为旅游开发提供了基础，从此大规模的旅游日益兴盛，带动了其他岛屿的旅游业发展。此外，政府还控制饭店的价格，确保巴利阿里群岛是一个低成本的旅游目的地。尽管在西班牙弗朗哥（General Franco）政府独裁期间，群岛的文化发展仍被强权压制，但独裁政府把旅游业作为西班牙和西班牙人民逃离贫困、拉动经济的引擎。过去，巴利阿里群岛以农业和渔业为主，并且人口外流严重，是西班牙最落后的地区之一，在几十年间，旅游业发展使其转变成为西班牙最富裕的地区之一，而且堪称欧洲汽车拥有率最高的地区。

　　群岛大多数的旅游发展都缺乏规划，当地政府的管理也没有力度。虽然作为后弗朗哥时期西班牙民主进程的一部分，群岛在1978年后作为自治区拥有一定程度的自主权，但在20世纪90年代后当局才真正作出努力，重视控制旅游业发展。但是，90年代出现了住宿供过于求的现象，尤其在低价位市场，旅游质量急剧下降，人均消费下降。群岛的经济依赖旅游业，旅游业收入占地区生产总值的50%。更重要的是，德国和英国两大客源市场占据了绝大多数市场份额，国内游客不足游客总量的10%。许多旅游业的就业都是季节性的，而且相比国内其他行业，雇员的报酬更低。旅游业的消极影响包括：

- 海岸线遭到无计划开发的破坏。
- 长途汽车、出租车排放的二氧化碳和缺乏废物处理体系使当地的环境受到了污染。据估计，每年游客在岛上留下的垃圾达10万吨，即使福门特拉岛隐蔽的海滩也受到污染的威胁。
- 季节性的旅游需求给基础设施带来巨大压力。
- 供水出现问题。由于群岛的石灰岩构造很大程度上依赖地下水资源，因此过量的需求导致水位下降，海水渗透到地下蓄水层。干旱的夏季是旅游高峰期，旅游者的日消耗水量相当于440升，在高级饭店更达到800升才能满足客人的要求。在马略卡，油轮每天都要从帕尔玛输送淡水至岛上。
- 包括游客在内的巴利阿里群岛上的居住者超过了80万。如Benny Hill's酒吧、在马格鲁夫（Magaluf）提供快餐的小饭馆和销售廉价纪念品的商店迎合了低价位市场的英国顾客，而阿雷纳（Arenal）的德式啤酒店（bierkellers）会为德国游客提供类似的"宾至如归"的服务。这与富有的游客在当地拥有房产的现象一起导致了文化认同感的丢失，在众多岛上居民心中有被外国人取代自身地位的失落感。
- 大众旅游中的部分青年群体被西班牙人称为流氓（hooligans），他们的反社会行为使其成为一个声名狼藉的群体。

生态税作为解决问题的方法

利用税收来改善环境的构想源于当地社区的压力，同时国外游客也不满意大众旅游的影响和失控的旅游发展。生态税有别于其他形式的税收，因为公众会知道税收征收的总额和具体分配到各类环境整治项目中的份额。帕尔玛地方议会中心政治党派中的左翼联盟在1999年开始实施这一构想，当中的党派包括巴利阿里群岛社会党（PSIB）、西班牙工人社会党（PSOE）和环境保护主义者组成的绿党。但这一构想却遭到了群岛上大多数饭店拥有者和中偏右翼的人民党的反对，其中人民党是在2004年之前的执政党，在2004年3月的全国大选中被西班牙工人社会党击败。这些反对生态税的政客担心国内其他度假地也会效仿征收生态税。而在国外，生态税遭到了英国的JMC/托马斯·库克和德国的TUI旅游承包商的反对，它们提供着巴利阿里群岛包价旅游市场上的大部分客源。英国旅游代理商协会（ABTA）随即表明，他们在原则上并没有反对生态税，只是对于没有把征税的内容充分告知他们的顾客表示不满。他们更威胁要终止在帕尔玛举行已经有30年历史之久的年会。

2001年4月，马德里中央政府向西班牙最高法院提起申诉，认为征收生态税有违宪法，最终法院支持地方政府。但是直到2002年5月，联盟在地方选举中被人民党击败之后，作为各方妥协的结果，生态税才正式开始征收。但是地方政府却不能按照提案从一开始游客到达机场或海港起征收税款，因为这些机场和港口是由马德里的权力机构控制的。税收主要从饭店征收来，饭店则从客人手中征收。依照官方制订的住宿条件分类，可向游客收取从0.25～2欧元不等的税费，每位游客平均每天缴纳1欧元的税费。

生态税的收入在2002年为3670万欧元，2003年的收入是4800万欧元。收入主要用于以下项目：

● 修复和翻新主要的旅游景点，包括对马略卡岛海滨地区的清理、鼓励饭店开发节约用水和能源的项目。

● 收购乡村自然风光宜人的地区，目的在于保护环境和改善公共进入通道。其中马略卡的一个例子是位于阿尔库迪亚（Alcudia）附近

Son Real的乡村庄园finca，它有独特的沙丘生态、巨石碑（talayots）和具有考古意义的远古石碑。在梅诺卡，有一个专门用于宣传梅诺卡岛作为"世界生物圈保护区"的解说中心。伊比萨在一片荒置的地区复原了几个世纪以前摩耳人（Moors）占领群岛期间最初进行的有灌溉技术的生产过程。

- 完善现存自然公园和保护区的设施。

- 宣传用于远足和骑自行车的"绿色"路线。

- 保护群岛上丰富的文化遗产，包括博物馆和遗产线路，以及历史建筑的修复。

- 复兴农业。旅游业的增长伴随而来的是传统农业活动的萎缩，如前人精心设计的能保持水土的梯田缺乏维护，这些农业资源也是今天巴利阿里群岛风景的重要组成部分。

有批评家指责生态税的出台会加剧群岛的旅游业危机，然而此说法是有失公平的。2001年以来游客流量减少的确属实，但这也许只是来自一些像保加利亚、克罗地亚和土耳其等新兴旅游目的地竞争的结果，这些目的地能以更低的价格提供类似的海滩旅游产品。德国国内的经济状况也会带来不利的影响，尤其对于马略卡而言。在来自英国的度假者中，可能只有低消费群体会因生态税而止步。但西班牙的时事评论员相信，从长远发展的角度考虑，这种做法有助于提升群岛的形象。

在饭店、廉价旅舍（pensiones）、郊外家庭旅馆和露营地停留的游客承担了赋税，引起了更多对生态税公平性质疑的声音。据估计，近200万游客由于居住在自己的度假屋、豪华游轮或未登记的寓所而无需缴纳生态税，事实上，他们当中大多数人都是高收入者。那些高尔夫球场和包括每户配有花园和私人游泳池的、分散型开发的乡村别墅看起来比建造高层饭店更有吸引力。当然，这会要求更多的土地、水和能源，在此过程中四驱车的使用更会加重污染的程度，很难与可持续发展战略相融。

案例回顾

巴利阿里群岛反映了大众旅游对地中海海岸环境的影响，是一个很典型的案例。一个偏远传统的社会经过一代人的努力，迈入一个以服务为中心和消费生活型的社会，在受惠于旅游经济的同时却丢失了文化认同感。所幸的是，地方自治给予他们权力去拯救几十年来不规范的旅游带来的混乱局面。虽然生态税在贯彻实施中存在漏洞，但它毕竟为一批小规模的项目提供了资金，为其他小型海岛旅游目的地的发展开创了先河。

讨论与作业

1. 在当地社区发展大规模的旅游业，经常会出现"赢家"和"输家"，提出一些建议让你的国家或家乡发展旅游业时使受益群体更扩大化，补偿那些不太幸运的部分群体。

2. 有人批评巴利阿里群岛的生态税不够公平，从哪些范围而言这样的说法是公正的？拟订一份实施生态税的提纲，使之能得到国际旅游业和本地群众的支持。

3. 自愿的"游客偿还"能否作为筹集环境保护项目资金的另一种方法？请就此展开讨论。

4. 为伊比萨或梅诺卡设计一份"迷你导游手册"，着眼于岛上的文化和自然资源，并鼓励旅游业以可持续形式发展。

参考文献

Brook, E. (2003) Taking the paving from paradise. *Tourism in Focus*, 46, 10–11.

Morgan, H. (2000) A taxing time. *Tourism in Focus*, 36, 6–7.

Presley, J. W. (2000) 'Frizzling in the sun': Robert Graves and the development of mass tourism in the Balearic Islands, in M. Robinson (ed.), *Reflections on International Tourism: Expressions of Culture, Identity and Meaning in Tourism*. Sheffield Hallam University, pp. 231–244.

Santamarta, J. (2001) La ecotasa de Baleares, un paso hacia el turismo sostenible. *World Watch* (Spanish edition), 11 (4), 1–5.

Van den Berg, E. (2003) Ecotasa: un impuesto medioambiental. *National Geographic* (Spain edition), 13 (3) special report.

网址

www.tourism-watch.org
www.amics-terra.org

案例21
威尼斯：面临威胁的遗产

简　介

　　威尼斯是一个独特的旅游城市。本案例检验威尼斯的旅游业发展状况，同时着眼于这座城市在21世纪面临的挑战。完成本案例后，你将：

　　1. 了解威尼斯作为一座旅游城市的重要地位。

　　2. 了解威尼斯的魅力和旅游资源。

　　3. 认识到发展旅游业给当地社区和环境带来的后果。

　　4. 威尼斯面临的许多困难是低洼的地势造成的，旅游部门对此无能为力。

　　5. 若要保护威尼斯，就亟待解决规划和管理方面的问题。

关键问题

　　本案例涉及5个关键问题：

　　1. 地势低、运河众多及其艺术和建筑瑰宝使威尼斯成为一座独特的旅游城市。

　　2. 威尼斯需要相当谨慎地发展旅游业，而且在此过程中还会受到城市规模的限制。

　　3. 威尼斯的旅游规模和大量增加的机动船给社会和环境带来了消极影响。

　　4. 威尼斯的生存受到低洼的地势以及一系列工程和污染问题的威胁。

　　5. 未来威尼斯要生存，急需科学的规划和管理。

旅游城市威尼斯

　　威尼斯是独一无二的——它拥有无可取代的资源优势。在威尼斯，我们看到了一个远离机动车困扰的城市，这很大程度上有赖于它所处的地理位置——在广阔的威尼斯浅水湖中心的一群低洼的海岛上。威尼斯的历史建筑和艺术财富同样是无可匹敌的。正是这些连成一体的旅游资源奠定了这座城市的魅力，几个世纪以来具有水乡情调的城市景观也从未改变过。我们应该记住，威尼斯不仅是一座历史悠久的岛上城市，它还拥有延伸到内陆的工业区，那里才是大部分威尼斯人真正生活和工作的地方。

旅游景观

　　威尼斯最为人熟知的旅游景区要数圣马可广场（St Marks Square）及其外围地区，这是欧洲最佳的聚会地点之一。它和城市的其他地方一样，从几个世纪的演变中走来，又如出一辙地缺少正式的规划。在这里，你可以看见建筑风格与众不同的圣马可大教堂，同时又能亲眼目睹象征强大的威尼斯共和国政权的总督宫。宫殿内陈列了提香（Titian）和其他著名画家的作品，布置相当奢华，并通过"叹息桥"与前威尼斯监狱相连。建于中世纪的威尼斯里亚托桥（Rialto）也相当有名。早在13～16世纪威尼斯人占领地中海东部，控制亚洲奢侈品（如丝绸和香料）贸易期间，富有的商人在大运河沿岸建造了200多座宫殿。到了18世纪，威尼斯作为贸易中心的地位下降，但却成为了来自全欧洲赌徒和享乐主义者常去的地方。威尼斯嘉年华是对这一时期的追忆，参加嘉年华的人们穿上华丽的晚礼服，带上精美的面具，在嘉年华期间，人们能感受城市永恒不变的特质。

　　要避开拥挤的人群，你可以去走访威尼斯浅水湖上的其他海岛，包括：

　　● 穆拉诺（Murano）——岛上设计独特的传统手工做成的玻璃饰品相当有名。

　　● 布拉诺（Burano）——出产上乘的蕾丝。

　　● 威尼斯丽都（Venice Lido）——拥有威尼斯自己的海滩度假地，

建于分隔威尼斯浅水湖和亚得里亚海的沙嘴上，而且有闻名的赌场和备受瞩目的电影节。

交　通

威尼斯的国际机场建在梅斯德（Mestre）和特雷维索（Treviso）之间的陆地上，以著名的威尼斯商人、探险家马可·波罗的名字命名。虽然威尼斯是意大利第五大港口，但是除了巡航游客，选择经海路到达的游客数量仍相对较少，当然你也可以利用铁路和公路到达。如今最流行的方式莫过于乘坐东方快车（Orient Express），车厢内标准化的服务和装潢让人回想起二战前的"黄金旅游时代"。然而无论你选择何种出行方式，一旦越过连接海岛城市和内陆的公路，到达位于罗马广场的巴士站或停车场，又或者是到达铁路终点站桑塔露西亚（Santa Lucia），接下来前往目的地的旅途必须要通过步行或乘船来完成。你将置身于迷宫似的窄小道路和小巷之中，有时候可能通向犹如镶嵌在错综复杂的运河网上的小型广场（意大利语campo）。总长度4公里的大运河呈S形，是威尼斯的交通要道，它把这座城市一分为二，三座桥梁横跨其上。水上巴士（意大利语vaporetto）和水上出租车是城市的主要交通工具。威尼斯游船冈朵拉（gondola）的费用高昂，威尼斯人如今只把它用于特殊的节庆场合，但游船毕竟与威尼斯浪漫形象密不可分，而且游客很受惠于它的专业化的导游讲解。

住　宿

住宿费在威尼斯的任何一个角落都是昂贵的，所以游客更愿意在其以北30公里的耶索罗（Lido di Jesolo）停留，这里是游客首选的威尼斯度假地。

存在的问题

威尼斯作为旅游目的地，有自身的优势，也有劣势。威尼斯开发其他旅游产品的机会非常小，而且由于种种原因，具有独特韵味的旅游资源已经受到了威胁。

旅游业对社会的影响

威尼斯受追捧本身也是一个不小的问题。在夏季，每天有超过5万的游客到访这座历史名城。他们当中的大部分只是作短暂停留或是消费有限的游客，造成的结果是用于处理垃圾、整顿公共秩序等的成本几乎与经济收益持平。成为游客的"博物馆城市"，使威尼斯身处危险之境。威尼斯人认为，国外游客钟爱于在他们心目中更具"意大利风情"的那不勒斯（Neapolitan）音乐，使世人忽略了威尼斯的地域文化。现今在这座历史名城居住的人口不足8万，相当于20世纪50年代（或者是16世纪）的一半，环境问题的日趋严重正使这一数字在加速递减。社会人口的组成失衡，不少中等收入家庭不断地迁往内陆的梅斯德，以便寻找更多旅游业以外的工作机会。最终，城市只剩下那些负担得起宫殿式寓所维护费用的有钱人以及无法迁移的老人和低收入者。

市议会曾经慎重地考虑是否要对一日游游客的数量进行限制。在1989年，他们尝试禁止背包旅游者随意在城市户外的公共地区睡觉的行为，后来因为毫无效果而废除了相关法令。

洪涝和下陷的威胁

许多个世纪以前，人们在威尼斯浅水湖的泥土中打入数百万支腐朽速度很慢的木桩，才筑起了今天的威尼斯水城。威尼斯本来已经是一座水城，而全球气候变暖引起的海平面上升无疑给这座城市带来了更大的困扰。受到亚得里亚海高涨的潮水和暴风的影响，与20世纪50年代相比较，圣马可广场遭到日益频繁的洪水袭击。虽然居民已经为洪水危机做好了准备，如放弃住所底下的楼层，大量改造房屋结构，但建筑物仍受到了十分严重的摧残，逐渐地往威尼斯浅水湖下陷。

1966年的一场水灾警告了世人：威尼斯存在被遗弃的可能性。拯救威尼斯基金会（Venice in Peril Fund）的建立用来协调国际各方面的努力去参与一些修复和拯救的活动，也用于敦促有关部门的工作。意大利政府也为此作出了反应，计划兴建一个横跨威尼斯浅水湖三个入口的巨型可移动水闸，这样就可以在亚得里亚海发大水期间关闭水闸，保护整个威尼斯城。但此方案只是"权宜之计"，引起了广泛的批评，这是由于：

- 工程缺乏成本效益，因为工程的成本太过巨大。
- 将扰乱威尼斯港口的通航。已经投入了巨额资金用于改善港口的设施，包括开挖深水通道用于游轮的行驶，但此举破坏了威尼斯浅水湖中海水和淡水的平衡。水闸工程将进一步加剧航海通道的泥土淤积。
- 加剧了威尼斯浅水湖的受污染程度。

威尼斯浅水湖的生态系统受到污染的破坏

威尼斯浅水湖的生态系统十分脆弱，它由沼泽地、小岛、缓慢流淌着的河流和沙丘组合而成，宛如一个海绵状的障碍物分隔了威尼斯和亚得里亚海。环境污染是威尼斯潜在的致命性的威胁。几百年来，威尼斯人一直意识到他们必须要保护好水资源，由市政出资成立的水资源管理委员会（Magisterio alla Acqua）可能是世界上最古老的环境保护机构，拥有运河网和浅水湖的管制权。人们今天面对的问题远比以前困难得多，以下是污染的各种来源：

- 家庭、宾馆和餐厅的废弃物——威尼斯没有下水道，因此污水只能被随意地排放到运河。有关部门曾明文规定宾馆和饭店必须安装生物污水处理装置，但没有得以落实贯彻。人们呼吁在浅水湖周边安装污水处理装置，以及建造全城规模的污水排放系统来解决相关的问题。
- 内陆工厂的污水排放到马尔盖腊港（Porto Marghera）——此处在20世纪建立了不少工厂，解决了威尼斯的失业问题，但无奈选址错误，不能利用潮汐带走污水。污染源包括聚集的重金属和氨水。水资源管理委员会提出了要限制污染物的排放，但对于违规的处罚只限于罚金。企业更愿意缴纳罚金而不是安装处理废水的设备。穆拉诺的玻璃工业更会排放出砒霜，但情形也是类似的；那里的私有企业规模要比内陆的小得多，所以更不可能负担得起安装设备的费用。
- 来自农业的杀虫剂和肥料排放到浅水湖中，这种情况多数发生在围海围湖的造田中——过量的硝酸盐和磷酸盐化肥造成了大量鱼类和贝壳类生物的死亡，甚至造成浅水湖的大片区域都禁止捕鱼。这同样造成了海藻迅速繁殖扩散。缺乏自然捕食者，使摇蚊（类似于蚊子的昆虫）成灾，有时甚至使航空和铁路交通中断。难以追寻污染者是目前仍无有效解决方法的部分原因。恢复耕地为沼泽地，并重构原始的生态系统才是长远的解决办法。

未　来

这些问题不仅受到环境保护主义者的关注，还明显地威胁着威尼斯作为旅游目的地的生存能力，除非私人和公共两部分都同意采取严厉的反污染措施。要使威尼斯可持续发展的战略措施得以实施，在公共的部分中，需要政府三个层级威尼斯、维内托地区（Veneto）和意大利紧密合作。

案例回顾

独特的威尼斯城每年吸引数百万的游客是一个显而易见的事实。我们看到了游客自身给当地造成了一系列问题的同时，更注意到了这些问题的存在会威胁这座城市的生存，包括地面下陷、水灾和环境污染等。如果这些问题不能得到解决，那么威尼斯在21世纪可能会消失。

讨论与作业

1. 画一个图表，指出威尼斯旅游业的各利益集团，并表明它们分别牵涉到什么不同的利益。

2. 在一幅大的威尼斯地图上找出各个主要和次要的旅游景点，指出三个尤其相关的旅游市场（如食品、红酒爱好者和喜剧参与者市场）。针对不同市场设计不同的旅游线路和活动。

3. 讨论一些切实可行的措施，保护威尼斯的公共旅游资源和艺术财产免受过量游客的影响。

4. 为文化旅游者设计一本假日旅游手册，内容要关注像维瓦尔第（Vivaldi）和提香等著名威尼斯人的生活和工作，以及在威尼斯和维内托地区内与他们有关的建筑和地点。

5. 就现代化城市如何从威尼斯人处理交通和环境问题的经验中汲取教训展开辩论。

参考文献

Ashworth, G. J. and Tunbridge, J. E. (1990) *The Tourist-Historic City*. Belhaven, London.

Bevilacqua, E. and Casti, E. (1989) The structure and impact of international tourism in the Veneto region, Italy. *Geojournal*, 19 (3), 285–287.

Canestrelli, E. and Costa, P. (1991) Tourist carrying capacity: a fuzzy approach. *Annals of Tourism Research*, 18 (2), 295–311.

Dove, J. (1991) Venice: the environmental challenge. *Geography Review*, 5 (2), 10–14.

Drummond, S. and Yeoman, I. (2000) *Quality Issues in Heritage Visitor Attractions*. Elsevier Butterworth-Heinemann, Oxford.

Law, C. (2002) *Urban Tourism*. Continuum, London.

Murphy, P. (1997) *Quality Management in Urban Tourism*. Wiley, Chichester.

Page, S. (1994) *Urban Tourism*. Routledge, London.

Richards, G. (2001) *Cultural Attractions and European Tourism*. CABI, Wallingford.

Russo, A. P. (2002) The 'Vicious Circle' of tourism development in heritage cities. *Annals of Tourism Research*, 29 (1), 165–182.

Van der Borg, J. (1992) Tourism and urban development: the case of Venice, Italy. *Tourism Recreation Research*, 17 (2), 46–56.

Van der Borg, J. and Costa, P. (1993) The management of tourism in cities of art. *Tourist Review*, 48 (2), 2–10.

案例22
希腊旅游业的SWOT分析

简　介

　　希腊是世界上最早的旅游目的地之一，但是它也存在与旅游业发展相关的一些问题。在这个案例中我们从优势（Strength）、劣势（Weakness）、机遇（Opportunity）和威胁（Threat）几个方面——即SWOT来审视这些问题。完成本案例后，你将：

　　1. 了解希腊旅游业的优势，包括其历史古迹和旅游接待业。

　　2. 了解希腊旅游业存在小企业占优势和公共部门组织不善的问题。

　　3. 了解希腊旅游业面临的一系列机遇，包括已举办的2004年奥运会和优质产品。

　　4. 了解来自于其他国家的竞争对希腊旅游业的威胁。

　　5. 了解希腊旅游业的未来发展战略需要有效的规划与管理。

关键问题

本案例涉及4个关键问题：

　　1. 希腊是世界上最早的旅游目的地之一，但是在组织和长远规划方面存在问题，竞争力没有充分体现出来。

　　2. 希腊的优势在于历史遗迹和接待服务，以及举办2004年奥运会带来的机遇。

　　3. 希腊旅游部门组织不善、缺乏战略远见，直接影响未来的发展。

　　4. 希腊需要为旅游业开发有效战略。

背 景

毫无疑问，希腊是世界上最早的重要旅游目的地之一，并且旅游业历史悠久，拥有独特历史遗产、自然资源和无与伦比的接待服务业。但是同时，与旅游相关的一些问题阻碍着旅游部门充分发挥它的潜能，为国家富强作出贡献。这些问题集中表现在协调不力、规划不周，因此无法达到21世纪对旅游产品在种类和质量上的需求。本案例运用SWOT分析希腊旅游业的发展情况，以揭示这些问题。

优 势

希腊拥有世界上独一无二的旅游资源和热情好客的传统。此外，它还有：
- 悠久的旅游发展史。
- 优良的历史遗产、自然和文化产品。
- 私营部门运作灵活，能够设计和交付适应顾客需求的旅游产品，回头客比率高。
- 旅游业发展中企业参与水平高，员工忠诚度高、流动比率低，一定程度上归功于企业的家族化。
- 旅游行业范围广，有能力支持广泛的旅游产品和服务。
- 具有强烈地方特色的希腊旅游接待业和旅游产品。

劣 势

希腊有着一般历史悠久的传统旅游行业固有的弱点：
- 旅游企业专业化程度低，在制订策略、财务和营销方面存在问题；另外，这些企业再投资率低。
- 缺乏正规训练的家族式企业在旅游业中占统治地位；在旅游产品的开发和交付方面管理和营销水平低下。
- 外国旅游运营商主导旅游市场，他们压低产品和服务的价格。
- 政府依据情感和主观判断做出不一致和不协调的政治干预。

● 在全球营销系统上的认知度低，过度依赖旅游运营商供应希腊旅游市场，而且消费水平高的自助游客流量下降。

● 基础设施和旅游设备质量差，无法满足消费高和急剧变化的旅游市场，缺乏应对多样化市场的策略。

● 缺乏统一完整的旅游规划。

● 旅游业教育/培训水平不高。

● 对信息技术的了解不够。

● 需求呈季节性变化，尤其是海滨旅游。

● 由于周边沿海地区和岛屿必须依靠进口大量产品满足旅游者需求，导致旅游收入的大量外流。

● 旅游产品质量保证程度低，旅游行业规范化程度低。

● 缺乏对文化产品的诠释和信息。

● 对旅游行业缺乏研究。

机　遇

希腊可以克服上述弱点的机遇：

● 欧盟支持希腊旅游业，特别是在文化产品、环境改善、信息技术、小企业扶持等方面。基础设施建设也从欧盟获益匪浅。

● 游客对希腊旅游需求的持续增长，为其文化和环境产品的发展提供支持。

● 出现一批具有现代管理理念的旅游企业，企业由专业人士管理，制订专业化管理基准。

● 新的组织关注旅游服务质量，如希腊旅游企业协会。

● 出现了区域和地区性的联合以协调旅游业的发展。

● 在旅游企业经营和营销方面更多地运用网络和其他信息技术。

● 本国和海外在旅游人才培养上的正规化为希腊旅游发展提供了人力资源上的保证，这将有助于希腊的旅游实践和发展。

威　胁

然而，希腊旅游业在面临以下问题时必须保持清醒的头脑：

● 全球化进程将使旅游业集中在大公司手中，这会使小企业在分销渠道上边缘化。

● 由于环境保护不善，希腊旅游产品所依托的环境退化，导致需求减少。

● 旅游市场供过于求，导致价格恶性竞争。

● 过分依赖传统的沙滩旅游产品。

● 欧洲市场一体化可能导致希腊企业被更大的欧洲公司接管。

● 在包价旅游市场上遭受来自价格低、具有异国情调的长距离旅游产品的竞争。

● 地域上邻近可能遭受战争和恐怖主义影响的地区，即巴尔干地区和中东地区，导致2004年奥运会在安全方面的巨额开支，其开支占总预算的20%。

前　景

Buhalis（1998）总结了这些问题的后果：

由于无法不断满足游客需求，希腊失去吸引高品位、高消费旅游者的机遇。旅游产品和形象退化导致消费者较低的支付意愿，进一步导致品质下降，而旅游企业不得不以更低的价格吸引旅游者。

很显然，上述问题表明加强希腊旅游产品和需求之间联系的必要性，特别是要保护好其独特环境和文化资产，它们是构成希腊旅游业的基础。迫切需要一个能解决这些问题的良好的国有／私有企业协同发展战略，同时应认识到旅游市场正在发生变化，这将帮助希腊旅游产业充分发挥其环境和文化资源的独特性以及历史遗产的优越性。

案例回顾

尽管希腊是世界上最早的旅游目的地之一，但是目前旅游行业组织不完善，缺乏战略远见。希腊若希望在21世纪成为具有竞争力的旅游目的地，就必须制订有效的旅游战略。

讨论与作业

1. 讨论像《特洛伊》这样的故事片，引发公众关注古希腊文学艺术遗产方面的影响力，以及提高希腊文化旅游形象的力度。

2. 编制2004年奥运会成本和收益的"资产负债表"（balance sheet），不仅要考虑对希腊经济的影响，也要考虑对雅典人民和整个国家的影响。

3. 指出如何使希腊岛屿的旅游产品变得更加自给自足和可持续发展。

4. 自2000年以来，希腊国际旅游一直不景气，尽管奥运会给希腊带来了全球性的知名度，交通基础建设投入巨大，但情况并未有所改变。提出引起衰退的原因。

致　谢

本案例研究基于Dimitrios Buhalis的研究。参见Buhalis发表于1998年的《希腊旅游：新千年战略分析和挑战》。

参考文献

Buhalis, D. (2000) Athens. *City Reports*, 4, 5–22.

案例23
旅游业作为东欧经济转型的媒介

简　介

旅游业是前东欧国家经济转型过程的重心。本案例研究探讨将旅游业作为该区域经济发展动力的有关问题。完成本案例后，你将：

1. 了解影响前东欧板块旅游业发展的制约因素。

2. 了解旅游业在一般区域经济转型过程中扮演的角色。

3. 了解旅游业在由计划经济向市场经济转化过程中扮演的角色。

4. 认识到该区域旅游管理正从中央集权结构向公共和私营部门合作结构转型。

5. 了解和该地区有关的环境问题以及它们对旅游业的影响。

关键问题

本案例涉及5个关键问题：

1. 前东欧板块旅游业的转型发生在1989年柏林墙倒塌之后；在第二次世界大战后的几十年间按计划经济模式建立起来的旅游业在20世纪90年代转向了市场经济。

2. 前东欧板块的旅游业遗留了许多问题，还有一系列阻碍其成功发展的障碍。

3. 旅游业被用来在该地区协助经济转型，特别是通过私有化和改变过去旅游业的公共管理模式。

4. 该地区有着严重的环境问题，这是过去的政府遗留的问题，已经影响到旅游业的发展。

5. 旅游专家们认为，这种经济转型方式不仅是个发展过程，还是一个政治过程。

背　景

在前东欧国家中，旅游被看做是经济转型过程的中心环节，因为旅游业跨越多个经济部门，并且主要由中小型企业（SMEs）组成。这一地区经济、政治和社会结构的转变，加上外界对这个地区的好奇因素，以及国际旅行限制因素的减少，极大地推动了该地区的旅游发展。但是，自1988/1989年的政治事件促使这一地区转向市场经济以来，围绕着将旅游业作为转变的媒介也产生了非常实际的困难和问题，尤其是需要确保旅游业发展是可持续的，并且不会威胁到这一地区已经十分脆弱的环境资源。还有就是要通过激发企业家的热情和宣传西方的企业管理理念，在东道国赢得人心——迈向市场经济不仅是一个经济过程也是一个政治性过程。这一地区与国际旅游行业的融合并非一帆风顺。例如，欧盟就指出了该地区旅游业要获得成功所面临的关键问题（表23.1）。

表23.1　东欧国家旅游发展面临的障碍

- 国内旅游市场欠缺购买力
- 艰难的政治运作环境
- 缺乏对旅游业性质的了解
- 缺乏对旅游业发展的经济奖励
- 缺乏明确的旅游形象
- 缺乏旅游推广基金
- 缺乏区域旅游理事会
- 缺乏当地旅游理事会
- 热点城市过度拥挤，例如布拉格
- 交通设施不足
- 有档次的住宿设施不足
- 不可靠的饮食标准
- 娱乐设施较差
- 旅游服务不完备，例如缺乏信息服务和翻译服务
- 电信服务差
- 缺乏货币兑换设施
- 过境困难并且缺乏良好的边境设施
- 缓慢的私有化过程
- 部分地区存在恐怖主义和有组织犯罪

- 缺乏旅游产品创新
- 缺乏旅游市场研究
- 对旅游营销认识不足
- 当地旅游业投资资金来源不足

我们可以通过以下四个方面来研究旅游业作为转变的媒介所起的作用：

- 经济转型
- 旅游管理
- 环境问题
- 旅游基础设施建设

经济转型

政治和经济模式对该地区的旅游业有着深刻影响。在20世纪80年代晚期的政治事件之后，前东欧国家正在从中央指令型经济转向以私营企业和自由市场为基础的市场经济，并且由一元的集权系统迈向多元化。在像匈牙利这样的国家，这个过渡过程比较顺利。而其他地方，转变更为复杂，特别是在那些前政权已经发展了一套高度集中化经济的国家。在这些国家，其经济经历了以下一些阶段：

1. **"断裂"期**：否定过去的做法，由于过去的错误应用而被严重削弱的机构和结构开始复苏。

2. **过渡阶段**：旅游业被视作在转型过程中扮演了重要角色。

3. **市场经济阶段**

旅游业通过各种方式推动这一过程：

- 国有垄断企业的私有化成为促使旅游机构竞争和提高效率的措施。

- 由于旅游业经常被当做西方商业实践的示范，因此鼓励了私有企业参与旅游业。

- 参与国际旅游竞争使一些国际公认的旅游标准得以推广，例如酒店的分级标准。

旅游管理

这些经济和政治变化对旅游管理产生了深远的影响。过去，国有旅游组织——即国家级、地区级和当地的旅游运营者和代理商——处于垄断地位，其中许多是效仿苏联旅游模式成立的，这些机构僵化、刻板的营运方式和缺乏竞争力意味着它们无法满足西方旅游者的要求。旧的国有旅行社现在失去了其垄断地位，出现了新的组织结构，从纯粹的私营企业或合营形式，到国营企业等。这里，旅游业在公有企业中扮演着转换观念的角色，例如企业要进行市场营销。

环境问题

这一地区的经济问题致使政府不能有效解决由以前遗留下来的环境问题和环境退化。如果这些问题不能得到很好的解决，自20世纪90年代取得的旅游业增长将不会持续。尤其令人担心的是，即使业内人士对这些问题也缺乏认识：

● 例如，打猎在一些国家中仍然很普遍，然而这是一个需要敏感处理的问题——有些旅游者会被这些活动吸引，而另一些会被吓住。

● 同时，政治体制的变化，自下而上的规划模式和让社区参与的构想还需要心态上的调整。

● 鼓励中小企业参与旅游业可能也存在问题，因为从传统意义上来说，中小型企业没有意愿、专长或者资源响应环保倡议。

许多景点已经受害。例如，匈牙利的许多著名旅游中心污染严重，布达佩斯的历史建筑遭到腐蚀，巴拉顿湖（Lake Balaton）被严重污染。显然旅游业必须在对待环境的态度和展示良好环境实践中起到媒介作用。

旅游基础设施建设

过去，由于旅游景点、设施和服务水平的质量参差不齐，造成旅游形象不佳。旅游人员培训正努力培养劳动力适应新的需要，树立顾客至上的服务理念。提升行业服务质量的举措还包括辅助饮食、计算机化和票务等领域，以及改善交通系统。

● 交通系统正竭力适应以市场为导向的经济环境。由于取消了公共补贴，投资跟不上旅游人数的增长步伐，城市交通压力很大。尤其是随着该地区西方游客增加，维也纳成为该区域枢纽，该地区的国际运营商与世界其他地方相比，竞争能力也受到质疑。

● 住宿的某些类型供不应求。经济型酒店主要由新兴商人阶层提供，但四星和五星级酒店需要与国际公司进行合作。合资企业是激励住宿业发展的有效方式，不仅使该地区接触到国际管理经验，而且通过引进质量控制机制，推动其他企业采用这些方法，适应日益复杂的竞争环境。但是，过于依赖外国投资和合资企业可能会影响本国经济的实际收益。在住宿业的其他部门，国营酒店集团被出售，采取特许经营和管理合同的方式，贷款协议使住宿业更易获得资金。

案例回顾

本案例显示了旅游业如何作为前东欧阵营经济转型的媒介。旅游业是卓有效用的发展媒介，因为它主要由中小企业组成，可以帮助经济快速向市场经济转型。然而实现这一战略过程也遇到很多阻碍，这一过程不单纯是经济转型问题，还涉及到许多政治问题。

讨论与作业

1. 列表比较东欧1990年前的旅游业与在自由市场经济体制下发展起来的旅游业的不同点。

2. 讨论服务水平的低劣在多大程度上仍在抑制前东欧国家入境旅游的发展。

3. 阐述污染对前东欧国家建筑和自然遗产的影响。为什么污染是前东欧国家的普遍问题，公共和私人部门应该采取哪些措施控制污染？

4. 为对捷克、斯洛伐克、匈牙利、波兰和立陶宛的艺术、建筑和音乐感兴趣的同学们准备一份详细的行程表。描述这些国家历史名城的文化景点。

参考文献

Hall, D. (1991) *Tourism and Economic Development in Eastern Europe and the Soviet Union*. Belhaven, London.

Williams, A. M. and Shaw, G. J. (1991) *Tourism and Economic Development: Western European Experiences*. Belhaven, London.

2.2 中东和非洲

案例24
也门（Yemen）旅游业的问题

简 介

也门是世界上最贫穷的国家之一，拥有一段复杂的历史。本案例对也门旅游业的发展进行了考察研究。完成本案例后，你将：

1. 了解也门的历史和社会背景。

2. 认识到也门统一不久，在旅游业的发展过程中，安全问题一直是首先要考虑的问题。

3. 了解也门的旅游资源和旅游设施。

4. 理解也门文化和宗教传统对旅游业发展带来的各种限制和约束。

5. 认识到也门是一个正处在旅游业开发初期的国家，需要进行规划和管理来保护它的古迹资源。

关键问题

本案例涉及5个关键问题：

1. 也门是一个正处在旅游业开发初期的国家。

2. 也门拥有众多重要的古迹景点和文化资源，并且正在吸引越来越多爱好探险的游客。

3. 作为世界上最贫穷的国家之一，也门需要依靠旅游业带来的经济利益，但是旅游业的发展受到社会和文化许多方面的约束。

4. 也门的政治动荡和对游客的袭击事件说明安全和治安问题仍然是旅游业发展的最大障碍。

5. 也门必须对主要旅游景点——特别是要对其特有的古迹资源进行可持续的规划管理。

背　景

也门位于阿拉伯半岛的西南，濒临红海和亚丁湾（Gulf of Aden）。相比其他阿拉伯国家，也门有许多较高的山脉，气候较凉爽，水资源丰富。在古代，这块土地孕育了以做香料、宝石生意而著名的希巴（Sheba）文明古国。然而，今天的也门被联合国列为世界上最贫穷的国家之一。目前许多复杂的部落社会正逐步向西方投资者和游客开放其大门，也门是这方面的一个典型例子。然而在20世纪90年代末期发生的绑架和杀死游客案件，以及也门与恐怖分子的瓜葛，都对其刚刚萌芽的旅游业造成沉重打击。西方人对这个国家的强烈兴趣仍然停留在对过去几个世纪的生活习俗上，以及对这个与世隔绝国度的好奇。

旅游业的发展状况在这个国家是十分复杂的，因为直到20世纪90年代也门仍然被分裂成两部分，表现为冷战时期的对立，这样的话，我们就能分析识别两种不同的旅游业发展途径。

● 当1967年基于亚丁（Aden）的英国附属国结束时，"南部也门人民共和国"才正式成立。南部也门是由苏联支持的、推行强硬路线的政权。

● 经过几个世纪的专制统治，位于北部萨那（Sana'a）地区的"也门阿拉伯共和国"仍然是一个具有深厚传统、较强伊斯兰性质的国家。

统一的也门共和国大约1200万人口，由于这两种不同的政治和经济制度的调和失败，导致1994年也门发生了内战。直到政治形势稳定之后，也门的旅游业发展才提到日程上来。

也门的旅游业发展处于最初期，因此这是了解旅游目的地生命周期理论一个较好的案例。作为英国铁行（P&O）商船前往印度的一个中转点，也门在亚丁的殖民统治时期就有较少数量的商务旅行，然而，直到20世纪70年代有组织的国际旅游才正式开始出现，80年代期间也门建成两座国际性饭店；但是，到了21世纪开始的时候，旅客的数量仍然较少，并且根据不同部落地区的治安状况，游客数量有较大的差别。另外，中央政府的正式命令在有些地区不能得到有效执行。

旅游需求

大多数游客是以旅行团的形式进入也门的，目的是参观古迹和也门人民的生活方式，也有与石油相关的商务旅行。在1998年绑架事件（在政府军和绑架者之间的枪战中导致4名游客死亡）被广泛报道之前，也门每年接纳大约6万多国际游客，大约有3900万美元的旅游收入。从那次事件以后，情况始终没有好转，接下来在亚丁海港又发生了对一艘美国军舰的自杀性爆炸事件，9·11事件以后的形势更加紧张，也门被怀疑给盖达组织（Al-Quaeda）恐怖分子提供避难所。

也门的门户通道是位于萨那和亚丁的国际机场。到也门的休闲旅游一般具有如下特点：

- 集中于也门北部的萨那地区，开发了古迹和遗产等旅游线路。
- 游客平均停留4～5天时间。
- 西方游客占大多数。
- 旅游团是主要旅游形式，由于安全方面的原因，许多旅游团都有武装军人护送。
- 旅游的季节性很强，集中在天气较凉爽的11月到来年3月。

国内旅游也很重要，在也门大概占据了1/2～2/3的过夜床位。旅游内容除了访问朋友和亲戚之外，还包括沙漠探险旅行。和国际旅游相比，国内旅行季节性不强，倾向于将重点放在也门南部地区。

旅游供给

旅游资源

也门的旅游资源主要体现在当地文化和居民生活方式以及独特的建筑遗产之上。除了文化旅行和徒步沙漠探险之外，也门还在红海海岸发展潜水运动，以及在印度洋偏远的索科特拉岛（Socotra）开展生态旅游。然而，在文化方面与迪拜（Dubai）相比，发展海滩旅游并不是一项较好的选择。

在也门，传统文化和生活方式的影响无处不在，如萨那的露天市场，这里出售各种各样的特色商品，包括卡塔（qat）（一种在也门广泛使用的麻醉药）以及也门部落男人佩戴的各种装饰精美的匕首。然而奇怪的是，这些东西让国际旅客很难接受。相反，古建筑却很受游客欢迎，并且在国际上具有重要意义，例如，首都的中心地区，即古萨那就是一处世界文化遗产。由泥巴砖建造的城堡房屋，配上退色的玻璃窗户和雪花石膏装饰，给许多城镇和村庄蒙上了一层中世纪的色彩，给游客留下深刻印象。能保留这么多几百年历史的房屋要归咎于也门的贫穷，与海湾地区的其他国家相比，由于石油工业的繁荣，这些国家传统的建筑已经消失殆尽。但是，资金的匮乏同时也意味着许多古建筑的保护不容乐观，有的正在垮塌，有的需要立即修缮。另外，来自古迹地的非法人工仿造品贸易更加重了对国家遗产的破坏。

各种古迹资源主要是在萨那的东北部发现的，一座由古代塞巴人修建的壮观的灌溉大坝遗址叫马日比（Marib）。在也门，虽然很多机构都能为旅客设计观光线路，但是市场几乎被两家公司垄断。这些观光线路大多数在也门北部，位于萨那、荷台达（Hudaydah）和塔伊兹（Ta'izz）之间的三角地区，虽然两国的统一已经容许旅行机构将东南部的哈德拉默特峡谷（Hadramaut Valley）作为旅游景点［这里是另一处世界文化遗产希巴姆老城（Shibam）所在地］，然而，旅游基础设施十分落后，公路泥泞不堪，这样就使得旅行管理机构不得不在沿线投资修建旅店和其他服务设施。

旅游组织

总体来说，旅游部（Ministry of Tourism）协调管理旅游业，游客总局（General Tourist Authority，GTA）作为执行机构。并且，这些公共部门得到下列组织的协助：

● 高等旅游委员会（Higher Tourism Council），负责对旅游战略和政策进行监督。

● 也门旅游促进会（Yemen Tourism Promotion Board）。

也门的旅游业发展的首要任务是：

● 为了社会的利益，旅游业需要进行长远的、可持续的开发。

● 保护也门的文化、历史和自然遗产。

● 在国际上宣传统一的也门。

- 促进旅游业的发展并扫除各种约束。
- 支持旅游接待设施的建设和完善。
- 提高旅游培训水平和人数。

除此之外，需要强调的是前北部也门和前南部也门在旅游方面的地区不平衡，因为前北部也门接纳了大部分的国际游客。自统一以来，国际援助在两部总体规划指导下将实现这些目标。但是，游客们出于对他们安全和治安的担心，可能使这些计划难以实施。

接待住宿

政府在过去就已涉及住宿业；在南部也门，政府就拥有和运营多家饭店，在北部也门政府也鼓励人们投资旅游设施，许多项目就是将传统的建筑进行改造，成为饭店。自从国家统一以来，政府已经把国有饭店租给私人，这意味着住宿业仍由当地私家小旅舍占据主导。在低端市场上还有一种传统方式的小店叫"funduk"，就是在炎热夏天的户外睡觉的场所。目前这种住宿状况开始得到了大家的关注，因为有几家国际连锁机构——如Movenpick、谢拉顿（Sheraton）和Taj已经对也门的住宿业表示了投资兴趣。在21世纪开始之际，也门大约拥有1.2万张床铺的接待能力。

案例回顾

也门历史复杂。作为世界上最贫穷的国家之一，旅游业将对国民经济的发展作出巨大贡献，从而能提高人民生活水平。然而，也门旅游业的发展不是一帆风顺的，有宗教和文化方面的因素，以及不确定政治形势造成的治安等方面的原因。另外，目前也门特有的古迹资源面临被破坏和消失的危险，需要制订有效的策略进行规划管理。

讨论与作业

1. 调查一下为什么西方式的海滩旅游业在也门和大多数中东国家里不是一项较好的选择，而这项活动却在迪拜开展得很成功。

2. 为什么西方游客发现很难接受也门人的生活方式和文化？请说出理由。

3. 说明为什么保护也门的古迹遗产十分重要，以及开展文物保护措施所面临的困难。

4. 描述沙漠旅行者在气候和地形上所面临的挑战，需要哪些装备。列举在也门可开展的其他类型的探险旅游。

参考文献

Burns, P. and Cooper, C. (1997) Yemen. *Tourism Management*, 18 (8), 555–563.

Kia, B. and Williams, V. C. (1989) Saving Sana'a. *Geographical Magazine*, 61 (5), 32–36.

Kopp, H. (1989) Tourism and recreation in Northern Yemen. *Tourism Recreation Research*, 14 (2), 11–15.

Thomas, K. (2002) High hopes: conservation in Yemen. *Geographical*, 74 (8), 30–35.

网址

www.yementourism.com

案例25
尼罗河游船（Nile cruise）旅游的管理

简 介

尼罗河是世界上最长的河流，在尼罗河上乘船游览是埃及有名的旅游项目之一。本案例介绍了尼罗河巡游项目和关于此旅游产品的一些问题。完成本案例后，你将：

1. 了解尼罗河游船之旅的历史和发展状况。

2. 认识尼罗河游船之旅的特点。

3. 了解尼罗河游船相关产业在组织管理上存在的问题。

4. 了解尼罗河游船之旅的发展依赖于整个旅游业的健康发展，以及埃及和中东地区的政治形势。

关键问题

本案例涉及4个关键问题：

1. 由于尼罗河是世界闻名的河流，毫无疑问，尼罗河游船之旅是一项公认的旅游产品，游客通过乘坐这种舒适的"水上旅馆"，能够浏览沿岸各种埃及古迹。

2. 尼罗河游船之旅有许多显著的特点，这使其管理和组织工作更加复杂。

3. 尼罗河游船业面临许多挑战，不仅仅是码头组织混乱和游客拥挤等问题。

4. 尼罗河游船业的未来面临许多挑战，包括安全和治安问题，以及尼罗河水量和污染问题等。

尼罗河

6700公里长的尼罗河是世界最长的河流，"尼罗河游船之旅"可能是埃及最著名的旅游项目。乘船游览方式十分流行，可以参观埃及众多闻名的古迹——古代文明的发祥地——包括在卢克斯特（Luxor）和卡尔奈克（Karnak）的神庙、门农教的阿波罗神巨像（Colossi of Memnon）、图特卡蒙陵墓（Tutankhamun's Tomb）和国王谷（Valley of the Kings）。乘船游览有许多优点，移动旅店不仅提供舒适的住宿，而且还避免了公路或铁路旅行带来的劳累和单调。

尼罗河代表埃及，几千年来，它一直是埃及最重要的水资源，以及连接北部和南部的重要交通生命线。直到近年，每年的7～10月期间，由于尼罗河上游高地埃塞俄比亚（Ethiopia）降雨增加，尼罗河每年都周期性地发洪水，淹没大面积的土地，这些洪水通过在土壤上沉淀一层泥沙增加了土地的肥力。随着1971年阿斯旺水坝（Aswan High Dam）的建立，可耕种的土地面积又增加了20%，电力供应也得到提高，可是这些好处被生态环境的改变和水量的减少所抵消，并且对开展乘船旅游产生了不利影响。从1869年托马斯·库克（Thomas Cook）在尼罗河上开辟轮船服务，埃及现代旅游业就开始发展，沿河流往上游一直到阿斯旺，全年都能通航。然而，从20世纪90年代初期开始，由于泥沙阻塞了河道，从开罗到卢克斯特之间的尼罗河下游的航道不能进行乘船巡游了，在冬季河道水位较低的时候问题就更加突出。

尼罗河游船之旅的发展

从托马斯·库克所在的时代起，尼罗河的旅游业就渐渐发展起来。开始只是吸引一些喜欢探险的游客，阿加沙（Agatha Christie）的小说《尼罗河上的惨案》（Death on the Nile）对第二次世界大战之前的尼罗河之旅、英国上流社会等都作了详尽的描述。直到近年，较大规模的包办旅行成为常规旅游形式，游客来自世界各国以及各社会经济团体。许多观光游客都是二十几岁的年轻夫妇，当然超过50岁的游客也占据了相当大的比例。目前，全包价旅游十分普遍，这使尼罗河之旅的报价预算控制在游客可承受的范围之内。国际酒店连锁企业已经进入尼罗河游船市场，例如，希尔顿（Hilton）在1988年就开始运营一艘五星级的巡游轮船，而谢拉顿（Sheraton）和万豪（Marriott）等酒店集团也快速跟进。因此游船的数量增加很快，从20世纪90年代初期的55艘到1995年增加到200艘。尼罗河游船业发展到了它的鼎盛时期（见表25.1）。从那以后，穆斯林基地组织的恐怖主义活动造成游客数量和游船经营者的数量大幅度减少。

表25.1 1995年尼罗河上的游船

级别	单位数量（艘）	船舱（个）	床位数（个）
五星级	82	5186	10312
四星级	40	1831	3642
三星级	20	607	1209
二星级	13	249	488
无星级	51	2859	5267
总计	206	10732	20918

表25.1表明，豪华"飘浮旅店"要远远多于二星级的游船，并且船舱数量也是它的好几倍。大多数船舱都有两张卧铺，说明"夫妇"市场的重要性。大部分游船都安装了空调和水处理系统。船上高档设施包括甲板酒吧、娱乐活动区和小型游泳池、娱乐休闲室、餐厅和奢侈品店。

尼罗河游船之旅的特点

● 尼罗河游船是一种独特的旅游产品，它是一种采用浅船舷四甲板的船舶。大多数都是标准化的"鞋子盒"设计，但是有些已经被改造成库克时代所使用的明轮船（paddle steamer）。游船的重点放在了观光和舒适上面，而不是强调速度。最新的游船沿尼罗河逆行速度可达到每小时16公里，顺行时达到每小时22公里。

● 尼罗河游船之旅的航道范围从国王谷（古代底比斯的所在地点）开始，北到卢克斯特和卡尔奈克，到南部的阿斯旺之间。沿途游客在埃德夫（Edfu）参观多座神庙，最后抵达阿斯旺，参观这座长3公里的高坝和菲莱岛（Philae）神庙。

● 阿斯旺的南部，由于大坝的建成，形成了一个长度达到500公里的大湖泊——纳塞尔湖（Lake Nasser），当地人把它称为"努比亚海"，这条路线已经开通。然而，大家对这个巨大人工湖泊的美景还不太了解，当然，阿布辛拜尔（Abu Simbel）神庙是十分有名的，它是联合国教科文组织（UNESCO）为了避免其被洪水淹没抢救出来的。

● 大多数游船航行需要3～11天时间。较短的路线是从卢克斯特到阿斯旺的单程线路，然后，通过开罗飞往全国各地的航班完成旅程的其他部分。较长时间的巡游能够充分享受观光的乐趣，还可以登上尼罗河两岸进行短途游览。有些时候，旅游组织者提供这种"巡游及上岸观光"服务，就是让游客在卢克斯特或阿斯旺的酒店里住一两个晚上，这就给旅行生活增加了更多色彩。

● 尼罗河之旅的高峰季节是从10月到来年的4月，这时的气候十分理想。游船在夏天淡季的时候也是运营的，但是由于天气十分炎热，价格也会降低很多。

● 游船的工作人员一般都是在当地招募的，根据工作内容的不同培训员工的时间从几个星期到几个月不等。

● 路上接待一般是由埃及旅行机构来组织管理的，它们为旅行团提供交通和向导服务，它们的大多数都与国内大型旅游承办商签订了合同。

● 尼罗河游船业的基地在卢克斯特，作为一座国际旅游中心，它拥有悠久的历史，1922年哈沃德·卡特（Howard Cater）发现了少年法老图特卡蒙（Tutankhamun）陵墓和大量珍宝，这个地方因此而闻名于世。至今为止，除了乘船之外还很难抵达卢克斯特。1995年修建了一条通往国王谷的新公路，两年后又建造了一座连接卢克斯特和尼罗河西岸的大桥，这样才改善了这里的交通状况。而停靠在河流东岸的移动游船对卢克斯特的住宿接待也是额外的补充。

影响旅游业的问题

● **拥挤**　尼罗河之旅的组织管理很差，当游客乘船抵达一处停靠地时，场面往往混乱不堪，导游、出租车司机和小商小贩都在争取游客。例如，在卢克斯特，大多数旅游团队都被安排在一天的某个时间段乘坐旅游汽车或登上游船，这样当游客和车流交汇在一起时，就会造成严重的堵塞和拥挤。因此，这种情况下需要进行分阶段游览和有效的游客管理，因游客聚集压力过大会对景点造成影响。这种压力可以从12月平均每天参观主要景点的游客人数上得到反映，表25.2列举了这些数据。

表25.2 尼罗河流域平均每天参观主要景点的游客人数

景点	平均每天参观者人数
国王谷（Valley of the Kings）	9297
卡尔奈克神庙（Karnak Temple）	2647
卢克斯特神庙（Luxor Temple）	2426
戴尔·艾尔·巴赫里陵庙（Deir El Bahri）	1074
图特卡蒙陵墓（Tomb of Tutankhamun）	848
王后谷（Valley of the Queens）	743

〔资料来源：古迹最高委员会，卢克斯特〕

- **恐怖主义活动** 从1997年11月国际上广泛报道的发生在哈特谢普塞特（Hatshepset）神庙的恐怖分子袭击事件后，埃及政府已经加强了在卢克斯特地区的安全防范。但是，这次事件导致了游客数量的大幅度减少，特别是来自欧洲国家的游客，表现为在1998年的大部分时间里，卢克斯特酒店的入住率下降了25％。为了改善这种状况，埃及政府主动发起了一场活动，鼓励埃及人大规模地参观古迹，但是这场运动的成功举办使景点的拥挤程度更加严重。

- **港口服务设施** 过夜游船主要停在卢克斯特、依斯纳（Esna）和阿斯旺，然而，这些港口的各种基础设施都十分匮乏和陈旧。在缺乏官方投资的情况下，各旅行机构和游船运营者正在开发他们自己的码头。例如，在卢克斯特，某一特定时段可能有30～80艘游船停靠在东岸码头，有多达7艘一个挨一个地停靠在一起。这意味着乘客不得不穿过一个个游船才能上岸，这给游客带来了风险和不便。

- **污染问题** 大多数游船采用的是柴油发动机，造成了尼罗河的污染，并且在各景点留下腐蚀性的气体。

- **低水位问题** 在每年的特定时间里，尼罗河的低水位状况可能打乱巡游计划安排。目前，政府通过阿斯旺高坝控制纳塞尔水库流出水量来解决。然而，更棘手的问题是：农民必须使用的化肥不得不流失。现在，每年尼罗河的定期洪水已经不会出现了。这就促进了藻类植物和杂草的生长，不仅破坏了河流的生态平衡，而且这些植物对游船的螺旋推进器造成损坏。

案例回顾

　　本案例说明尼罗河游船之旅有着较长的历史背景，它是埃及旅游业一个重要的组成部分。这种旅游形式被认为是参观尼罗河和各地古迹的最佳方式。然而，尼罗河游船业正遭受一系列问题的困扰，如较差的组织管理，特别是在游船的停靠点处，这必然给旅游经历带来不良影响。另外，巡游活动很容易受到尼罗河水位和污染的影响，旅游活动还与埃及和整个中东地区的治安状况密切相关。

讨论与作业

　　1. 调查1997年发生在卢克斯特的恐怖分子袭击事件及其对埃及旅游业的影响程度。此次危机以后，政府采取了哪些有效的方法来恢复外国游客对埃及旅游的信心？

　　2. 说明尼罗河沿岸各停靠点在组织和交通管理方面的不足之处，并提出切实可行的方法来改善这种状况，使游客和以游船业为生计的人们都受益。

　　3. 描述在尼罗河上游值得旅客参观的闻名于世的一些古迹景点，并解释为什么古埃及文明一直以来都能吸引世界各地的人们。

　　4. 从20世纪90年代后期以来，尼罗河游船之旅面临需求下降的状况，相对而言，海洋游轮旅游却出现较大的增长。讨论你怎样培养35～54岁之间的人群对尼罗河游船之旅的认识和兴趣。

参考文献

Fawzy, A. (2001) The potential for corporate meetings on Nile cruises. *Hospitality Review*, 3 (3), 52–55.

Pakkala, L. J. (1990) Egyptian tourism: cruising for growth. *The Cornell Hotel and Restaurant Association Quarterly*, 31 (2), 56–59.

Rivers, J. (1998) Thebes (Luxor, Egypt) traffic and visitor flow management in the West Bank of the Necropolis, in M. Shackley (2000) *Visitor Management: Case Studies from World Heritage Sites*. Elsevier Butterworth-Heinemann, pp. 161–181.

网址

http://www.idsc.gov.eg

案例 26
CAMPFIRE：由当地社区参与的狩猎旅游

简 介

本案例介绍非洲一项有创意的旅游项目，就是由当地社区管理的野生动物旅游资源开发，这样当地社区能够直接从旅游业上受益。完成本案例后，你将：

1. 了解非洲野生动物管理的有关问题。

2. 掌握在CAMPFIRE旅游项目中，当地社区对野生动物管理的基本原则。

3. 了解打猎和狩猎旅游项目的重要因素。

4. 了解反对狩猎的人士对此旅游项目的反对意见。

5. 必须认识到CAMPFIRE旅游项目是社区参与旅游开发的一个好案例。

关键问题

本案例涉及5个关键问题：

1. 非洲旅游业面临许多挑战，迫切需要加强野生动物的可持续开发管理，同时让当地社区从旅游开发中获益。

2. CAMPFIRE旅游项目的重点是打猎和狩猎旅游。

3. CAMPFIRE旅游项目是当地政府、非洲本地社区和旅游部门的合作项目，它授权当地人管理本地的旅游资源，并且通过开发野生动物资源来受益。

4. 西方一些反对狩猎的环境保护者对CAMPFIRE旅游项目持反对意见。

5. CAMPFIRE旅游项目是一个以社区为主导的旅游开发与管理的成功案例。

CAMPFIRE项目

　　CAMPFIRE（Communal Areas Management Programme for Indigenous Resources，即共有区域本地资源管理项目）于20世纪80年代在津巴布韦成立，并很快推广到非洲南部的许多其他国家。它的主要内容是由当地非洲社区管理开发野生动物资源，从旅游活动中获得收入。当然，野生动物保护活动本身并没有结束。

　　目前，津巴布韦农村地区以及非洲的其他地方还存在以下问题：

- 人口危机，有些地区的人口数量每20年就翻一番。
- 实际收入下降。
- 投资数量下降。
- 气候变化，随着干旱越来越频繁发生，对占人口总数80％的农民的生存产生较大影响。

　　与此同时，野生动物的栖息地面积正在缩小，导致以下后果：

- 过度放牧导致野生动物保护区的生态环境退化。
- 保护区外的非洲农场遭到破坏。例如，大象踩踏农作物，食肉动物捕食家禽等。

　　从传统上讲，津巴布韦野生动植物作为社会共同资源，一直由非洲各部落的首领和其议会来控制管理和利用。根据英国殖民统治的法规，即在罗德西亚（津巴布韦共和国的旧称）时期，国家是野生动植物这项财产的所有者，并且只有白人定居者才拥有狩猎的权利，同时白人被授予了最好的农业土地。而边缘的区域分配给了各部落作为"共有土地"。20世纪50年代和60年代，Hwange和Gonorezhou国家公园的建立将数以千计的Shangaan部落的村民逐出了他们的土地，而没有给任何补偿。当80年代津巴布韦非洲民族联盟（ZANU）上台执政时，这种情况仍旧没有得到改善，而Shangaan部落人利用偷猎运动来直接反抗这种国家公园体制。于是，政府只好将野生动植物的所有权移交给了当地社区。CAMPFIRE项目是一项由地区议会（代表当地社区）与旅游业私人部门的合作产物。

　　虽然有少数实施CAMPFIRE项目的社区参与了旅游公司在赞比西河（Zambezi）上开展的漂流活动（white-water rafting），向生态旅游者提供豪华的露营帐篷，但是这些社区的大部分收入还是来自打猎狩猎项目，一般采取如下方法：

- 狩猎公司支付租金使用公共土地，并且雇用当地人作为向导。
- 打猎者支付狩猎费和战利品费，狩猎一头成年大象的费用大约是1万美元，这是最受欢迎的项目。狩猎者可以保留战利品，而动物肉一般分配给了当地村民，他们每天的食物中缺乏蛋白质。

出于可持续开发的目的，参照世界自然基金会的建议，由地区议会决定每年可以被狩猎的动物数量配额。而收入分配给了当地村庄，每一个村庄都有一个CAMPFIRE项目委员会，它们决定这些收入如何花费。

从非洲人的立场出发，CAMPFIRE项目是合情合理的，理由如下：

- 它虽然降低了游客数量，但提高了旅游收入。虽然费用较高，但并不缺乏富有的客户光顾。狩猎旅游比在肯尼亚开展的其他旅游项目，如越野车队进行的摄影之旅（photo-safari），对环境的影响要小，另外，狩猎旅游项目带来的人均外汇收入也较多。
- 这种大型的狩猎活动对野生动物的种群保护是有益的，因为通过有选择的狩猎，野生动物的数量被限制在生态环境可承受的范围内。实际上，在实施CAMPFIRE项目的地区，大象数量已经增长了，因为偷猎者再也不可能指望得到当地社区的默许。
- 在几乎什么也不能出产的边缘地区，兽皮和象牙是有价值的野生动物资源。1989年联合国保护濒危物种国际贸易组织（CITES）取消禁止象牙出口的规定，这样的话，津巴布韦每年可以从日本等进口国那赚取高达5000万美元的收入。但这些象牙必须来自合法捕杀的大象。
- 狩猎项目使当地社区受益，收入用于急需的学校、诊所和基础设施的建设。它鼓励当地人的经营和参与。单位面积土地上从狩猎项目得到的收入是养殖牲畜收入的4倍多。这一点也不奇怪，在津巴布韦，目前整个国家土地的1/3面积都留给了野生动物保护区，包括私人保留地、狩猎牧场和政府管理的国家公园。

对非洲南部CAMPFIRE项目的反对声音主要来自美国的环境保护主义者。例如，很有影响力的动物权益保护组织人权社会反对一切形式的狩猎行为。未来这项旅游活动的开展与否还悬而未决，因为CAMPFIRE项目作为外国援助的一部分，每年都需要美国国会的批准。作为一种"新殖民主义"的象征形式，在非洲的许多地方也能看到这种大型的狩猎活动。但是，从21世纪初期经济和政治形势的变化方面来看，CAMPFIRE项目在津巴布韦的运作本身就存在许多问题。

案例回顾

本案例彰显一个以社区为主导的成功运作旅游业的例子。CAMPFIRE项目的成功实现了两方面的目标，一方面，给当地土著社区带来了旅游收入，与此同时，对非洲野生动物资源的可持续性开发也起了促进作用。CAMPFIRE项目证明了当地社区可以因地制宜实现自给自足。另一方面，有一些人反对这种娱乐性质的狩猎活动，毫无疑问，非洲的旅游部门需要更多这类有创意的项目。

讨论与作业

1. 讨论西方社会将其价值体系强加于非洲的野生动物资源保护之中，这种做法是否合理。

2. 从各利益相关者的角度出发，讨论非洲南部的打猎和狩猎旅游所涉及的伦理问题，这些利益相关者包括非洲农村社区的代言人、在此地工作的各个非政府组织（NGOs）、旅游项目管理者、动物权益保护游说者以及游客本身。

3. 设计一些宣传材料分发给底层的普通非洲村民，使他们树立这样的理念：将野生动物资源视为需要保护的一种资产，而不是一种负债。

4. 尽管开展了诸如CAMPFIRE这类项目，为什么非洲南部野生动物的未来仍然受到许多威胁？

5. 调查到访非洲南部野生动物保留地游客所使用的交通工具和他们的住宿情况，并且提出相关建议和方法，让狩猎活动可持续发展。

参考文献

Dieke, P. (2000) *The Political Economy of Tourism Development in Africa.* Cognizant, New York.

Gamble, W. P. (1989) *Tourism and Development in Africa.* John Murray, London.

网址

http://www.panda.org/about_wwf/what_we_do/policy/indigenous_people/on_ the_ground/zimbabwe.cfm

http://www.unsystem.org/ngls/documents/publications.en/voices.africa/number6/vfa6.08.htm

http://wildnetafrica.co.za/bushcraft/articles/document_campfire.html

http://www.worldbank.org/wbi/sourcebook/sbxc05.htm

2.3 亚洲和大洋洲

案例 27
尼泊尔（Nepal）的探险旅游

简　介

尼泊尔给西方游客提供了一个进行野外探险活动的优良环境，并且在高山攀登方面享有盛誉。本案例分析了尼泊尔探险旅游的组织和影响。完成本案例后，你将：

1. 了解尼泊尔的旅游资源，以及它们作为探险旅游的基础所起的作用。

2. 了解在尼泊尔跋涉（trekking）旅行活动的组织和管理。

3. 了解尼泊尔探险旅游对经济的贡献。

4. 了解旅游业对尼泊尔的环境和社区产生的巨大影响。

5. 了解应对尼泊尔探险旅游所造成影响的各种策略方法。

关键问题

本案例涉及4个关键问题：

1. 尼泊尔给各种探险旅游项目提供了一个理想的资源场所，例如登山、跋涉旅行、山地自行车运动等。

2. 跋涉旅行是尼泊尔旅游产业的主要产品，和其他探险旅游一起，对尼泊尔经济贡献很大。

3. 尼泊尔境内的探险旅游已经给环境和当地社区带来了许多负面影响。

4. 开展多种旅游方案，通过安纳普尔那峰（Annapurna）保护区项目，来减少这些负面影响。

尼泊尔的探险旅游

尼泊尔印度教（Hindu）王国位于印度和中国之间。尼泊尔给西方游客提供了一个进行野外探险活动的优良环境。实际上，令人惊奇的是，以北美人的眼光来看，这个人口密集的高山国家，几乎没有无人居住的荒野之地。野外探险旅游包括下面一些相关活动：

● **高山攀登**　攀登安纳普尔那峰的探险队是第一个被容许进入尼泊尔的西方游客团。3年以后的1953年，希勒瑞（Hillary）和丹增（Tenzing）从南坡成功登顶珠穆朗玛峰（Mount Everest），并轰动了全世界。由于天气状况极其恶劣和高海拔缺氧，攀登喜玛拉雅山是十分危险的。即使像安纳普尔那峰这样高度的山脉也比阿尔卑斯山脉的任何一座山峰高出很多。在这种情况下，大多数探险队的组织阵容都十分奢华，包括登山队员、复杂的装备、少数夏尔巴人（Sherpa）向导和提供物流支持的行李搬运工。一些登山者，如由莱因霍尔德（Reinhold Messner）领队的登山队却采取简单方案，并且，他证明了攀登超过8000米的高度不需要使用备用氧气是可能的，其他人依靠绳索和以前探险家放置的梯子等设施前进。实际上，有些山峰是非常热门的，需要在几年之前"预定"攀登，并且登山运动日益成为公众关注的焦点。另外，由多次探险留下的垃圾堆——特别是在珠穆朗玛峰——已经成了环境保护的污点，需要一次大规模的清扫。

● **河流漂流**　尼泊尔有许多湍急的河流，包括翠苏里河（Trisuli）、桑科西河（Sun Kosi）和格尔纳利河（Karnali），这些给橡皮船和皮划艇运动提供了理想条件，特别是前两条河流，可以很容易从加德满都（Kathmandu，尼泊尔首都）出发到达。

● **山地自行车**　如同河流漂流活动一样，年轻的西方游客经常将它和跋涉项目结合在一起，并在海拔相对较低的地方举办。

● **跋涉旅行**　本案例将在这方面作重点研究。

跋涉旅行介绍

在尼泊尔，跋涉旅行是最流行的旅游活动。在20世纪90年代后期，跋涉旅行者占了所有游客的1/4。从20世纪60年代开始，跋涉旅行作为区别于登山活动的一种项目发展起来，跋涉路线是建立在珠穆朗玛峰和安纳普尔那峰探险队所走过的路线基础上的。跋涉活动和徒步旅行有一些不同之处，它是一种按"非常规路线"进行旅游的方式。一般来讲，跋涉者有向导陪同，有组织地进行徒步活动，同时有后备队（包括厨师和提供食物供应和设备的搬运工）。虽然可以特制每条路线来满足一些小规模旅游团的要求，但是大多数跋涉活动在组织方面与包价旅游的其他形式区别不大。面向西方游客的旅游承办商开展营销宣传活动，将游客在其所在国聚集在一起，安排申请跋涉活动特许，而这对于单个旅行者来说，可能要花费较长时间向尼泊尔的市政当局申请。同其他旅游承办商一样，如果对某些特殊线路的需求不足，那么运营者可能选择拼团。有些旅游界的专家认为跋涉并非是真正可持续的旅游活动，我们也清楚地看到有证据支持这一观点。

跋涉活动的组织

尼泊尔跋涉旅游资源丰富，有着世界上最壮丽的景观，在这块土地上生活着繁衍生存了数世纪的各民族，以及适合游客的各种跋涉路线和项目。

● 长距离跋涉。如安纳普尔那峰环线，需要3周时间，并且要应付海拔从1000米到超过5000米的各种陡峭坡度。这就需要有较强的适应性，因为在这种高海拔地区可能有缺氧的危险，即使对有经验的徒步旅行者和登山者也一样。

● 另一方面，一些短途的跋涉项目只有3天时间，在海拔低的、较平坦的地区都可以开展此项活动。

目前，已有的跋涉线路都保持良好，跋涉旅行者很少距离村庄太远。另外，沿途有大量住宿设施和茶馆等基本接待设施，能够满足游客需求。

然而，尼泊尔的跋涉活动具有很强的季节性，气候条件的限制意味着大多数的跋涉活动都集中在每年10～12月之间（在大雪阻塞高山通道之前）和雨季之前的3～5月。

尽管正在开发一些新区域来满足需求，但是尼泊尔的西北地区实在太遥远。因此，跋涉活动高度集中于尼泊尔中部和东部地区，包括：

- 由于路线和住宿基础设施情况良好，博卡拉（Pokhara）西部的安纳普尔那峰最受跋涉旅行者和旅行机构的欢迎。景点包括世界闻名的最深峡谷Kali Gandaki大峡谷和安纳普尔那峰野生动物保护栖息地。特别是，本地区拥有丰富的植物和动物种类，包括100多种兰花和濒危野生动物雪豹等。

- 从Lukha到珠穆朗玛峰山脚下营地的"珠穆朗玛线路"，对跋涉旅行者的要求比安纳普尔那峰环线高出许多，对高海拔环境的适应性是十分重要的。这条线路包括Khumba地区的夏尔巴人村庄、著名的Thyangboche喇嘛寺和通往世界最高山峰的孔布（Khumbu）冰川。这里的大部分地方都被指定为萨加玛塔（Sagarmatha）国家公园。

跋涉旅游的影响

经济影响

据估计，跋涉旅游提供了大约2.4万个全职工作和2万个兼职工作。在安纳普尔那峰地区，60％的人是依靠旅游业为生计的。特别是Thakali族人，由于在安纳普尔那峰环线的大部分住宿是由他们经营的，他们从跋涉旅游中获益显著。然而，当地经济发展十分落后，以至于不能提供西方游客需要的大部分商品和服务，所以必须通过进口解决，经常从印度进口。结果造成平均每位游客每天花费的3美元中，实际上只有其中的20美分对当地农村经济作出了贡献，对尼泊尔整个国家来讲，几乎60％的旅游业收入作为进口消费流出了境内。然而，在Khumba地区，这个尼泊尔海拔最高、最贫瘠的地区之一，夏尔巴人的生活习俗在几十年的时间里发生了彻底转变，从基于牦牛的游牧生存状态发展到现金交易经济。长久以来的传统是，商客穿越高山去中国西藏，需要雇用夏尔巴人至少半年的时间，充当向导和货物搬运工。另外一些人在茶馆、出售当地手工艺品的商店、提供住宿的客栈工作。从旅游业得到的收入，加上希勒瑞（Edmund Hillary）先生从国际捐赠筹集的资金，使这里已经建起了许多学校和基础设施。这些影响在南迦巴札（Namche Bazar）表现得更明显，以前它只是一座小村落，但是现在成为一个重要的旅游中心，几乎这里的每个建筑都是旅馆或是古董商店。

另一方面，旅游业关注组织（Tourism Concern）强调有些旅行承办商过分剥削跋涉旅行者依靠的货物搬运工。与大众看法相反，大多数货物搬运工都是从亚热带丘陵地区的农村招募来的，不同于夏尔巴人，他们不能适应负重60公斤在高纬度地区行走。如同跋涉旅行者一样，他们也容易患高原反应病。加上鞋子和衣服不充足，他们很容易遭受冻伤等相关疾病的威胁。

社会和文化影响

以前喜玛拉雅村民外迁的比例很高，但是跋涉和登山探险带来的商业机会已经抑制了这种现象的发生。同时，医疗条件的改善和经济的繁荣促进了人口的高增长。然而，如同其他第三世界国家一样，贫穷的农村社区和富有的西方游客在生活方式和观念上有较大的差距，并由此导致了许多问题，它们包括：

- 由于从事旅游服务的人与从事农业生产的村民在赚钱方面的较大差别，导致了传统农业社会结构的瓦解。
- 年轻的夏尔巴人争相效仿西方生活方式而产生的示范效应。
- 向游客乞讨的事件经常发生，特别是小孩子占多数。
- 传统文化遗产的丧失。有直接的，例如各种艺术品被偷运并在国际艺术品市场上出售；也有间接的，例如工匠们通过改变他们的设计来迎合西方游客的口味，比如为了销售唐卡（thankas），将其过度包装。

环境影响

虽然国家公园和其他保护地的建立证明了尼泊尔保护资源的决心，但是国家森林资源已经在减少，而跋涉旅行者的到来使得这种情况更加糟糕。没有便宜的可再生能源可利用，村民们就用木头来取暖和做饭。陡峭山坡上森林的消失加剧了土地的侵蚀。尼泊尔每年有4000平方千米的森林消失，导致严重的洪水和山体滑坡。跋涉旅行者的活动加剧了尼泊尔的环境问题，包括：

- 沿途的住宿设施需要木材取暖和做饭，木材大多来自原始森林，在高海拔地区它们再生的速度很慢。
- 跋涉旅行者丢弃了大量垃圾，包括塑料水瓶和卫生纸。
- 旅行帐篷营地产生的各种废物污染了当地的水源。

另一方面，在萨加玛塔国家公园实施的严格保护措施对已受旅游业威胁的传统农业体系造成了更多的困难。

相比其他形式的旅游，跋涉旅行更具有对新的、未开发的地区的永不知足的需求特点，不仅在尼泊尔，在其他国家也是如此。喜玛拉雅西部的Ladakh地区和印度部分山区已经加入了竞争行列，同时，不丹（Bhutan）颁布了对旅游业严格控制的措施，来保护其自然和文化资源。还有在印度次大陆之外的跋涉旅游目的地，包括南美洲的安第斯山脉（Andes of South America）和非洲的沙漠与山区。尽管旅游业对当地社区的文化和环境产生了较大影响，但在经济方面可展示的地方却不多，因为尼泊尔仍然是世界上最贫穷的国家之一。

安纳普尔那峰保护区项目

在安纳普尔那峰保护区项目中，让当地社区参与等措施提供了解决问题的一种方案。这是一个旅游承办商和当地企业之间的合作项目，它提倡可持续发展，防止热点跋涉旅行线路的生态环境遭受破坏。此项目覆盖方圆2600平方公里的区域。其保护策略包括：

- 对每一位前往保护区的游客征收一笔通行进入费。
- 利用太阳能或煤油来代替木材，并且大力发展小型水力发电项目。
- 开展重新造林，加强森林管理，让当地村民合理地使用资源。
- 提高游客和当地社区的环境保护意识。

案例回顾

本案例阐述如何利用尼泊尔的资源和登山活动开发各种探险旅游产品。然而，尽管探险旅游给尼泊尔经济带来积极作用，但是它也给社会和环境带来了许多重大影响。这已经引起了国际的广泛关注，尼泊尔有必要着重整顿旅游业，加强开展像安纳普尔那峰保护区那样的保护项目。

讨论与作业

1. 调查跋涉旅游可持续发展的方法，例如回收利用废弃物。

2. 为旅行组织者草拟一份行为准则，尊重货物搬运工的权利和改善他们的工作条件，同时，充分考虑尼泊尔经济和社会生活现状。

3. 区分探险活动的"软件和硬件"。说明在西方发达国家对诸如跋涉旅行、登山和漂流等运动项目的需求增长情况。西方社会中哪一群体的需求量最大？

4. 使用互联网和各种假日宣传手册，选择较合适的跋涉旅游路线，并向下列人群提出合理建议：一群有过远足旅行经验的大学生；一位退休的银行经理，有心脏病和肺病家族史。

参考文献

Adams, V. (1992) Tourism and sherpas: Nepal: reconstruction of reciprocity. *Annals of Tourism Research*, 19 (3), 534–554.

Baumgartner, R. (1988) Tourism and socio-economic change: the case of the Rolwaling Valley in Eastern Nepal. *Tourism Recreation Research*, 13 (1), 17–26.

Cockerell, N. (1997) Nepal. *International Tourism Reports*, 1, 40–57.

Deegan, P. (2003) Appetite for destruction. *Geographical*, 75 (3), 32–36.

Goddie, P., Price, M. and Zimmerman, F. M. (1999) *Tourism and Development in Mountain Regions*. CABI, Wallingford.

Godwin, S. (2003). Trekking into trouble. *Geographical*, 75 (3), 22–27.

Guha, S. (2001) An altitude problem. *Tourism in Focus*, 37, 4–6.

Gurung, C. and De Coursey, M. (1994) The Annapurna Conservation Area Project: a pioneering example of sustainable tourism, in E. Cater and G. Lowman (eds), *Ecotourism: A Sustainable Option*? New York, John Wiley and Sons.

Holden, A. and Sparrowhawk, J. (2002) Understanding the motivations of eco-tourists: the case of trekkers in Annapurna, Nepal. *International Journal of Tourism Research*, 4 (6), 435–446.

Nepal, S. K. (2000) Tourism in protected areas: the Nepalese Himalayas. *Annals of Tourism Research*, 27 (3), 661–681.

Shackley, M. (1994) The land of Lo, Nepal: the first 8 months of tourism. *Tourism Management*, 15 (1), 17–26.

Shackley, M. (1995) Lo revisited: the next 18 months. *Tourism Management*, 16 (2), 150–151.

Sharma, J. (1997) Nepal: too many tourists build a mountain of problems. *Contours*, 7 (11/12), 11–12.

案例 28
马尔代夫（Maldives）：岛国的旅游业

简　介

马尔代夫位于印度洋，拥有原始的海洋环境。本案例研究马尔代夫旅游业的特性和相关发展状况。完成本案例后，你将：

1. 了解马尔代夫的特点和其旅游业的规模。
2. 充分意识到马尔代夫海洋环境的脆弱性，以及它的旅游价值。
3. 了解马尔代夫的旅游资源和设施。
4. 了解这个岛国的文化和宗教特点，以及对旅游业的潜在影响。
5. 了解关于马尔代夫旅游度假地开发和营销宣传方面的问题。

关键问题

本案例涉及5个关键问题：

1. 拥有天然海洋环境的马尔代夫群岛分布在印度洋广阔的海洋区域内，这给旅游带来了许多交通和物流方面的问题。

2. 马尔代夫主要旅游资源是由环状珊瑚岛构成的海洋环境，尽管其文化也具有吸引力。

3. 旅游业发展易受岛国文化和宗教传统的影响。

4. 马尔代夫旅游业处于一个典型的两难选择之中，即为了保护海洋环境，开发旅游业应该达到怎样的程度才算是合理的。

5. 马尔代夫政府已经制订了开发和营销规划来控制旅游业的发展，确保吸引高端游客。

马尔代夫概况

马尔代夫位于印度次大陆西南部，是印度洋上一个独立的共和国。从地质上讲，马尔代夫由26个环状珊瑚岛组成，包括大约1200座珊瑚岛屿和数百个小型沙丘浅滩。马尔代夫是由几百万年前的火山喷发形成的，当火山活动平息之后，就留下了许多珊瑚礁。所有岛屿的高度都很低，平均高于海平面不到2米，这样很容易受到海平面长期上升的影响。并且，这些岛屿分布在印度洋上十分宽阔的海洋区域内，从北到南超过800公里，从东到西有130公里以上。这必然使游客面临各种交通问题。实际上，在旅游业开发的早期阶段，许多专家认为如此远的距离几乎不可能发展旅游业。马尔代夫的气候是炎热和潮湿的，每年的5～10月是雨季，海洋的温度介于25～29℃之间，十分适合沙滩旅游、潜水和各种水上活动。

旅游度假胜地只在无当地人居住的岛上进行开发，这样做的好处有：

- 可以保证游客的独处而不受干扰。
- 对岛上文化的负面影响降到了最低。
- 把旅游业与其他部门在稀缺资源方面的竞争降到最低。

岛上居民都是虔诚的穆斯林，除了在旅游度假地，任何酒类饮料都是被禁止的。岛上有许多清真寺。参观首都马累（Male）时，要求游客着装端庄，尊重伊斯兰传统。除了当地的Dhivehi语之外，英语是第二种广泛使用的语言。

除旅游业以外，渔业是马尔代夫一项重要产业。然而，旅游业是经济支柱，理由如下：

- 旅游业提供了岛上45%的工作岗位。
- 旅游业使岛上的居民生活质量得到提高。
- 通过对游客的收税（包括机场税和住宿税），建设了许多娱乐和旅游设施。
- 旅游业占了本国国内生产总值的56%。
- 旅游业占据了投资总数的1/4。

旅游需求

　　马尔代夫每年接待大约30万国际游客，大多数来自欧洲（德国、意大利和英国），其他重要的客源来自日本、澳大利亚、印度和南非。北美市场对马尔代夫来讲还属于开发阶段，但其增长潜力巨大。旅游需求在20世纪90代一直是稳定增长的，预计今后包括床位需求等还将增长。

旅游资源

　　● **海洋生态环境**　马尔代夫群岛的主要旅游资源就是自然海洋生态环境，这里的珊瑚礁和海洋生物在世界上是独一无二的。大多数抵达马尔代夫的游客都是来体验这里的海洋生态环境，或者进行水类项目运动。每一座度假海岛（包括许多小岛）都有潜水基地，这里的"珊瑚房"（house reef）距离游客的住所不远，涉水或者游泳都能抵达。深潜（scuba diving）、浮潜（snorkelling）、晚上潜水和漂流潜水都是这里的特色项目，垂钓、水下摄影等各种水类运动也很流行，并且许多度假酒店还拥有室内外运动设施、游泳池和其他室内活动，它们是游览珊瑚礁的补充。但却导致这样一个问题，即空调、游泳池和体育馆等设施的能源消耗是否会影响当地旅游业的可持续发展。

　　● **马累**　首都马累是只有几家商店和餐馆的小城镇。虽然马累拥有马尔代夫2/3的人口，但是对游客的吸引力却不大。它的Hulhule国际机场是通往各海岛的门户和枢纽。

　　● **度假岛和游船**　马尔代夫的旅游业是近年来才发展起来的，第一个度假岛于1972年开放。到20世纪90年代末，旅游已经在73座岛屿上发展起来。游客可以将其中的一座小岛作为根据地，或采用游船上的"浮动床"（floating bed）进行旅游。到20世纪90年代末期，度假岛上约有1.2万张床位，各类游船能提供1500张床位。各度假岛设备齐全，所有游客需要的东西往往是进口的，当然，个别岛屿正尝试着种植一些蔬菜。水是经过海水淡化处理的，并且每一座岛都有自己的船队。旅游服务人员一般在海岛上短暂工作后，返回首都马累和家人团聚几天。这种情况使各个景点岛屿之间的隔离更加严重——游客们经常不得不在他们选择的岛屿上住上一段时间，除非他们选择环岛一日游。在住宿接待方面目前有两种趋势："全包度假旅游"逐渐流行起来；虽然大多数的住宿场所都是当地旅游经营者从各岛屿的所有者马尔代夫政府租用的，但一些国际酒店公司（如希尔顿、四季集团和地中海俱乐部）在这里也开始运作经营。

交　通

对所有海岛旅游地来说，游客能否乘飞机抵达决定了其旅游发展的成败。马尔代夫属于飞机难以进入的旅游目的地。目前，有从欧洲（英国和德国）出发的包机，还有一些定期的航班，包括：

- 兰卡航空公司（Air Lanka）。
- 阿联酋航空公司（Emirates）。
- 罗达航空公司（Lauda Air）。
- 马尔代夫航空公司（Air Maldives）（部分国有化）。
- 新加坡航空公司（Singapore Airlines）。

然而，这些定期航班都是从各航线的航空中心发出的，所以，目前还没有从其主要的客源地直接发往马尔代夫的定期航班。

通往各旅游海岛的主要门户是Hulhule国际机场，该机场距离首都马累乘快艇只需很短时间。但是，游客到达每一座岛屿必须从机场转乘其他交通工具。有时候这种转乘的距离较长，并且价格较贵，因为有许多景点离马累超过120公里。可以通过以下方式转乘：

- 传统的帆船或Dhoni（速度慢并且很少使用）。
- 快艇（由于从Hulhule国际机场抵达某些景点需3个多小时的行程，这种方式逐渐不流行了）。
- 水上飞机（由于距离远，目前大多采用这种交通方式）。

本世纪初期，曾经使用俄罗斯制造的直升机运送游客，但是由于安全方面的因素，导致这种飞机退出交通服务。目前，有两家公司——马尔代夫空中客车（Maldivian Air Taxis）和蜂雀（Hummingbird）公司进行水上飞机运营。然而，由于水上飞机不能在夜间降落，在夜晚抵达和离开的游客不得不在马累住一个晚上，然后才能在第二天的白天转乘。对于那些遥远的海岛来说，目前正在修建支线飞机跑道，可以在晚上降落飞机，并且鼓励这方面的投资。

旅游政策和组织

在马尔代夫，旅游业的发展是不能破坏海洋生态环境的。虽然全球变暖和海平面的上升已经影响了珊瑚礁，但是这些事件是海岛本身所不能控制的。各个度假岛都设有海洋生态保护区并制订了旅游业行为准则。对于那些遥远的海岛，发展旅游业已经成为区域经济发展的一个重要手段。

国家旅游部（Ministry of Tourism）负责监管旅游业发展和管理各个旅游景点。在20世纪90年代末期成立了马尔代夫旅游促进会（Maldives Tourism Promotion Board），该机构负责在国际上宣传各个岛屿景点。海岛旅游是20世纪90年代中期旅游业发展总体规划的宣传主题，并且制订了一系列的营销计划。这些规划与政策将在以下几个方面决定旅游业未来的发展方向。

● **营销** 努力把各海岛定位为世界最佳的生态旅游目的地，并使其目标市场多元化。

● **发展** 马尔代夫旅游发展的关键就是管理快速扩张的旅游市场，2005年已拥有大约1.5万张床位。

○ 包括马累和阿里环礁（Ari atolls）的中心区域，需要进一步加强和完善住宿条件；

○ 向马累和阿里环礁的北部和南部扩展，增加20~30个新景点；

○ 发展南部地区的Vilingili岛屿；

○ 在偏僻的环礁地区，发展区域机场建设，鼓励投资。

案例回顾

本案例说明马尔代夫在发展海岛旅游业与保护自然海洋生态环境之间是如何做到平衡的，游客游览海岛的原因是其自然海洋环境的吸引力。马尔代夫旅游产品的质量已经达到较高水平，旅游业的发展也充分考虑了社会和宗教的传统。

讨论与作业

1. 说明对马尔代夫海洋环境的主要威胁是什么，需要采取哪些措施来保护这些资源。

2. 分正反两方讨论"限制远离社区的岛屿上旅游业的发展"这种政策的利弊。一种观点赞成大力发展旅游业，认为它能够促进不同文化的理解交流。而另外一方面，也很有必要保护本地社区的环境。

3. 在大多数热带旅游地，特别是在马尔代夫，潜水运动是娱乐旅游项目的重头戏。说明在你的国家有哪些组织和企业给潜水者提供服务，以及各种潜水设施和工具。

4. 给一个居住在新西兰惠灵顿有两个小孩的家庭设计一条去马尔代夫度假的旅游线路，包括所有的转乘和中途停留站点，并且给他们详细描述你选择的海岛景点。

参考文献

Anon. (1999) On the beach. *Economist*, 350 (8101), 65.

Fisher, B. (2000) The Maldives. *Country Reports*, 4, 45–64.

Garrod, B. and Wilson, J. (2003) *Marine Ecotourism*. Channel View, Clevedon.

Lambert, J. (2001) Making tourism sustainable in the Maldives. *Hospitality Review*, 3 (2), 22–29.

Sathiendrakumar, R. and Tisdell, C. (1989) Tourism and the economic development of the Maldives. *Annals of Tourism Research*, 16 (2), 254–269.

网址

http://www.visitmaldives.com/intro.html

案例29
巴厘岛（Bali）：旅游危机

简　介

2002年巴厘岛俱乐部爆炸事件对印度尼西亚的海岛旅游业造成很大打击。本案例研究巴厘岛和邻近的龙目岛（Lombok）旅游业在这次危机中的状况。完成本案例后，你将：

1. 初步认识巴厘岛和龙目岛旅游业发展的规模。

2. 了解海岛上的重要旅游景点和旅游设施。

3. 了解海岛的主要地理特点以及和旅游业的相关性。

4. 认识旅游业对海岛的影响。

5. 了解澳大利亚市场的重要性，以及2002年爆炸事件对巴厘岛旅游需求和经济的影响。

关键问题

本案例涉及4个关键问题：

1. 虽然巴厘岛和龙目岛在旅游发展上呈现不同的风格和水平，但是它们却是印度尼西亚（Indonesia）旅游业最发达的海岛。

2. 巴厘岛和龙目岛拥有相当多的自然和文化旅游资源，成为吸引游客的基础。

3. 尽管"黑色十月"〔（2002年10月12号发生在库塔（Kuta）度假地的夜总会爆炸案件〕之前，旅游业带来的经济利益是可观的，但也给当地社区和环境带来巨大影响。

4. "黑色十月"危机事件给巴厘岛的旅游业带来毁灭性的打击。

巴厘岛和龙目岛概况

印度尼西亚的巴厘岛和龙目岛是著名的度假海岛，从它的主要旅游市场——澳大利亚和日本都很容易抵达。巴厘岛西边与爪哇岛（Java）一水相隔，东边距离龙目岛较远，龙目岛的发展较落后。长期以来，巴厘岛具有"热带天堂"的美誉，在这里，温文尔雅、具有艺术美感的居民和自然环境和谐共处。但是，到了20世纪90年代末期，每年光顾的游客超过200万——相比1969年的不到3万人，巴厘岛已经很难维持它原先的形象了。不像印度尼西亚其他很多地方，这两座海岛基本没有受到1997—1998年亚洲金融危机和东帝汶（East Timor）事件的影响。实际上，由于印度尼西亚卢比对西方货币的大幅度贬值，对许多游客来说，巴厘岛成为物有所值的理想目的地。而龙目岛受益于巴厘岛的旅游繁荣，从20世纪80代中期开始，其旅游业也得到了快速发展。

2002年的"黑色十月"事件给巴厘岛的经济带来沉重的打击，因为其经济过分依靠旅游业收入。而此后一些西方政府对恐怖活动威胁的反应使得巴厘岛的情况更加恶化。例如，英国外交及联邦办公厅（Foreign and Commonwealth Office）曾经提出警告，建议国民不要前往此海岛旅游，直到2004年6月才解除警告。同时，由于缺乏订单，数百个手工艺工厂和许多与旅游相关的小企业倒闭，酒店入住率急剧下降到不足50%，很难维持运营成本。面对旅游业大面积的失业情况，许多巴厘岛人不得不返回农村务农。澳大利亚人是这次爆炸事件的主要受害者，因此，面向澳大利亚中产阶层的包价旅游市场需求出现大幅度下降，这一点毫不奇怪。而日本市场的恢复程度较好，表现为旅客数量多，但停留时间短，平均不到一星期。日本的年轻游客发现巴厘岛悠闲的生活方式是逃避本国主流社会传统和规则的最佳方式。目前，年轻的背包客旅游和"五星级"的高端市场似乎已经从2002年的危机中得到了恢复。由于印度尼西亚政府的支持和鼓励，国内旅游开始增长。

巴厘岛的自然和文化资源

巴厘岛人口稠密，大约有300万人居住在这座方圆只有5600平方公里的小岛上，海岛的北部由一连串的火山组成——其中有些是活火山，高度超过2000米。肥沃的火山土壤、季风雨和复杂的灌溉系统是占海岛人口80％的农业社区生活的有力保证。巴厘岛的吸引力在于其多姿多彩的人文和地域景观。其自然和文化资源包括：

● 适宜的热带气候。非雨季从5月一直到10月，这正好是南半球的澳大利亚的冬季时间。

● 风景如画的景色，翠绿的稻谷梯田，郁郁葱葱的群山和火山湖泊。

● 巴厘岛的艺术和文化。有史以来，巴厘岛人就大量吸收借鉴其他国家的文化特点——来自印度的印度宗教（Hindu）和戏曲舞蹈已经成为他们自己独特生活方式的一部分。艺术和宗教仪式也是这座"众神岛屿"日常生活的一部分，在每个村庄都能看到印度教教堂。同时，班查尔人（Banjars）和村委会大力支持和培养本地社区和文化意识，面对大批国际游客的蜂拥而至，这种做法有助于保护这个世界最大穆斯林国家中巴厘岛人的文化。

● 融合了艺术、加麦兰（gamelan）音乐、戏曲和舞蹈的多姿多彩的节庆活动。优美的黎弓舞（legong）舞者已经成为这座海岛最知名的旅游标志。巴厘岛人在他们的宗教仪式上并不介意外来游客的参观，甚至精心布置火葬仪式，使之成为旅游项目。

● 20世纪30年代，巴厘岛的绘画和雕塑艺术在荷兰和其他移居国外的西方艺术家支持下，第一次成为一种个人表现的方式和一种商业活动，这些艺术家引进了新技术和更多的艺术形式。同时，旅游业又促进了新艺术形式的发展，并使一些传统手工艺品得到复兴。

娱乐资源

巴厘岛最有名的娱乐项目就是海滩冲浪和潜水游览珊瑚礁。也有一些利用矿泉水进行的矿泉疗养旅游项目。另外，由于游客的要求而引进的其他一些活动项目，例如，主要针对日本游客的高尔夫球活动已经开展起来了。同时，为了吸引国际的青年旅游者，开展了蹦极和漂流项目等探险体育活动。

住宿和交通

巴厘岛提供了各种住宿条件，从集中于Nusa Dua地区的豪华五星级酒店到简单的海滩平房，还有一些被称为losmen或家庭旅社的小酒店和旅馆，这些旅社遍布巴厘岛，给背包客和自助旅行者提供了实惠的住宿。这些旅店常常是按照传统的巴厘岛村落样式建造的，房子当中都有一个内部庭院，容许游客尝试巴厘岛人的生活方式。由于这些旅社大部分是由当地家庭经营的，因此总体来说，游客在当地社区的花费比在大酒店的消费要多，而多数酒店是由总部位于爪哇岛或海外的公司所拥有。

大多数到巴厘岛的外国游客和国内游客乘坐飞机抵达，国内游客主要来自印度尼西亚的主要城市——雅加达（Jakarta）、日惹特区（Yogyakarta）、苏腊巴亚（Surabaya）。1968年登巴沙（Denpasar）Ngurah Rai国际机场的开放是巴厘岛旅游业大规模扩张的催化剂。有来自澳大利亚、日本、西欧和美国的定期航班和包机服务。其内部交通主要是公路，采用各种交通工具，如bemos（小巴士）和招手停敞篷车，还有轿车、长途汽车和出租车等。

旅游业的影响

虽然巴厘岛人在印度尼西亚政府制订的海岛旅游发展政策方面没有多大的发言权，但是，他们已经体验到了旅游带来的经济利益。在2002年危机之前，旅游业为超过20%的成年人提供了工作岗位。同时，它还是种植稻米的农民一项额外收入来源，因为他们可以将房屋出租给背包旅行者。另外，旅游业还培育了手工艺品市场和以海滩装为主的纺织产品市场。巴厘岛旅游业的平均收入是爪哇岛的两倍。与其他热带海岛相比，巴厘岛的文化具有很强的包容性，并且他们能够宣传推销其文化。然而，旅游业的高增长率和现代化进程必然使岛上有限的土地和水资源更加紧张，并且对巴厘岛的传统文化产生威胁。例如，豪华酒店对电力的需求引发了一场决策方面的争议，即是否应该在一座巴厘岛人举行宗教仪式的山上建造电厂。另一方面，旅游也带来了负面影响，这些包括：

- 每年损失大约1000万平方米的稻田面积，以至于巴厘岛不能生产足够的大米来满足自身的需要。
- 由于挖掘泥沙和为红树林湿地的生长开辟区域，而导致海岸侵蚀的危害。
- 对珊瑚礁的破坏。
- 未经处理的垃圾直接排放造成了海洋污染。
- 水资源的供应问题。因为首先要满足豪华酒店和高尔夫项目的需求，而当地社区却在其次。
- 由汽车和摩托车引起的空气污染和噪声污染。
- 旅游业收入的流失问题。由于国际旅游经营者和酒店连锁集团是该行业的主导，大部分旅游收入归其所有。
- 为迎合西方消费者的口味，大型国际酒店里将巴厘岛人的传统文化进行"浓缩和精简"。例如，典型的kechak舞蹈戏剧一般延续几个小时，但是为了迎合旅游观众，已经将其大幅度地缩短和简化。
- 卖淫和吸毒问题。
- 在旅游业收益分配方面存在区域不平衡。虽然旅游活动正在向海岛的内陆和北部扩展，但是大部分的旅游活动还是集中在海岛的南部地区。

巴厘岛旅游区域

巴厘岛南部

南部地区曾经在农业发展上相对落后，自20世纪60年代起，旅游业的繁荣使这一地区的经济和人口得到了较快的增长。作为海岛的中心，登巴沙已经成为一座拥有40万人口的大城市。它还有许多旅游景点，包括展示巴厘岛人舞蹈、绘画和手工艺的巴厘岛博物馆。南部地区囊括了海岛的主要旅游胜地，这些景点沿着巴厘岛最好的海滩依次布局，并且很容易到达国际机场。下面列举了一些不同的旅游景点：

● **撒那（Sanur）** 在20世纪30年代这个小渔村就吸引了西方艺术家和学者，并给它带来很高的知名度，最终导致60年代海岸设施的大规模开发。这里有许多大酒店和小型平房旅社，其间点缀着许多商店和饭馆，吸引了来自欧洲及澳大利亚、日本和美国的游客。

● **库塔海滩（Kuta Beach）** 库塔海滩获得低端市场的声誉，作为20世纪70年代澳大利亚冲浪者的运动之地，它拥有宽广的、有坡度的海滩，以及汹涌的海浪和海风。这里提供了近1.8万张床位，几乎占了巴厘岛接待能力的1/3。大多数的住宿都是民间的、小规模的旅店，低矮的平房、小旅馆、饭馆和商店比比皆是，从北面延伸到Legian。各种各样的小商贩提供各种商品和服务。从某些方面上说，库塔海滩对于澳大利亚人来说，就像西班牙的某些度假地对英国的年轻度假者一样；旅游的主要目的是体验"阳光和快乐"、快餐、酒吧、迪斯科舞厅，而不是欣赏当地文化。同时，库塔海滩也展示了在这个第三世界国家里本地人和游客之间复杂的关系。年轻的巴厘岛男人已经接受了西方的"冲浪文化"，冲浪板已经成为另外一种艺术形式。来自澳大利亚和其他西方国家那些穿袒胸衣的、爱好日光浴的女性已经成为吸引国内游客的一道"风景线"。这的确具有讽刺意义，因为印度尼西亚自从获得独立以来，新政府就以进步的名义，规劝巴厘岛的女性穿戴不要暴露。

● **努沙度瓦（Nusa Dua）** 绝对是一个高端市场。在20世纪70年代末期，撒那的土地供应就开始不足，于是便在机场南部的Bukit半岛上开发建造以旅游为目的的景点。这个地方有以下好处：

○ 它是一个干旱的石灰石高地，人口稀少并且没有农业利用价值。

○ 旅游业对本地文化的影响通过空间隔离可能降到最低。

○ 海滩都有珊瑚礁的保护，这样十分适合游泳。

努沙度瓦是由世界银行贷款进行项目设计和修建的，目前由巴厘岛旅游发展公司（Bali Tourist Development Corporation）进行管理。这是一个规划精美、风景如画的度假胜地，并拥有自来水过滤场，住宿方面仅限于高档酒店。这种开发已经引起了许多争议，一些人认为这是一种"封闭式旅游"的突出例子，而另外一些人认为这完全脱离了与巴厘岛文化和当地人民的联系，换句话说，努沙度瓦就是一个"旅游的犹太人区"（tourist ghetto），就像在第三世界国家里那些高档度假胜地一样。

巴厘岛中部地区

巴厘岛中部地区以其传统的文化而闻名，许多村庄都擅长于各类手工制品的生产和制造，它们包括：

- 巴杜布兰（Batubulan）——以石头雕刻而出名。其他吸引人之处有为游客表演的传统舞蹈者和Pura Puseh神庙。
- 则鲁克（Celuk）——以擅长制作金银细丝而闻名。
- 苏加瓦蒂（Sukawati）——以木偶戏表演闻名。
- 巴土安（Batuan）——传统纺织编制品制造中心。
- 马斯（Mas）——以制作木头雕刻和面具而闻名。
- 乌布（Ubud）——常常被认为是巴厘岛的文化中心，拥有数量众多的画廊和艺术家工作室。

巴厘岛的北部和东部地区

以前这个地区与巴厘岛的其他地区是相互隔离的，直到20世纪20年代荷兰殖民统治者修建了一条穿越海岛山脉中部的公路。相对来说，海岛的西北部仍然较为落后，有大面积的森林，目前已作为国家公园得到了保护。这里有许多火山遗迹的旅游景点，其中Batur湖泊就是最壮观的一处，宽度达20公里的火山口边缘散布着许多小村庄。Bratan湖泊是一处安静的死水湖，绿色的槐树点缀着风景如画的大自然。目前旅游项目主要是新开发的Candi Dusa海滩。在Pudang Bai港口有定期来访的游船和通往龙目岛的轮渡。

龙目岛

龙目岛是政府扩大巴厘岛旅游业发展政策的主要受益地区。表面上看，龙目岛与巴厘岛的大小一样并有许多相似之处，实际上，龙目岛被认为是一座欠开发的巴厘岛。但是，它们之间有许多重要的区别：

- 龙目岛的气候较干燥，这对农业生产不利——这里是印度尼西亚最贫穷的地区之一，但这种气候对旅游业有利。

● 龙目岛比巴厘岛拥有更好的沙滩。虽然在海岛的北面有许多高山，如Rinjani山，但是岛内的风景却很柔和。

● 两者的生态系统也是不同的，因为两岛之间是很深的龙目岛海峡。华莱士线（Wallace Line）将亚洲的动植物种类与典型的澳大利亚种类分开，因此两岛上拥有不同的动植物种群。

● 两者的文化相差很远。龙目岛的Sasak人都是穆斯林，因此对于西方游客不规范行为的容忍度要低一些。

● 龙目岛给人发展落后的感觉。在"大力推销"旅游项目和商品展示活动方面，比巴厘岛要少许多。

● 龙目岛制订了发展高档旅游项目的策略，使其旅游产品与巴厘岛相比有独特之处。

因此，目前龙目岛集中进行五星级酒店和景点及其相关基础设施的开发，包括修建一座新的国际机场和改善轮渡服务、港口设施和公路网络。龙目岛旅游开发公司已经在海岛的南部和西部购买了许多临近海滩的土地，并且正在和大型房地产开发商组建合资公司。据称，当地一些主要服务于背包旅行者和低端市场的小公司正在被挤出这个市场，因为旅游行业逐渐被日本公司和国外机构所控制。

大部分的开发项目集中在龙目岛西海岸，这里有良好的沙滩、供潜水观赏的漂亮珊瑚礁，以及供帆船和其他水上运动使用的设施。这里主要的景点是距离海岛中心城市Mataram以北几公里的Senggigi海滩，另外，Gili海岛也吸引了许多开发商。

虽然龙目岛有许多以手工艺制作闻名的村庄，如编织、篮子和陶瓷等，但在装饰艺术方面缺乏特色，在文化旅游项目上比巴厘岛少。并且，大多数景点都在中心城市附近，其中包括：

● 查拉勒佳（Cakranegara）——以前的皇家首都，内有梅鲁寺（Pura Meru Temple）。

● Narmada 公园。

● Surranadi寺庙。

案例回顾

巴厘岛和龙目岛在旅游业的开发上呈现出不同的形式和水平。旅游业已经给两个海岛带来很多重大影响，并且这两个海岛都拥有一些独特的自然景观和文化旅游景点。同时，本案例也说明了一次恐怖袭击事件是如何对旅游业造成严重打击的。在2002年"黑色十月"爆炸事件之前，巴厘岛曾经是亚洲与大洋洲东部地区最热门的度假海岛之一。巴厘岛的独特之处在于它的人文和风景，而这些特有资产应该能够保证其从危机中迅速恢复过来。但是，为了当地社区的利益，接下来应该对旅游业进行严格管理和监控。然而，这些都将依赖于印度尼西亚整个国家的政治稳定，以及对付恐怖威胁而采取的安全措施的有效性。

讨论与作业

1. 说明旅游业和西方价值观通过哪些不同的方式影响巴厘岛人的生活方式和艺术传统。

2. "在巴厘岛的旅游业发展中，背包自助旅行者起了很重要的作用，但是，他们并不总是尊重东道主社区的文化。"讨论此论题，并且给在空档年（gap year，念完高中之后可以有一年自由的时间）参观巴厘岛的年轻英国游客提出适当的建议。

3. 分为正反两方讨论危机事件之后，政府对前往这些地区旅游提出建议的合理性，用巴厘岛的爆炸案件作为你的一个例子。同时，要注意恐怖活动对其他东南亚国家的持续威胁。

4. 比较一下，巴厘岛作为澳大利亚人的一个度假胜地所起的作用与地中海岛屿成为英国游客的热门旅游地之间的区别，考虑文化、生活方式、当地人和旅客的收入水平等方面的不同。

5. 比较一下东帝汶岛（于1999年从印度尼西亚独立出来）与"黑色十月"之后的巴厘岛的旅游业发展前景。在以前的案例研究当中，有哪些支持旅游发展的政策能同时适用于这两个海岛？

参考文献

Brace, M. (2003) The road back to Bali. *Geographical*, 75 (10), 26–34.

Dhune, S. (2002) Grounded in paradise. *Far Eastern Economic Review* (31 October), 62–65.

Eber, S. (2003) *FCO Travel Advisories: The Case for Transparency and Balance*. Tourism Concern, London.

Hall, C. M. and Page, S. (2000) *Tourism in South East Asia: Issues and Cases*. Elsevier Butterworth-Heinemann, Oxford.

Hitchcock, M. (2000) Bali: a paradise globalised. *Pacific Tourism Review*, 4 (2/3), 63–73.

Hitchcock, M., King, V. T. and Parnwell, J. G. (1993) *Tourism in South East Asia*. Routledge, London.

Long, V. and Wall, G. (1996) Successful tourism in Nusa Lembongan, Indonesia? *Tourism Management*, 17 (1), 43–50.

Picard, M. (1998) *Bali: Cultural Tourism and Touristic Culture*. Tuttle Publishing, Boston, MA.

Shaw, B. J. and Shaw, G. (1999) 'Sun, sand and sales': enclave tourism and local entrepreneurship in Indonesia. *Current Issues in Tourism*, 2 (1), 68–81.

Sutjipta, N. (2000) The dilemma of tourism in Bali: tourism destroying tourism. *Contours*, 10 (3), 4–12.

Vickers, A. (1998) *Bali: A Paradise Created*. Tuttle Publishing, Boston, MA.

Wall, G. (1992) Bali: sustainable development project. *Annals of Tourism Research*, 19 (3), 569–571.

Wall, G. (1993) International collaboration in the search for sustainable tourism in Bali, Indonesia. *Journal of Sustainable Tourism*, 1 (1), 38–47.

Wall, G. (1999) Research report: mechanisms in support of research efforts: the Bali sustainable development project, a multidisciplinary and collaborative activity. *Tourism Geographies*, 1 (2), 183–191.

Wall, G. and Dibnah, S. (1992) The changing status of tourism in Bali, Indonesia. *Progress in Tourism, Recreation and Hospitality Management*, 4, 120–130.

网址

http://tourismindonesia.com

案例30
袋鼠岛：有争议的旅游开发

简　介

袋鼠岛（Kangaroo Island）是澳大利亚沿海的第三大海岛，也是重要的野生动植物栖息地、旅游目的地和当地社区的家园。在讨论未来旅游业的发展方面，它已经成为一个典型的案例。完成本案例后，你将：

1. 了解袋鼠岛的地理位置和特点。

2. 认识袋鼠岛上的自然资源。

3. 了解袋鼠岛旅游业的组织管理。

4. 认识到自然保护与旅游开发之间的潜在冲突和矛盾。

5. 了解在袋鼠岛上采取的创新性的开发规划方案。

关键问题

本案例涉及5个关键问题：

1. 袋鼠岛位于澳大利亚的南部沿海地区，有着十分丰富的植物和动物种群，已经被列为自然保护区。

2. 这个海岛已经成为面临两难选择的一个经典案例，就是如何平衡旅游业、本地社区和自然保护主义之间的利益。

3. 海岛的自然资源已经开发成为各种旅游产品。

4. 随着从南澳大利亚大陆到海岛交通条件的改善，旅游市场也正在发生变化，海外游客和一日游游客越来越多。

5. 为了解决发展中的两难困境，袋鼠岛正实施一项有创意的规划：旅游最优化模型（TOMM，Tourism Optimization Model），可为其他社区提供借鉴。

袋鼠岛

袋鼠岛位于南澳大利亚海岸线之外，距离阿德莱德（Adelaide）150公里。其主要的特色是有高度达300米的高地，形成壮观的海岸线。即使按澳大利亚的标准来看，岛上也是人口稀少，在方圆4350平方公里的土地上只有4200名居民。这些居民大部分住在金斯科特（Kingscote）和宾尼沙（Penneshaw）的海滨城镇和帕德那（Parndana）附近的内陆。从20世纪80年代起，游客呈现出稳步增长的态势，因此，海岛已经成为南澳大利亚仅次于阿德莱德市的一处重要的旅游胜地。在21世纪初期，旅游业成为海岛经济发展的主要增长点，而以前主要依靠牛羊养殖业。当地农民通过发展农场接待旅游，提供床位、早餐、露营和销售本地特产，获得额外收入和经济利益。因此，当地政府和社区不得不面临在脆弱的环境下发展旅游业带来的挑战。作为南澳大利亚旅游区域的一部分，海岛承诺要保持旅游业的可持续发展。

旅游资源

虽然海岛给人以很偏远的印象，但是，袋鼠岛最大的旅游吸引力就是它的农村生活方式，相比澳大利亚的广阔内地来说，这里更容易接触到澳洲的各种野生动物资源。尽管只有一条狭窄的水域将海岛和大陆分开，但是这已经足够使本地动物免受那些引进动物，如野狗、狐狸和兔子的侵害。本地野生动物包括各种各样的有袋动物，以及南大洋（Southern Ocean）有代表性的海洋生物，例如企鹅、海豹和海狮等。主要的旅游景点有佛林德斯国家公园（Flinders Chase National Park），这里有小桉树野生灌丛和林地，以及海豹湾生态保护公园（Seal Bay Conservation Park），这两个景点每年接待超过10万的参观者。其他旅游资源包括：

● 壮观的海岸线景观形成的自然旅游景点，如奇石（Remarkable Rocks）、古艾帝克岬（Cape Coudic）、舰队拱门（Admiral's Arch）和海洋洞穴。

● 各种运动项目，如帆船、浮潜、深潜和冲浪；在北部海岸还可以租船钓鱼。

- 鸟类观赏。
- 适合休养、观赏野生动物、"树丛漫步"（徒步旅行）的自然原始森林地带。
- 有趣的历史遗址，包括历史悠久的灯塔和船只失事地。
- 各类特色农产品、本地佳肴和葡萄酒。
- 节庆活动——包括赛马和当地集市。

交通和住宿

- 从阿德莱德乘坐快速轮渡很容易抵达袋鼠岛。
- 也可以从距离南澳大陆最近的杰维斯岬（Cape Jervis）出发，乘坐轮渡船抵达袋鼠岛。
- 还可以乘坐小飞机到达。

海岛观光主要依靠客车，很多定制行程（tailor-made tour）采用四轮驱动的游览汽车。宾尼沙是游客进入海岛的门户中心，它为新到游客提供旅游咨询和翻译服务。

住宿方面主要有各种类型的公寓、小型汽车旅馆和酒店，从非正式的宿营场地、农民经营的假日暂住房，到对环境影响较小的度假村和位于佛林德斯国家公园内的"传统式样的平房"（古农舍）。许多地方的住宿条件和设施需要重新修复和升级，让旧貌换新颜。造成这种状况的部分原因是由于小规模的经营和缺乏适当的管理技能，因此，这就成为发展高产出旅游的一个制约因素。

其他限制旅游业发展的主要问题是有限的水资源，以及给本地植被带来破坏的火灾问题。

旅游需求

大部分游客在夏季和学校放假期间来到这里。在20世纪初期，游客的数量已接近15万人。从阿德莱德很容易抵达海岛，主要的旅游景点能够在一天时间内参观完成，因此大约20％的人都是一日游游客。大多数游客是从阿德莱德过来的，另外，国外游客的数量日益增长，并占全部岛上过夜游客的25％。国内游客更倾向于参加岛上的各种娱乐活动，而国外游客认为，观赏野生动物和风景以及体验澳洲的田园生活则更具有吸引力。

组织管理

袋鼠岛有多个涉及旅游管理的组织机构：

● 本地机构。

○ 袋鼠岛地方委员会（District Council on Kangaroo Island）；

○ 袋鼠岛旅游业协会（Tourism Kangaroo Island）；

○ KI经济发展局（KI Economic Development Board）。

● 国家机构。

○ 南澳大利亚旅游委员会（South Australia Tourism Commission）；

○ 国家资源与环境部（Department of Environment and Natural Resources）。

袋鼠岛的特色是其非凡的自然资源（岛上30％的区域被划为国家自然保护公园），同时作为一个欣欣向荣的农村社区，海岛的未来发展已经成为一个热门话题，特别是旅游业的发展。为此制订了一系列的规划和管理方案并已经开始实施。

● 由于旅游业的扩展，1991年制订的旅游政策将袋鼠岛划分为11个旅游区域，明确了每一个区域的资源和未来发展的潜力。

● 旅游政策的制订引起了公众广泛的讨论和参与，并最终于1995年颁布了一项海岛的"可持续发展战略"。这个战略的主要任务是：

○ "袋鼠岛将被建设成为世界上优秀的自然风光旅游目的地之一，有着发达的乡村工业，为旅游者、大陆和海外市场提供各种产品，以及高质量的居民生活水平和管理良好的自然资源水平。"

○ 为了实现这项战略目标，制订了一项创新性的方法来监控海岛旅游业的发展，即"旅游业最优化模型"。其主要内容有：对海岛未来的发展进行广泛咨询；找出关键性的指标和参考基准来监控各项工作的进展状况；建立一套监控系统确保上述目标的实现。TOMM在国际上已经被认为是一项有效的规划和管理方法，有利于促进实现旅游业的可持续发展。

● 2002年南澳大利亚旅游委员会和南澳大利亚规划部（Planning South Australia）颁布了关于旅游业和环境可持续发展的咨询文件。

在生态脆弱地区采取严格、专业的以社区为主导的旅游开发，袋鼠岛是一个最佳范例。

案例回顾

袋鼠岛是重要的野生动植物栖息地、旅游目的地和当地居民的社区家园，正因为如此，它已经成为讨论旅游业未来发展方面的一个经典案例。通过采纳一系列有创意的规划方案和监控制度，海岛解决了许多存在的问题，并且这种制度适应了不断变化的环境，使各项开发决策权掌握在本地社区手中。这种方式应该成为面临同样问题地区的一个典范。

讨论与作业

1. 解释说明作为国际和国内旅游目的地的袋鼠岛的吸引力表现在哪些方面？袋鼠岛在多大程度上体现了它是整个澳大利亚的一个缩影？

2. 调查袋鼠岛旅游发展的各种制约因素，例如，丛林火灾、水资源供应、基础设施和劳动力的可获得性。

3. 解释说明在一项旅游规划项目中，"环境影响声明"（EIS，Environmental Impact Statement）的含义是什么？EIS在保护生态系统和确保可持续发展上的效果如何？

4. 如果在袋鼠岛上开发一个能接待300位游客的度假村项目，分角色提出赞成或者反对意见。其中的角色扮演应该包括环境保护团体、当地农场主、海岛的航空公司以及南澳大利亚商会。

参考文献

Hall, C. M. (1997) *Introduction to Tourism in Australia*. Longman, Harlow.

Manuel, M., McElroy, B. and Smith, R. (1996) *Tourism*. Cambridge University Press, Cambridge.

Mandis Roberts Consultants (1996) *Developing a Tourism Optimization Model (TOMM). A Model to Monitor and Manage Tourism on Kangaroo Island South Australia*. Mandis Roberts, Surry Hills, NSW.

South Australia Tourism Commission (2003) *Kangaroo Island Tourism Profile*. SAC, Adelaide.

Thomson, F. L. and Thomson, N. J. (1994) Tourism, tax receipts and local government: the case of Kangaroo Island. *Journal of Tourism Studies*, 5 (1), 57–66.

网址

www.kangaroo-island-au.com/
www.tourism.sa.gov.au/
www.southaustralia.com/
www.tourkangarooisland.com.au/

案例31
疲惫旅游地的新愿景（re-visioning）：澳大利亚的黄金海岸

简 介

纵观世界，第二次世界大战之后所形成的大众旅游目的地正开始走向衰落，许多旅游地的基础设施和建筑物都已达到使用年限，市场也正在萎缩。这促使市场作出反应，通过更新旅游产品和市场多元化来重新定位旅游目的地，使其焕发新的活力。在本案例中，澳大利亚昆士兰州（Queensland）的黄金海岸（Gold Coast），进行了一场重大的、创新性的"愿景"计划，以便确定其旅游未来发展方向。完成本案例后，你将：

1. 了解旅游目的地发展"停滞"的有关问题。
2. 了解"停滞"旅游地进行"愿景"（visioning）和战略规划的原因。
3. 了解作为旅游目的地——黄金海岸最突出的特点。
4. 了解"设想"（vision）黄金海岸未来发展的创新性方法。
5. 了解黄金海岸愿景计划的成果。

关键问题

本案例涉及5个关键问题：

1. 黄金海岸已成为一处依靠大众旅游市场，低产出、高容量的旅游目的地，因此，它必须进行重新定位。
2. 黄金海岸是世界上众多面临发展"停滞"的旅游地之一，作为旅游地，需要通过广泛的咨询活动和规划来"设想"其未来。
3. 这种"愿景计划"强调把目的地作为一个整体，全盘考虑目的地各要素，其中包括走访大量迁入此地的居民。
4. 这种愿景计划是牢牢地建立在可持续发展旅游业基础之上的。
5. 从旅游组织结构和认知来看，这种设想活动已经取得了许多重大的成绩。

黄金海岸概况

位于澳大利亚昆士兰州的黄金海岸是一条长长的海岸线，从北部的Southport港口一直延伸到新南威尔士州（New South Wales）边界Coolangata，海岸线背靠风景秀丽的山脉和热带雨林，很多地方都是国家公园。目前这条海岸线已过度开发，特别是在以冲浪者天堂（Surfer's Paradise）为中心的周边地区，许多大型的高层建筑仍在建造当中。黄金海岸被认为是澳大利亚主要的旅游区域，并拥有全国范围内最多数量的床位。它不仅是一处重要的国内旅游胜地，而且也吸引了为数众多的海外游客，特别是来自亚洲的游客。当然，这就意味着黄金海岸很容易受到亚洲出境旅游市场波动的影响，最先是1997—1998年的亚洲金融危机的影响，接着是2003年的SARS爆发和日本经济持续衰退。

作为一处旅游胜地，黄金海岸的吸引力体现在其自然和人工旅游资源上。自然旅游资源包括：本地区的亚热带气候、绵长清洁的沙滩、太平洋上的冲浪运动、腹地的国家公园、雨林和山脉。人工景点有澳大利亚最大的三座主题公园——海洋世界（Seaworld）、电影世界（Movieworld）和梦世界（Dreamworld）以及一座大型水上公园。另外，沿着海岸线有许多小景点和有趣的产品，例如"Aquaduck"旅游项目采用了两栖交通工具进行陆上和水上观光，还有迷你高尔夫和冲浪学校以及腹地自然观光旅行。

停滞旅游地的愿景战略

黄金海岸充分认识到制订愿景战略规划的必要性。面临动荡的旅游环境，特别是9·11事件之后，各旅游地认识到通过战略规划，主动掌握自身命运十分重要。对那些处于"停滞"阶段的旅游地更是如此，因为它们将进入发展的"下降"阶段。旅游地生命周期理论（TALC）是理解这一问题的最佳理论架构（图31.1）。许多旅游地已经到达其周期的停滞阶段，黄金海岸就是其中一个例子。实际上，纵观世界各知名旅游地，如怀基基（Waikiki）海滩（美国夏威夷州）、芭缇雅（Pataya）海滩（泰国）、阿卡普尔科（Acapulco）（墨西哥）、欧洲冷水区旅游胜地和美国东部的沿海地区等，都经历了这样一个过程。也许第一个这样做的是美国的亚特兰大市。

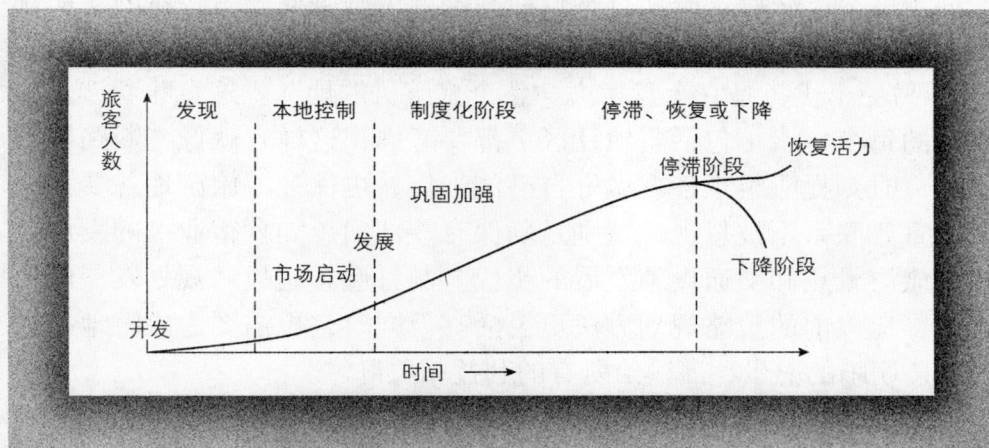

图31.1 旅游地生命周期图
（资料来源：Butler，1980）

对于黄金海岸和其他类似旅游地来说，停滞阶段面临的危险是：

● 以低产出、大众化、短期停留的游客市场为主导，他们选择旅游目的地时主要考虑价格因素。这必然导致高容量、低产出的状况（有时称为"无收益的高容量旅游地"）。

● 从承载力看，旅游业的发展已经超出当地社区和环境的容量。

● 旅游低产出意味着旅游再投资和再打造十分困难，旅游地"质量"下滑——包括公共基础设施和私人企业的各种设施。

● 提供的旅游产品与市场需求脱节。

● 市场份额被新的旅游地瓜分，因为新旅游目的地更时尚，更能有效地吸引游客。

这些威胁意味着制订战略规划的必要性。任何一个旅游目的地都存在利益冲突部门、利益相关群体、"景点缔造者"（destination creator）以及各种团体，要通过制订战略规划把它们联合起来，共同设计旅游地的愿景。在战略规划的文字表述中，称之为发展一种"战略对话"关系。利益相关群体（包括居民、企业、政府和慈善机构）不仅一起工作和相互合作，而且还能在活动中明确自己的职责，由此确定出关键业绩指标（KPI，Key Performance Indicators）。其中的一个KPI可能会是：增加某一特定市场的百分比份额；或在某一方面降低旅游对环境的影响——如减少垃圾排放。这个战略最显著的优势是它从长远角度考虑旅游发展。日常行动和决策（旅游业声名狼藉的短期视角）都可以纳入到长期愿景规划中。

另一个优势是它全盘考虑"整个旅游目的地"。这意味着涉及旅游地的每个要素（包括当地社区）都要考虑，这样它就像"断路器"一样，时刻提醒组织各方做好自己的工作，也保证了旅游地各要素之间的重要联系不被忽视，特别是确保有些部门（如食宿业）的发展能跟上旅游景点和交通设施发展的步伐。制订愿景是战略规划发展的新方向，比以前的策略规划方法更灵活。但同时它也需要为旅游地描绘和推广明晰的愿景，灌输给所有的利益相关群体。

黄金海岸愿景规划过程（GCV）

黄金海岸愿景规划主要关注旅游地的未来，同时考虑该地日益增长的人口状况。黄金海岸/布里斯班（Brisbane）走廊是澳大利亚人口增加最快的地区，部分原因是由于"海边热"（sea change）现象的结果——大量出生在"婴儿潮"时期（第二次世界大战结束之后出生的一代人）的人开始退休，并向气候宜人的沿海地区迁移。

GCV的目的是：

● 全面、系统地总结黄金海岸目前的旅游地位与状况。

● 分析全球、国家和本地区的发展预案，评估它们对黄金海岸的影响。

● 把发展预案与旅游可持续发展原则结合起来，发布黄金海岸未来发展的共同愿景。

● 在共同愿景的框架下，制订黄金海岸的核心价值，并以此来评估未来的发展。

● 做出与愿景目标一致、各方一致同意的旅游业发展战略选择。

它代表了从"旅游地营销"向"旅游地管理"这一理念的转变，新理念充分考虑了涉及旅游业的各要素。

图31.2详细展示了GCV方案。此方案涉及的要素有：

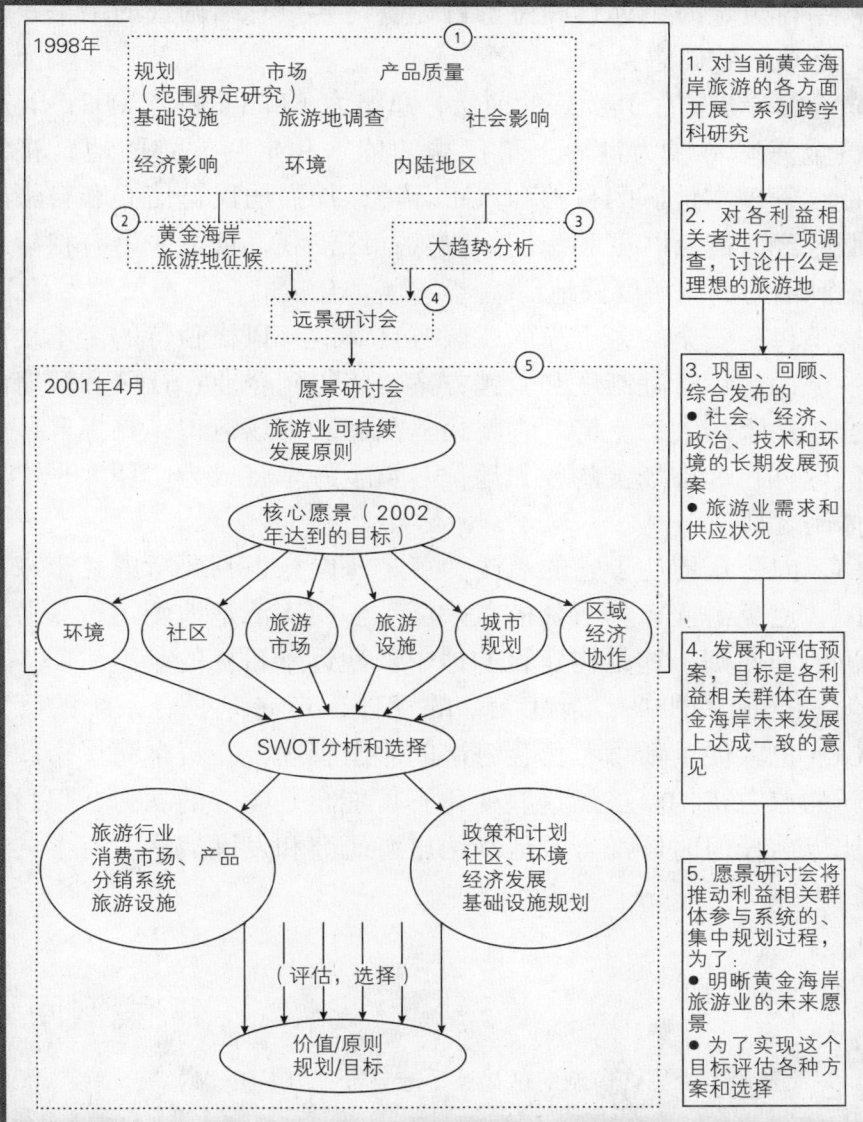

图31.2　黄金海岸愿景规划过程

（资料来源：Faulkner，2003）

- "范围界定研究"（scoping studies）就是发现关键问题，包括影响、持续发展和居民态度。
- 通过调查研究得出黄金海岸旅游业的特点。

● 调查黄金海岸各利益群体在旅游业中的地位。

● 举行黄金海岸远景和愿景目标研讨会，总结调查的结果，得出结论，达成一致的意见。

黄金海岸展望了其美好的前景，总结为（Faulkner，2002：iii）：

黄金海岸将成为世界上最优秀的休闲和生活旅游胜地，将致力于可持续管理本地区的自然和人工环境，加强居民自信心和自豪感，提高服务经济的活跃度和深度，改善社区福利，创造一个有独特品位的、充满活力的旅游度假地。

这里将是安全的，干净的，服务良好的，风格独特的。本地区将拥有一流的组织管理制度和营销方案，将得到企业、社区和政府之间的新合作关系的大力支持。它将培养品牌和市场意识，将提升黄金海岸在国内外目标市场上的领先地位。黄金海岸将成为"环太平洋"生活和休闲之都。

GCV向公众传达了它的承诺。黄金海岸意识到要考虑其未来的发展方向，避免滑向市场下降的危险境地。GCV清楚地阐述了旅游业的核心价值和原则，这是构建目的地中长期远景目标的基石。GCV促使黄金海岸摆脱了即兴、杂乱无章的管理，走向专业、系统的管理道路。GCV也敦促重新思考黄金海岸的旅游管理，在黄金海岸市政厅设立了新的旅游机构。虽然这些变化不可能全是GCV的功劳，但目的地现在比以前任何时候都有效地利用旅游研究和发展战略，有了共同的愿景。

案例回顾

毫无疑问，世界许多旅游地都遭受着与黄金海岸相同的综合病症。很显然，处于生命周期停滞阶段的旅游地并不是旅游业所希望的；业界领导者们往往只关注增长与扩大，而对问题视而不见。对发展到生命周期最后阶段的旅游地来说，公认的解决方法就是防止其市场下滑——把企业发展战略、公共部门、营销和规划整合起来。在本案例中，高度创新的愿景规划迫使我们重新思考澳大利亚首要度假地的旅游发展。

讨论与作业

1. 比较同样处于生命周期停滞阶段的地中海大众旅游地与昆士兰州的黄金海岸。该如何为它们构建愿景方案，扭转市场下滑的趋势？

2. 比较黄金海岸在气候、自然和人工景点、旅游市场和基础设施方面与美国的佛罗里达州的差异。

3. 处于旅游生命周期停滞阶段景点的特点是公共服务成本高，大多数居民生活质量下降。从下列视角讨论这种观点：（1）生活在社区里的大多是年老居民，他们中有许多是来自其他工业化城市的新移民。（2）受过良好教育、有小孩的中产阶级家庭，在长假期间来此度假。

4. 根据优先原则选择关键业绩指标，作为制订解决度假地市场下滑战略的一部分。并给出你选择这些指标的理由。

致　谢

本案例建立在已故的Bill Faulkner教授研究基础之上，他是黄金海岸愿景规划的倡导者。图31.1借用了Butler（1980）的成果，图31.2是在Channelview出版社的同意下借用了Faulkner（2003）的研究。

参考文献

Butler, R. W. (1980) The concept of a tourist area cycle of evolution. *Canadian Geographer*, 24 (1).

Faulkner, W. (2002) *Our Gold Coast: The Preferred Tourism Future*. CRCST, Gold Coast.

Faulkner, W. (2003) Rejuvenating a maturing tourist destination: the case of the Gold Coast, in E. Fredline, C. Jago and C. P. Cooper (eds), *Progressing Tourism Research*. Channel View, Clevedon, pp. 34–86.

Heath, E. and Wall, G. (1992) *Marketing Tourism Destinations*. Wiley, New York.

Ritchie, J. R. B. (1999) Crafting a value-driven vision for a national tourism treasure. *Tourism Management*, 20 (3), 273–282.

2.4 美 洲

案例32
纽约市的旅游业

简　介

　　虽然9·11恐怖袭击事件使游客数量减少，纽约仍是世界上最大的旅游城市之一。本案例考察了纽约旅游市场的波动情况。完成本案例后，你将：

　　1. 了解9·11袭击事件对纽约旅游业的影响程度。

　　2. 了解旅游业对城市的经济贡献。

　　3. 认识到纽约有利的地理位置。

　　4. 了解这座城市一些重要的旅游景点。

　　5. 了解纽约市旅游设施和旅游组织的规模。

关键问题

　　本案例涉及3个关键问题：

　　1. 纽约是世界热点旅游城市之一。9·11袭击事件极大地减少了城市旅游人数和旅游收入，纽约才充分认识到旅游业的真正规模以及对城市的经济贡献。

　　2. 纽约众多一流旅游景点都集中于相当小的区域内，这使它成为一座理想的旅游城市。

　　3. 纽约的配套设施，特别是交通和住宿以及旅游组织都给人留下了深刻的印象，这更加证实了旅游业的重要性。

纽　约

9·11恐怖袭击事件更加凸显了作为世界十大旅游目的地之一的纽约市的重要地位。旅游业是城市的主要经济支柱，创造了250亿美元的旅游收入和28.2万个工作岗位。虽然纽约不是国家首都，甚至不是纽约州的首府（首府是奥尔巴尼），但是纽约在很多方面都是美国的重要城市。它是美国的金融中心和重要会议举办地，是世界主要的艺术中心和时装之都。20世纪60年代以前，纽约一直是"通往美国的门户"，这个地位是无可动摇的。对大多数移民和游客来说，纽约港的自由女神像是他们踏入新大陆的第一景。虽然现在很少有游客乘船抵达美国，但纽约仍然是欧洲游客进入美国的首选地。纽约作为联合国总部所在地在国际上发挥着重要作用，同时，华尔街在世界经济中发挥着重大影响。

纽约是世界最优良的海港之一，位于哈德森（Hudson）河与东河两江交汇之处。这两条河流将城市分为许多半岛和小岛，它们之间由多座大桥、隧道和轮渡连接（见图32.1）。纽约，明显不同于新泽西州（New Jersey）和纽约州的其他大都会，拥有大约800平方公里的面积和800万人口。它由五个区构成，即：

● 曼哈顿岛（Manhattan），它是世界上人口密度最大和种族高度融合的地区之一。该地寸土寸金，高楼林立，与众不同，特别是中央公园南部的城市中心商务区。虽然曼哈顿岛只占纽约土地面积的7％，却是纽约主要的旅游活动区域。

● 布鲁克林区（Brooklyn）和皇后区（Queens）有许多界线分明的不同种族居住区。

● 布朗克斯（Bronx）主要是以"颓废的都市"为人所知，但是它拥有有"棒球之家"美誉的洋基体育场（Yankee stadium）以及纽约植物公园。

● 斯坦特岛（Staten Island）相对来说是一处安静的居住区。

纽约的吸引力表现在其文化的多元性以及"不眠之都"的动感活力。缺点是过度拥挤和喧闹，公共绿地面积也比伦敦和巴黎少。夏季非常炎热和潮湿，有时还伴随着严重的空气污染。冬季寒冷，中央

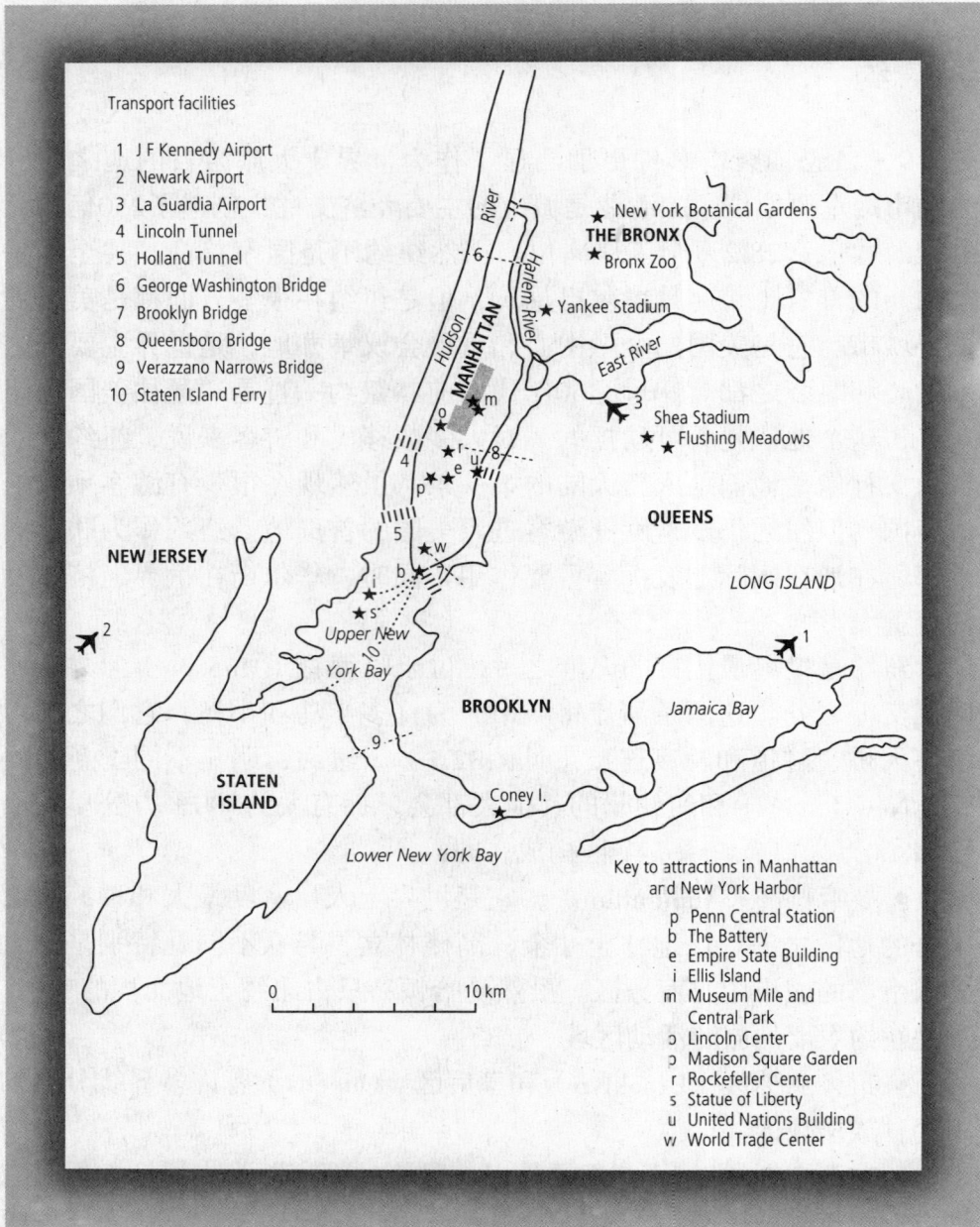

图32.1　纽约市

公园经常被大雪覆盖。更有甚者，纽约背负着颓废、色情、暴力犯罪等负面形象。实际上，纽约绝不是美国最不安全的城市，市政当局推行的零容忍政策（policy of zero tolerance）有效地遏制了地铁和街道犯罪，使在纽约大部分地区旅游变得安全。

主要景点

纽约众多旅游景点集中、紧凑，给游客提供了多种旅游选择线路，例如文化体验线路和城市观光线路。下面是纽约提供给游客的各种各样的选择：

● 历史性纪念碑，如自由女神像和克林顿城堡（Castle Clinton）。

● 在音乐、艺术、科学和遗产领域的主要文化旅游景点，包括位于林肯中心（Lincoln Center）和卡耐基会堂（Carnegie Hall）的大都会歌剧院（Metropolitan Opera House）、古根海姆博物馆（Guggenheim Museum）、都市艺术博物馆、现代艺术博物馆、美国历史博物馆、海洋—大气—太空博物馆、犹太人遗产博物馆、埃利斯岛（Ellis Island）移民博物馆（纽约港以前的一处停靠点，从1890—1954年期间有超过1200万人从这里获准进入美国）。许多纽约最重要的博物馆都位于第五大街的"博物馆之街"的沿线一带。

● 位于市区华尔街的金融中心地区也吸引了大批观光游客和商务旅行者。旅游景点包括美国证券交易所、纽约证券交易所（New York Stock Exchange）和美国金融历史博物馆。

● 体育场馆包括洋基体育场、谢亚体育馆（Shea Stadium）、美国网球公开赛的大本营——光辉草坪（Flushing Meadows）以及麦迪逊时代公园（Madison Square Garden）。

● 休闲娱乐区域包括：

○ 中央公园，位于曼哈顿岛中心，面积340万平方米，风光秀丽。公园提供多种类型的休闲活动，还有一处野生动物中心（以前的中央公园动物园）。

○ 兔子岛（Coney Island），是20世纪初期纽约人经常光顾的海滩和娱乐公园。现在游客主要参观纽约水族馆（New York Aquarium）。

○ 布朗克斯动物园（正式名称为布朗克斯野生动植物保护协会）。

● 地标性建筑包括：

○ 帝国大厦，也许是20世纪30年代最出名的摩天大楼。

○ 克莱斯勒（Chrysler）大厦，以其装饰艺术（Art Deco）的尖顶而与众不同。

○ 洛克菲勒中心（Rockefeller Center），包括纽约的无线电城音乐厅（Radio City Music Hall）和NBC片场参观（NBC Studio Tour）。

○ 联合国总部大厦（United Nations Assembly Building）。

9·11事件之前，世界贸易中心的两座双子塔楼是曼哈顿岛的制高点。2004年开始在原址进行重建工作，将建成一座壮观的"自由塔"（Freedom Tower）。自由塔高1776英尺（约541米），以象征美国建国的年份，作为美国宣布独立的象征。该场地的拥有者是港务局，自由塔本身则由纽约与新泽西港务局（Port Authority of New York and New Jersey）控管，许多利益相关者也参与到这个项目的建设中。高昂的土地价格意味着在是否应该满足公众要求，留出一块市民空间以缅怀9·11事件的遇难者这一问题上，不得不考虑商业利益和增加税收来达到两者的平衡。

● 城市中具有强烈身份认同的区域，有些是种族居住区，例如：

○ 中国城（Chinatown）。

○ 小意大利城（Little Italy）。

○ 黑人住宅区（Harlem）—— 是20世纪20年代美国黑人中产阶级社区，以对爵士乐的贡献而闻名；经过一段长时间的衰落，现在正面临振兴。

○ 西班牙语居住区（Spanish Harlem）——居住着波多黎各人和其他讲西班牙语的移民。

○ 格林威治村（Greenwich Village）和搜狐（Soho）社区，历史上这两者就是邻居，该区域云集了众多的艺术家、作家和手工艺者。

○ 剧院区，位于时代广场附近，在42大街和50大街与百老汇的市中心之间，据说在2001年的时候，这里有超过38家歌剧院。

○ 纽约南街海港区（South Street Seaport）——大面积整修的码头区的一部分，特色是有古船、海洋博物馆、商店和饭店。

● 购物点：随着机票价格的降低，周末到纽约第五大街的名店购物在欧洲逐步流行起来。

● 饮食：大约有1.8万家饭馆，在纽约可以品尝到世界各地的风味，并且还有数量众多的主题餐厅。

- 节庆活动，最著名的是圣帕特里克节（St Patrick's Day）大游行。

交　通

进入纽约的主要国际航空门户有：

- 拉瓜迪亚机场（LGA，La Guardia），距曼哈顿岛中心以东13公里，主要服务国内航线，也有到加拿大和墨西哥的航班。
- 肯尼迪国际机场（JFK，John F Kennedy），距曼哈顿岛中心东南部20公里。
- 纽华克国际机场（EWR，Newwark International），位于西南方向26公里外的新泽西州。

国内航班和包机服务使用以下机场：

- 麦克阿瑟（MacArthur）机场。
- 斯图尔特（Stewart）国际机场（只用于家畜国际货运）。
- 泰特博罗（Teterboro）机场。
- 西切斯特（Westchester）乡村机场。

纽约大都市交通局（MTA）负责监管整个城市的交通网络。公共交通公司如灰线（Gray Line）和纽约大苹果观光巴士（New York Apple Tours）提供了"随上随下一票通"（hop-on，hop-off）式的循环观光旅游线路，环线游船（Circle Line）和纽约水上交通（New York Waterway）等公司提供水上环岛观光旅游。公共交通还包括陆上快捷交通服务和地下交通服务——著名的纽约地铁。斯坦特岛轮渡（Staten Island Ferry）很受游客欢迎，途中可以欣赏到自由女神像和曼哈顿的摩天大楼。城市中还有许多重要的交通枢纽，如佩恩（Penn）中心车站和港务局（Port Authority）汽车站。虽然许多旅客选择使用黄色的出租车，但他们也可以购买通用车票，即可以多次乘坐公交车。纽约许多公司提供定制徒步旅游，以及私人向导带领游客参观市区。

住　宿

2001年，纽约市的酒店有6.65万个房间的接待能力，主要集中在曼哈顿地区。价格范围从经济型到豪华型，从精致型（小型的高档酒店）到主题型酒店，从套房到自助式公寓等。住宿价格普遍较贵，特别是在曼哈顿，住宿率一般超过了80％，并且酒店价目表比美国平均水平要高许多。然而，9·11恐怖袭击事件对2001年最后一个季度的住宿情况产生了很大影响，住宿率降低到大约70％。

组　织

纽约市主要旅游组织是纽约市旅游会展局（NYC & Company）（成立于1999年，以前的纽约会议与观光局）。它是纽约市正式的营销机构，实际上从1935年起，就以各种形式存在至今。它是一个融合1400家旅游企业、具有会员资格的私人非营利组织。该组织认为商务和会议市场是城市经济的命脉。纽约州政府也发挥着重要作用，20世纪80年代开展了"我爱纽约"的宣传运动。这些活动都取得了显著成绩，改变了纽约市的负面形象，吸引了更多的游客。城市在推动发展影视基地方面，一直走在世界前列，并获得世界认可。

旅游需求

9·11恐怖袭击事件只在短时间里减少了纽约的客流量。2000年到纽约的游客估计高达3620万，其中有20％是海外游客，超过一半是一日游游客。纽约是外国游客在美国的第一旅游目的地，排在洛杉矶、迈阿密和奥兰多之前。实际上，纽约市接纳了超过20％的前往美国的国际游客。根据游客来源分析，英国游客占据第一位（超过15％），接下来依次是加拿大（13％）、德国、日本、法国和意大利。

案例回顾

纽约是世界上著名的旅游城市，这一点反映在本案例中。通过简单考察纽约的旅游景点、住宿、交通状况和旅游需求规模，证明了纽约是世界著名的旅游城市。然而，通过9·11袭击事件的佐证，可以看出旅游目的地很容易受到恐怖袭击的影响，因此，需要建立危机预警和危机管理体系，以应对将来此类事件的发生。

讨论与作业

1. 讨论世界贸易中心原址的重建方案，并且给班上的同学分配不同的关键角色，来代表不同的利益相关者。

2. 解释说明20世纪80年代以来，纽约作为一处短期旅游目的地越来越受到英国和欧洲其他国家游客欢迎的原因。

3. 受你所在大学杂志的委托，写一份关于纽约两处旅游景点的报告。你的报告应该有以下内容：交通信息、产品特点、目标市场、产品介绍和游客管理、景点餐厅和景点促销（销售宣传资料来推销景点）。

4. 评估纽约作为国际重要体育赛事举办地所具有的优势和劣势。

5. 以城市某些场所为例，讨论以下几项在提高纽约旅游知名度方面的影响力——电影、电视、歌剧戏曲产品、流行文学和音乐。

网址

www.nycvisit.com

案例 33
努勒维特地区（Nunavut）：加拿大北极圈土著社区的旅游业

简　介

　　本案例考察加拿大北极圈土著社区旅游业的相关问题。完成本案例后，你将：

　　1．了解努勒维特地区的地理和文化特点。

　　2．认识到科技的发展提高了努勒维特地区的旅游可进入性。

　　3．了解因纽特人（Inuit）社区是如何从旅游业中受益的。

　　4．了解努勒维特地区的旅游资源和阻碍本地区发展的限制条件。

　　5．了解旅游业是如何发挥媒介作用，帮助因纽特人与外面世界交流的。

关键问题

　　本案例涉及5个关键问题：

　　1．努勒维特是加拿大北极圈内一处新设立的区域。它在探险历史中所扮演的角色，以及因纽特人传统的文化遗产对游客有很强的吸引力。

　　2．努勒维特旅游业受益于交通技术的提高和防寒服装及设施的改善，使那些在20世纪50年代不可能涉足的探险区域现在都向旅客开放了。

　　3．旅游业给因纽特人带来了经济和社会利益，在保留其文化传统的同时，也提供了接触外面世界的机会。

　　4．努勒维特旅游业的发展充分利用了当地的自然和文化资源，但是，当地恶劣的气候和偏远的地理位置也限制了旅游发展和各类项目的开展。

　　5．努勒维特地区采取多种形式帮助因纽特人社区参与旅游开发和管理。

努勒维特

1999年加拿大政府设立了位于西北地区之外一个新的行政区域——努勒维特，固定土地面积大约有35万平方公里，而本土居民就是因纽特人，也就是外界常说的爱斯基摩人（Eskimos）（这个名字是由几世纪前的印第安人起的，意思是"吃生肉的人"）。

努勒维特在因纽特语言中的意思就是"我们的土地"，这是一片广大的未涉足的荒野，包括加拿大北极圈的大部分群岛，以及位于哈德孙湾（Hudson Bay）和北冰洋之间称之为"荒地"的冻土地带。其覆盖的总面积有190万平方公里，面积大小相当于阿拉斯加州和加利福尼亚州的总和。然而，这里只拥有2.6万定居人口，并且还广泛地散布在28个相互隔离的社区中（图33.1）。因纽特人占了全部人口的85%，其余的人主要是外来者，如从加拿大南部来的专业技术工人等。因此，作为主要居民的因纽特人获得本地区的行政控制权和潜在矿产资源的所有权。本地区的旅游业也具有良好的发展前景，从事此行业的因纽特人给游客提供向导和旅行用品，他们丰富的地理知识和野外生存的技能起了很重要的作用。因纽特人社区还参与管理在此地区设立的多处国家公园。

在拉普兰和斯瓦尔巴特群岛的案例中，我们知道整个北极地区被认为是未被污染的原始荒野区域。到此游览源于目前日益增长的生态旅游运动，这和早期将北极视为"白色禁地"的观点形成对比，那时探险家经过严酷的考验，试图打开一条西北通道（North West Passage）到达亚洲或北极。探险家皮尔里（Peary）和阿蒙森（Amundsen）向因纽特人学习生存技能和如何适应环境，结果证明他们比那些承载沉重文化包袱的探险者更成功，如运气不好的富兰克林（Franklin）探险队。现在游客能舒服地重走这些旅行线路，只需要几天时间，而不像以前的探险者需要花费几个月甚至几年，这是因为：

● 航空业发展带来的交通便利，特别是双水獭（Twin Otter）包机不仅能在冰上跑道降落，而且能在沙砾飞机跑道上降落。

● 先进的防寒技术大量运用到服装、设备和临时住所之中。

● 冷战时代结束后，以前出于战略原因被俄罗斯和西方列强控制

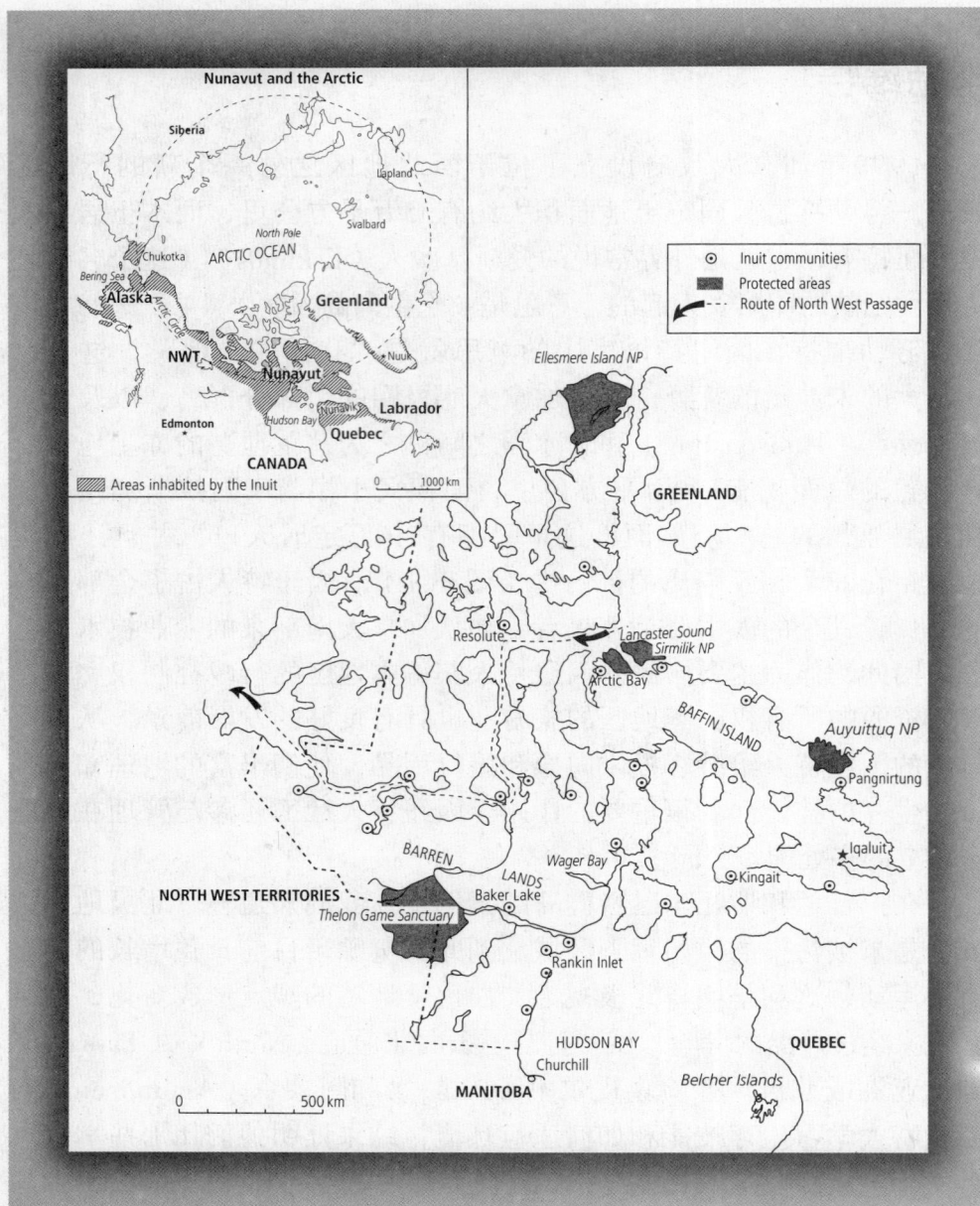

图33.1 努勒维特

的北极地区得以开放，例如，现在游客可以在夏季乘船从位于大西洋的斯堪的纳维亚地区，沿着西北通道，抵达俄罗斯东边的白令海峡（Bering Strait）。

旅游业有利于振兴因纽特人的文化和经济。20世纪50年代，虽然因纽特人也将北极狐狸的皮毛卖给哈德孙湾公司，来交换枪支、烟草和茶叶，但是他们传统的生活方式仍然是以狩猎驯鹿和海洋动物为生。时装业的时尚变化和毛皮价格的暴跌使得因纽特人更加依赖于加拿大政府制订的社会福利项目。用木头拼成的固定房子取代了夏季使用的皮帐篷和冬季的圆顶房。大部分狗拉队已经被雪橇（雪上汽车）替代，用一位年轻因纽特人的话形容就是"快速，还不吃肉和没有臭味"（由Davis引用，1998）。然而，因纽特人的传统形象在外部世界里还是根深蒂固。

虽然物质条件的改善降低了因纽特人生活的危险程度，但是，从具有共同民族精神的游牧石器时代文化转向以科技和西方价值体系为主导的社会过程中，因纽特人遭受了强烈的社会脱位（social dislocation）。因此导致了许多社会问题：酗酒、吸毒，自杀率是加拿大平均水平的6倍。较低的教育水平使得因纽特人社区很容易受到外来商业机构的控制和影响。出生率也比加拿大南部地区要高出许多，随着越来越多的年轻人带着对社会不现实的期待，大量涌入劳动力市场，造成人口统计学上的"定时炸弹"（time bomb）现象。所有这些都暗含在努勒维特地区的经济发展，包括毫无经验的旅游业发展中。

旅游业发展

努勒维特地区恶劣的气候、遥远的距离和可怕的地形状况阻碍了个人进行独自旅行。由于海水、湖泊和河流的冰冻期有8个月以上，并且没有公路连接主要的居住点，因此大部分游客的交通方式是乘坐飞机。旅游业发展面临以下诸多问题：

● **高昂的开发成本** 由于必须使用特殊设备建设公共和垃圾处理设施，在永久冻土带上修建宾馆是十分昂贵的。商业运作成本也比南部加拿大高60%以上，主要是由于较高的交通成本。努勒维特地区没有农业和制造业，不得不在北极短暂的夏季通过供给船或费用更高的空运补给。

● **数量有限的住宿设施** 整个地区在2001年只有大约1400张床位，并且多数是寄宿式的，甚至首府伊魁特（Iqaluit）在新区成立的典礼期间，也缺乏足够的住宿设施。

- **有限的航空交通** 虽然几家地区性航空公司开通了往返于努勒维特地区主要社区到加拿大南部城市的定期航班，但是各个社区之间的相互往来必须要飞回首府伊魁特。这就使得旅行更加费时和昂贵。由于全年天气状况不可预测，经常发生飞机延误。

- **季节性强** 尽管试图推广冰雪旅游活动，如在晚冬和早春进行雪橇、雪上汽车和滑雪运动，然而大多数的旅游活动发生在非常短暂的夏季。

- **文化差异** 西方游客对环境的敏感态度，特别是动物保护主义者对因纽特人狩猎传统持反对意见。但是，在因纽特人这个什么东西都不浪费的社会里，是不可能出现一堆堆难看的、屠宰后的畜体垃圾的。因纽特人把狩猎作为逃避福利制度的一种生活方式，重申他们与土地的紧密联系。总的来说，这种狩猎传统是被加拿大政府承认的，并给因纽特人分配了一定的狩猎配额。引起更大的争议是：北极熊狩猎许可证出售给了那些寻求"战利品"的富有的美国游客。

我们把努勒维特地区的旅游资源总结如下：

- 广袤荒野，有着冻土和冰山地貌，镶嵌着远古的湖泊、河流和海湾。

- 冻土地带的野生动植物和海洋生物，如北极地区特有的鲸、独角鲸和海象。

- 因纽特人传统的文化，能够适应世界上任何一处最严酷的自然环境。

- 传统的北极探险活动，特别是寻求西北通道的探险活动，以及到达北极点的比赛。

巴芬（Baffin）海岛

巴芬海岛囊括了努勒维特地区的大部分旅游景点和接待设施，包括本地区的首府——伊魁特，这座城镇将成为此区域的航空枢纽，有飞往格陵兰岛的Nuuk和Kangerlussuaq的航班。专业化的旅行用品商一般集中在伊魁特和其他社区，如Pangnirtung和北极湾等，那里提供抵达下列旅游景点的各种交通工具和设备。

- 引人入胜的巴芬海岛东部地区，有着高耸的山峰、广阔的冰川、崎岖的海岸线和犬牙交错的深海湾。奥尤伊图克（Auyuittuq）国家公园把这一景色发挥到极致，吸引了越来越多的探险旅游者。

- 其他一些探险旅游活动包括在湖泊和河流垂钓北极红点鲑（Arctic char），以及乘坐皮船观海景（这种皮船是因纽特人的发明）。野生动物观赏集中在兰开斯特海峡（Lancaster Sound）的海岸水域，这里是大批候鸟和鲸的夏季栖息地。

- 因纽特人社区，如Kingait和Pangnirtung地区是传统手工业品制作中心，采用当地材料和传统工艺制作皂石雕刻品和印刷品。一家由本地人经营的公司在整个加拿大推销这些产品，这样有利于本地经济发展。这些产品很受游客欢迎，满足了他们的怀旧之情。

Barren荒地

Barren荒地给游客提供了不同类型的体验，可以从Rankin小港和Baker湖区进入这里。与东部的巴芬海岛不同的是，这里的景色相当黯淡，但是在这个冻土地带上，过去冰河运动的痕迹仍清晰可见，其间有砂石点缀的丘陵和无数个凹陷的湖泊。目前，虽然很难再看到大批秋季迁移的驯鹿群，但在Thelon野生动物避难所和Wager海湾附近，野生动物的种类是很丰富的，那里的Sila旅馆提供进行生态旅游的各种设备。河流吸引了众多独木舟爱好者，但是，变幻莫测的天气导致一季中只有几个星期的适宜时间，而且活动的危险性要高于加拿大南部地区。

Ellesmere海岛国家公园

Ellesmere海岛国家公园位于加拿大最北部，距离北极点只有800公里，这里的天气状况极其寒冷和干燥，并拥有高北极地区典型的冰川地貌。每年来这里的游客不到100人，相比之下，挪威斯瓦尔巴特群岛的游客达到几千人。这主要是因为到达这里必须乘坐从雷索卢特（Resolute）空军基地出发、价格昂贵的包机，到达这里最北部社区的定期航班服务基地位于南部1000公里处。有限的参观者也可能对此地脆弱的植被造成严重破坏，因为这些植被的再生速度十分缓慢，在这个遥远的地区，许多野生动物如麝牛和北极野兔对人类的行踪一点也不害怕。

努勒维特地区和外面的世界

努勒维特通过体育和文化活动加强与其他北极地区的人们的联系，如拉普兰地区的Sami族人。值得一提的是，因纽特人参加在挪威北部Mandalen举办的Riddu-Riddu夏季音乐节。目前，努勒维特社区与生活在西北部的其他因纽特人社区建立了紧密的联系，如加拿大境内的Nunavik（魁北克北部）和Labrador以及境外的格陵兰岛（Greenland）、美国的阿拉斯加（Alaska）和东北部西伯利亚地区的Chukotka。在有些区域，因纽特人的语言和传统正在消失，同时，所有的这些社区都面临相似的问题，这就是：

- 较高的人口出生率。
- 地区经济主要依赖几种产品。
- 全球变暖造成北冰洋冰盖减少，影响了北极熊和北极海洋哺乳动物的栖息地。
- 污染物的影响，由大气和洋流带来的南部工业地区的污染物影响了北极生态系统；这给因纽特人的传统食物供应和健康带来严重影响。

努勒维特反对加拿大政府1989年实施的"禁止商业捕杀海豹的命令"，他们看到海豹皮在远东地区的商机。然而，本地区的领导却支持环境保护运动，并劝说加拿大政府实施《斯德哥尔摩协定》（Stockholm Convention），控制工业化化学污染物和杀虫剂的使用，以及实施《京都议定书》（Kyoto Protocol）以对温室气体的排放进行控制。

案例回顾

尽管努勒维特地区以前很难到达，北极环境十分严酷，这块加拿大新设立的地区正发展着新型的旅游业。旅游业给因纽特人社区带来很多益处，不仅表现在经济和文化方面，而且作为媒介，与外部世界的接触和联系方面也是如此。努勒维特地区是社区参与旅游的最佳案例。

讨论与作业

1. 提出设想，鼓励因纽特人参与旅游业的开发。

2. 解释为什么一直以来西方人对因纽特人的生活方式感兴趣。提出游客参观因纽特人社区的行为守则。

3. 讨论努勒维特旅游业的发展前景，包括交通设施、通信交流（包含信息技术）、建筑科技和教育等方面。

4. 为一群富有的美国游客设计一份旅行线路方案，他们打算沿着当年富兰克林先生和其他探险家的行程寻找西部通道。

5. 设计一份"小向导"（mini-guide），为在Barren荒地使用独木舟或因纽特人皮船进行湖泊和河流探险旅游的大学生提供建议和信息。

参考文献

Anderson, M. J. (1991) Problems with tourism development in Canada's Eastern Arctic. *Tourism Management*, 12 (3), 209–220.

Butler, R. and Hinch, T. (1996) *Tourism and Indigenous Peoples*. International Thomson Business Press, London.

Davis, W. (1998) The Arctic. *Condé Nast Traveler*, January, 110–121, 197–200.

Hall, C. M. and Johnston, M. (1995) *Polar Tourism*. Wiley, Chichester.

Mason, P. (1994) A visitor code for the Arctic. *Tourism Management*, 15 (2), 93–97.

Mason, P. (1997) Tourism codes of conduct in the Arctic and sub-Arctic region. *Journal of Sustainable Tourism*, 5 (2), 151–165.

Mason, P., Johnston, M. and Twynam, D. (2000) The World Wide Fund for Nature Arctic Tourism Project. *Journal of Sustainable Tourism*, 8 (4), 305–323.

Notzke, C. (1999) Indigenous tourism development in the Arctic. *Annals of Tourism Research*, 26 (1), 55–76.

Selwood, J. and Heidenreich, S. (2000) Tourism in Nunavut: problems and potential, in M. Robinson *et al.* (eds), *Reflections on International Tourism Management, Marketing and the Political Economy of Travel and Tourism*. Sheffield Hallam University, pp. 415–426.

Twynam, G. D. and Johnston, M. E. (2002) The use of sustainable tourism practices. *Annals of Tourism Research*, 29 (4), 1165–1168.

Wight, P. A. and McVetty, D. (2000) Tourism planning in the Arctic: Banks Island. *Tourism Recreation Research*, 25 (2), 15–26.

网址
www.nunanet.com/nunatour

案例34
夏威夷（Hawaii）的旅游业

简　介

建立在好莱坞（Hollywood）电影和电视节目形象上的美国夏威夷是世界上闻名的旅游胜地之一。本案例研究夏威夷的旅游业及其带来的影响。完成本案例后，你将：

1. 了解夏威夷是由太平洋上一系列的火山岛组成的。

2. 了解旅游业在夏威夷的发展历史。

3. 了解夏威夷各旅游景点的状况和相应的配套设施。

4. 了解夏威夷的主要旅游客源地。

5. 认识旅游业对海岛造成的影响。

关键问题

本案例涉及5个关键问题：

1. 夏威夷群岛是世界上公认的一处旅游胜地，其形象是建立在好莱坞对太平洋海岛居民生活生动逼真的描述上。实际上，这些海岛具有很发达的旅游业和大规模的商业化农业。

2. 夏威夷旅游业发展有较长的历史，在20世纪旅游业对环境和文化的影响开始受到人们的重视，并且将影响未来的发展。

3. 夏威夷的旅游市场是复杂的，不仅有国内游客还有国际游客。

4. 夏威夷的旅游景点是基于其丰富的自然资源和文化资源。

5. 旅游业给夏威夷带来一些负面影响，这些是可以通过规划和管理工作得以控制的。

夏威夷

虽然世界上成千上万的人从来没有参观过夏威夷群岛，但是他们都对夏威夷有一个清晰的认识。这种拥有异国情调的、安全的、"南太平洋的热带天堂"的形象主要是由美国媒体宣传出来的，特别是20世纪30年代美国好莱坞的电影业。这种美好形象导致了一个价值数十亿美元行业的产生，在21世纪初，每年吸引超过600万游客。夏威夷位于太平洋中部区域，它和美国本土其他州是分开的，但是它的声望主要是源于和美国的联系。

夏威夷是由一系列火山岛组成的，其产生于北部太平洋海床中的地质"热点"区域，实际上，夏威夷州的名字来源于这些海岛中最大的一个岛。从地理上看，夏威夷群岛距离北美大陆有4000公里，而距离亚洲和波利尼西亚（Polynesia）的其他群岛更加遥远。公元500年到800年之间来自塔希提岛（Tahiti）和玛贵斯岛（Marquesas）的波利尼西亚人首次在此定居。然而，一直到1795年，就在库克船长（Captain Cook）来这里不久，各个部落才被夏威夷王国的创始人卡米哈米哈大帝（Kamehameha the Great）统一起来。在19世纪期间，通过捕鲸人、传教士和商人的活动，夏威夷越来越受到美国人的影响，一些人在获取部落的土地后成为了庄园主，而在庄园工作的劳动力则来自中国、日本和其他国家，最终形成了现在群岛特有的多元化种族社会。这些发展历程对环境和社会产生了一些影响：

- 以前由于隔离而受到保护的大多数本地动植物，现在只能在很偏远的山区才能发现，而外来引进的动植物品种成为了主角。

- 本地土著夏威夷人在自己的家园里成为了少数民族，处于社会边缘的地位，他们的传统文化面临消失的危险。

旅游业的发展

虽然早在1872年海岛上就开展了第一个主要服务于商务旅行的旅游项目，但是直到1898年夏威夷成为美国的一个地区之后，休闲旅游才开始真正发展起来。1901年Moana酒店开业，它是沿怀基基海滩众多酒店的第一家，并且它只接待有钱的客户。夏威夷促进委员会（Hawaiian Promotion Committee）于1903年成立，但在20世纪的早期，抵达夏威夷群岛的费用很高，需要乘坐始发于旧金山的豪华游船，经过4~6天的航行。直到20世纪50年代，旅游业的快速扩张才开始出现，这是因为：

● 第二次世界大战结束后，美国本土经济出现了繁荣，在此期间，大量从事服务业的美国人来到夏威夷群岛工作。

● 喷气式飞机的采用使得航空服务更加便宜和快捷，使得群岛相对偏远的地理位置不再成为一种障碍。

● 制片厂商将夏威夷作为电影和电视节目制作的一个基地。

● 夏威夷在1959年成为了美国的一个州，这就使其能充分融入到美国人的主流生活当中。

旅游业的主体主要来源于岛外的移民，并且，对以生产糖和菠萝为主、萎缩的农业而言，旅游业提供了一个新的就业途径。到了20世纪70年代，中等收入的美国人也能负担得起飞机包价旅游时，大众旅游时代宣告来临，游客数量自1950—1980年期间从4.6万人增加到400万人，这个增长速度几乎是其他任何旅游地无法比拟的。1990年抵达游客有大约700万人，在达到这个顶点之后，旅游业在接下来的10年内陷入了停滞状态，主要是受到第一次海湾战争和亚洲金融危机的影响。从那以后，一些主要的旅游景点为了迎合需求的变化，进行了重新改造。这样，到2002年，游客数量仍维持在360万人。

大部分旅游开发集中在夏威夷的第三大海岛——瓦胡岛（Oahu），其中一些重要因素是：瓦胡岛拥有本地区75％的人口、大多数的游客住宿接待设施和首府城市火奴鲁鲁（即檀香山，Honolulu）。并且，在瓦胡岛停留的大部分游客会参观一个或几个"邻居海岛"，但这种游览是很短暂的。毫无疑问，大众化旅游已经给瓦胡岛带来了一些负面影响，特别是在怀基基海滩，许多开发项目都没有规划。因此，夏威夷州政府鼓励在其他海岛上进行旅游开发项目，而且一般都是高标准项目。例如，在毛伊岛（Maui），大部分开发项目建设属于共管物业（condominiums），一些公寓是以分时度假的形式运作，主要是为了迎合美国富人的需求。然而，这些项目受到了许多批评，因为与那些有着鲜明怀基基海滩特色的大酒店相比，这些开发项目对当地社区的贡献就更小了。另外，日本人在夏威夷进行了大量投资，不仅在酒店开发上，而且在高尔夫球场、旅行中介和房地产上。

虽然夏威夷并不缺乏文化特色和其他方面的旅游景点，但大部分旅游需求是海滨旅游，游客主要来自以下一些国家：

● **美国和加拿大**　美国本土占了全部夏威夷游客的2/3。这主要是由于便宜的国内航空机票和极具竞争力的旅游价格，从中部的亚特兰大和中西部各州出发的游客可以和加利福尼亚出发的游客一样，很容易抵达夏威夷。

● **日本**　一般来说，日本人的人均花费比美国人高许多；但是，从20世纪90年代末起日本市场出现了下滑。另外，年轻的日本人喜欢将夏威夷作为一处结婚蜜月度假地。火奴鲁鲁是泛太平洋航空服务网络的一个重要枢纽，如同连接美国的许多城市一样，它也拉近了东京到夏威夷的距离。

● **澳大利亚和新西兰**　由于可进入性提高，这两个地区都是夏威夷旅游的重要市场。

● **西欧**　由于距离较远、飞机旅行费用较高，这个地区来夏威夷旅游的人很少，只有为数不多的游客参观瓦胡岛之外的海岛。除了火奴鲁鲁有游船到达外，所有往来夏威夷群岛与大陆的旅行都是乘坐飞机，并且，海岛上没有提供公共交通工具。

旅游资源

夏威夷作为旅游胜地的吸引力体现在其旅游资源综合性上——宜人的气候、美丽的海滩和秀美的山峰、海水冲浪和各种户外活动项目，还有重要的波利尼西亚人传统文化。现在，我们将详细讨论这些旅游资源。

气　候

夏威夷群岛处于盛行的东北信风带上，信风对气候有很大的影响，缓和了热带地区的热度和湿度。然而，来自南部或西南部的科纳（Kona）风暴会经常干扰信风的作用，使气候在一段时间里变得潮湿，对离岸的海浪高度也会产生重要影响。由于海岛多山，气候和植被在上风斜坡面和下风斜坡面有很大的差异。大部分开发的景点都位于海岛上受风力影响较小的南部和西部海岸线，这里气候干燥，阳光充足。

冲浪海滩

夏威夷能够称得上"冲浪运动的天堂"，这里有世界上最大最高的海浪。这些海浪的生成是源于北部4000公里外的阿留申群岛（Aleutian）的冬季暴风。洋流抵达海岸之前没有大陆阻挡，没有大陆架在减少其影响力。因此，在冬季的几个月里，毛伊岛北部海岸和有名的瓦胡岛北部岸区（North Shore of Oahu）就是冲浪高手们寻找巨浪的极佳场所。在Pipeline，冲浪运动员踏上冲浪板，挑战在强大的海浪和浅暗礁的作用下形成的滔天巨浪。夏季是怀基基海滩冲浪的最佳时间，美国白人定居者从本地夏威夷人那里学习借鉴了这项运动，并且在20世纪20年代将它推广到加利福尼亚州和澳大利亚。第二次世界大战以后，经过不断改进设计，玻璃纤维制作的冲浪板已经取代了由当地硬木制成的、笨重的长板，同时，通过电影、音乐、服装业和职业冲浪比赛的宣传，国际性的冲浪文化应运而生。最近新开发的项目就是动力冲浪，采用喷气作为牵引推动力来应付巨浪，毫无疑问，这种方式会受到纯冲浪者的批评。

夏威夷文化

本土夏威夷人是该地区最大种族群体的后代，大约占了人口总数的40%。虽然他们对美国白人主宰经济的状况有一些不满和怨气，但是，一般来说，在这里种族之间的关系比美国大陆要好许多。各种族的岛上居民以土著夏威夷传统而自豪，当然从库克船长时代以来，这种巨大的变化经历了相当长的时间。如果考虑到用这些传统文化作为其旅游形象的表现方式，它的真实性是值得探讨的。它们包括：

● 游客到达机场时，给游客戴花环（lei），按照夏威夷人传统的接待方式，用问候语"Aloha"表示欢迎。

● 在酒店举办宴会（Luau），摆上地灶烤制的烤猪，唤起丰收的喜庆。

● 夏威夷人的音乐和舞蹈，其中草裙舞（Hula）最有名；原先这种舞蹈只用于宗教目的，通过面部表情、手臂姿势和臀部运动来叙述历史和人物传说；然而，夏威夷的音乐逐渐吸收了其他文化的一些因素，如ukulele（由葡萄牙移民引进的四弦琴），并且受20世纪30年代美国娱乐业的影响，在很大程度上进行了再创造。

海洋环境

夏威夷群岛周围的海域为各种活动提供了机会和场所，这些活动有：

● 潜水运动，沿着海岛下风海岸的珊瑚礁为基地；从20世纪80年代以来，利用观光潜水艇，使安全、舒服地探寻海底世界成为现实。

● 游艇和风帆冲浪运动，特别是在毛伊岛。

● 鲸鱼观赏活动，特别是在毛伊岛一带海域，这是一项主要的旅游项目；但是，这项日益流行的活动可能会威胁驼背鲸的生存。

自然遗产

美国国家公园组织保护海岛上所有的自然遗产资源，其中最出名的就是位于夏威夷 "大海岛" 上的火山国家公园。同时，在海岛内陆地区开发徒步旅行和生态旅游等项目，这给那些高消费的旅游方式（通常局限于度假地的海滩和购物街）提供了另外一种选择。虽然有些特色是所有海岛都有的，如海滩、瀑布和火山景观，但是，每一个海岛还具有不同特点：

● **瓦胡岛**　本岛是游客最常光顾的海岛，因此可以称为夏威夷的 "聚集之地"。其特色使它区别于美国其他大城市：

○怀基基最闻名的海滩，以及火山活动的地标——著名的 "钻石头"（Diamond Head）。

○大主教博物馆（ Bishop Museum ）——世界上收集太平洋手工艺品最好的馆藏之一。

○伊哦拉尼王宫（Iolani Palace）——夏威夷君主时期的见证。

以二战闻名的珍珠港海军基地就在火奴鲁鲁附近。另外一处重要景点是位于莱城（Lae）的波利尼西亚文化中心，这里将教育和娱乐结合在一起，生动形象地展示了太平洋地区七个波利尼西亚国家的民间传说故事。

● **毛伊岛** 绿色的"山谷之岛",拥有众多高级度假地,如Kapalua和Kaunapaali——现已和先前的捕鲸港口Lahaina连在一起。其他主要的景点有世界最大火山之一的哈雷卡拉火山(Haleakala Crater)、七巧湖(Seven Pools of Hana)。

● **考艾岛(Kauai)** 号称"花园之岛",并以其秀美的风景而闻名。景点有:

○ 位于Wailua的蕨类植物洞(Fern Grotto)。

○ Waimea峡谷。

○ 世界闻名的Hanalei海滩——电影《南太平洋》中杜撰的一个海上仙岛Bali Hai的拍摄基地。

本海岛的大部分区域只能通过直升机、轮船和徒步旅行抵达。而考艾岛于1992年受到飓风Iniki的袭击,并造成严重灾害,由此岛上的主管当局调整了其旅游业政策,欢迎本地经营的小型企业和土著夏威夷人社区的参与。

● **夏威夷岛** 由于受到高耸的火山峰莫纳罗亚山(Mauna Loa)和莫纳克亚山(Mauna Kea)的影响,这座"大海岛"的气候差异很大。Kilauea是世界上最活跃的活火山之一,经常性的喷发在岛上东南部地区造就了许多月牙形状的火山坑和熔岩洞穴,以及具有黑色和绿色沙石特征的海滩。另外,许多养牛农场、咖啡种植园和热带雨林也给游客提供了许多特色景观。

● **莫洛凯岛(Molokai)、Lanai岛和Niihau岛** 目前这些海岛受到旅游业的影响很小。享有"友谊之岛"美誉的莫洛凯岛的主要景点就是Kaleapapa国家公园,拥有崎岖的海岸线。Lanai岛直到目前仍依靠菠萝种植业,但是随着产业多元化的发展,该岛也开展了高端旅游业,而人口稀少的Niihau岛几乎没有旅游项目。

旅游业的影响

虽然旅游业给夏威夷带来了经济利益,却使环境付出了一定代价,影响了海岛传统的生活方式。特别是旅游部门的主导地位受到土著夏威夷人激进分子的反对,他们认为旅游业会威胁他们的农业土地、宗教神地、水资源供应和捕鱼场地,使他们的传统文化趋于消失。另外，高尔夫球场需要大量的水资源，持续使用化肥和除草剂，这也是一项主要的环境污染来源。一些大酒店的所有者已经受到指控，说他们禁止本地人前往公共海滩。同时，旅游业在很多方面受到了人们的指责，如犯罪率上升、家庭破裂和土地价格上涨使本地人无力支付高昂的房价。从20世纪80年代以来，当局在保护环境方面做了许多努力，制止旅游业的不适当发展。与此同时，较大的旅游景点如怀基基海滩已经开始重新规划和定位，逐步摆脱原先追求高数量、低产出的大众化旅游路线，侧重于环境改善以及加强住宿方面的投资。从长远来看，最大的威胁可能不是旅游业的发展，而是人口的增长，这是由于从美国大陆而来的大量移民造成的。

案例回顾

　　具有"太平洋上的天堂"美誉的夏威夷是太平洋地区主要的旅游胜地，它拥有大规模的、职业化的旅游服务部门。旅游业的发展在夏威夷有很长的一段历史，在21世纪，夏威夷各海岛更加注意旅游业带来的环境影响，正在开发可持续发展的旅游产品，以及对一些成熟旅游景点重新定位。

讨论与作业

　　1. 大多数人对外国、外国人和遥远的地方都有一种老套的、一成不变的印象，当涉及旅游行业时称之为"印象图标"，经常在旅行手册和海报里出现。明确夏威夷有哪些文化和景致特征可能符合这种"印象图标"，说明这些形象在多大程度上会给潜在游客留下错误的印象，它们与夏威夷人的真实生活有区别吗？

　　2. 要求你就夏威夷冲浪旅游做出陈述，要考虑到全球对冲浪运动的需求以及资源和设施供给情况。

　　3. 从故事片、电视节目和流行文学作品中选择一段宣传夏威夷作为度假胜地的情节，选择一些地方作为例子。

　　4. 土著夏威夷人声称为了迎合游客的消费，他们的传统已经被改造。而游客对这种过于商业化和舞台化地展示夏威夷文化的做法也非常失望。讨论各方观点，用事实加以证明。

5. 虽说夏威夷位于世界上最大洋的中部，地理位置欠佳，但有许多航线通往各海岛。参考ABC国际航空指南（ABC World Airways Guide），比较从伦敦、悉尼、纽约和东京飞往火奴鲁鲁的航班与飞往其他太平洋海岛，如塔希提岛（Tahiti）的航班，哪个更为频繁。

参考文献

Bowen, R. L., Cox, L. J. and Fox, M. (1991) The interface between tourism and agriculture. *Journal of Tourism Studies*, 2 (2), 43–54.

Cockerell, N. (1993) Hawaii. *International Tourism Reports*, 4, 50–70.

Farrell, B. H. (1982) *Hawaii: The Legend that Sells*. University of Hawaii Press, Honolulu.

Fujii, E., Im, E. and Mak, J. (1992) Airport expansion, direct flights and consumer choice of travel destinations: the case of Hawaii's Neighbour Islands. *Journal of Travel Research*, 30 (3), 38–43.

Gee, C. Y. and Patoskie, J. D. (1993) Maui and Lanai: a study of luxury resort development. *World Travel and Tourism Review*, 3, 270–275.

Lynch, R. (1997) Tourism in independent Hawaii. *Contours*, 7 (11/12), 24–26.

Mak, J. and Moncur, J. E. T. (1995) Sustainable tourism development: managing Hawaii's 'unique' tourist resource: Hanauma Bay. *Journal of Travel Research*, 33 (4), 51–57.

Sheldon, P. J. and Abenoja, T. (2001) Resident attitudes in a mature destination: the case of Waikiki. *Tourism Management*, 22 (5), 435–443.

Tamirisa, N. T., Loke, M. K., Leung, P. and Tucker, K. A. (1997) Energy and tourism in Hawaii. *Annals of Tourism Research*, 24 (2), 390–401.

Tarlow, P. E. (2000) Creating safe and secure communities in economically challenging times. *Tourism Economics*, 6 (2), 139–149.

Wyllie, R. W. (1998) Not in our backyard: opposition to tourism development in a Hawaiian community. *Tourism Recreation Research*, 23 (1), 55–64.

Wyllie, R. W. (1998) Hama revisited: development and controversy in a Hawaiian tourism community. *Tourism Management*, 19 (2), 171–178.

网址

http://www.gohawaii.com/
http://www.state.hi.us/dbedt/tourism.html

案例35
里约热内卢（Rio de Janeiro）的复兴

简　介

里约热内卢（或众所周知的里约）是世界闻名的旅游胜地之一，它和其他旅游胜地一样都在构建其在21世纪的愿景。本案例考察里约（Rio）的旅游业以及其愿景计划。完成本案例后，你将：

1. 了解里约热内卢成为世界顶级旅游城市的原因。

2. 了解里约在旅游生命周期中所处的阶段和位置。

3. 了解里约各类旅游景点和设施。

4. 了解在过去的25年内这个旅游胜地出现的各种社会和环境问题。

5. 了解里约的愿景计划，以及在国际旅游市场上重新定位的步骤。

关键问题

本案例涉及4个关键问题：

1. 里约是世界顶级旅游城市之一，实际上已经历了旅游生命周期中的所有阶段。

2. 多年以来，里约作为巴西最主要的旅游胜地，其发展已经带来一系列的社会和环境问题，并威胁到城市的可持续发展。

3. 正如世界其他旅游胜地一样，里约正着手制订新的规划，重新规划城市，以满足21世纪游客的需要。

4. 里约的愿景计划整合了城市旅游业与其他经济和社会部门，到目前为止是比较成功的。

里　约

里约热内卢是世界顶级旅游城市之一，原因如下：

● 它展示了久负盛名的巴西形象，一个充满异国情调的国家，拥有开放的生活方式和欣欣向荣的经济。

● 引人入胜的美丽风景，景点大都位于世界最佳海湾之一的Cuana-bara湾与众多花岗岩山峰之间，包括面包山（Sugar Loaf）和基督山（Corcovado），其山顶上有闻名的基督耶稣像（Christ the Redeemer）。

● 大约80公里的优质沙质海滩，其中最有名的是科帕卡巴纳（Copacabana）海滩，最时尚的是伊帕聂玛（Ipanema）海滩。它们适宜于观赏游览（受大西洋海浪的影响不适合日光浴）。海滩像一处展示时尚的舞台，尽管沙滩装是最低限度，但是女性游客的"祖胸"日光浴还是不被接受。为了跳巴西卡里奥克舞（Carioca）的需要，保持良好形象是最重要的，这就不奇怪，整容手术是一种有利可图的产业。部分海滩被特定的社会团体使用，或者专门用来进行某些活动，例如科帕卡巴纳海滩用做足球和排球活动，阿尔博阿多尔（Arpoador）适合冲浪运动。

● 狂欢节——放荡不羁的舞蹈节拍、夸张的服装——世界上最值得观看的表演，打破了富人与穷人的社会界限，要知道在这个国家成千上万的人甚至挣不到80美元的每月最低工资。

为了更好地利用这些资源，城市建立了完善的交通基础设施，包括两座大型机场，以及集中在科帕卡巴纳地区的世界级酒店等。

虽然拥有独特的资源，但是在20世纪的后25年中，里约经历了旅游生命周期中的最后阶段，并开始受到许多问题的困扰，包括游客数量下降、需求发生变化以及来自其他新型旅游地的竞争。另外，里约的许多问题来自巴西国内，首先，巴西利亚（Brasilia）取代里约成为国家的首都，里约失去了政治方面的影响，而且，圣保罗（São Paulo）赶上里约成为重要的商业中心。与此同时，里约仍然吸引大量来自贫穷农村移民的流入，崎岖的地形使城市规划建设十分困难。除了贫民区以外（山坡上许多棚屋小镇），里约被Serra da Carioca山脉分为北区（zona norte）和南区（zona sul），大部分的旅游景点集中在南区。

为了应对这些问题，里约着手开展一项重要的复兴计划。这项活动与巴西政府的目标是相辅相成的，这些目标有：

- 建设成为一个现代化的、有效率的国家。
- 减少社会和地区的发展不平衡。
- 发展经济实现现代化。
- 提高巴西在国际市场上的竞争力。

里约的旅游业发展

19世纪，里约不仅吸引了巴西的上流社会人士，而且还有来自欧洲和美国的有钱游客。但是，一直到20世纪50年代后期，受到这里海滩和气候的吸引，游客才开始蜂拥而至。

- **旅游业的增长期：20世纪六七十年代** 从1960—1975年，随着海外游客对国内市场的补充，游客数量和各类设施都有了较快的增长。70年代早期，Galeão国际机场开放，推动了主要酒店连锁集团前来投资。
- **问题的出现：20世纪八九十年代早期** 由于城市缺乏规划，对旅游业发展采取了一些不恰当的措施，到80年代出现了许多问题。从1985—1993年，国际游客数量大幅度下降，从62.1万人下降到37.8万人，酒店平均入住率降到了50%。游客更顾虑安全问题以及是否物有所值。在此阶段，里约旅游业的发展遇到以下问题：
  - 公共部门与私人团体之间缺乏有效的资源整合。
  - 旅游行业缺乏专业化人才。
  - 一些重要的旅游景点缺乏旅游宣传信息。
  - 缺乏除了葡萄牙语以外能够讲英语或其他语言的人才。
  - 除了沙滩旅游外，很少有其他旅游产品。
  - 海滩污染问题。
  - 由于巴西货币不稳定而导致的通货膨胀。
  - 针对游客的犯罪活动。
- **复兴战略：20世纪90年代** 政府已经充分认识到，为了城市和旅游业的发展，需要制订各方协同的复兴战略。

里约的复兴

1993年在私人社团的支持下，里约市市长草拟了第一份战略计划。紧接着，1997年又与国家旅游组织——观光局（Embratur）合作起草了一份专门针对旅游业的战略规划。规划运行到2006年，循环检查5个主要项目的实施情况。该规划的主要目标是：

- 从旅游业获得更多收益。
- 在国内旅游市场上保持里约市的竞争优势。
- 在国际市场上使里约市更具有竞争力。
- 重新定位里约的形象。

我们总结了五个主要项目以及它们的重要目标：

- **项目1　开发新产品，吸引新兴和现有游客**
  ○ 娱乐设施多样化。
  ○ 开发新产品，如生态旅游。幸运的是，里约拥有Tijuca国家公园，这是海岸雨林能够在城市范围内生存的最佳例子。
  ○ 开发与城市文化和历史相关的产品。里约以桑巴舞学校和对世界音乐的贡献而闻名，同时还拥有丰富的艺术遗产，可以追溯到漫长的殖民时期和唐·佩德罗二世（Dom Pedro Ⅱ）统治时期，他在19世纪给巴西带来了安定与和平。
  ○ 开发体育旅游。里约拥有世界上最大的马拉卡纳（Maracanã）体育场，并且巴西的足球运动和摩托车比赛在国际上享有盛名。

- **项目2　提升现有旅游产品的质量和景点配置**
  ○ 保护现有景观，如著名的面包山。
  ○ 完善城市景点的交通和路标。
  ○ 保护好城市街景画和其他景致，提高游客体验的质量。
  ○ 鼓励私人团体参与旅游产品的更新换代。

- **项目3　开发旅游业数据库并增加城市的旅游信息**
  ○ 开发旅游业统计方面的数据库。
  ○ 建立游客信息中心。

- **项目4　在里约实施一项规范的市场营销方法**
  ○ 塑造具有文化活力的城市新形象——"无与伦比的里约"，向旅行社、媒体和公众大力宣传这种新形象。

　　○ 针对当地民众和媒体，开展公共关系宣传活动。

　　● **项目5　为旅游业培养一批有技能、专业化的劳动力**

　　○ 在里约建立旅游教育体系。

　　○ 在里约建立旅游业质量管理系统。

讨　论

　　里约的复兴计划是一个很好的例子，它告诉我们如何严格应对旅游地出现的各类问题。这个战略规划取得了一系列有效的成果。例如：

　　● 国际游客数量每年超过200万人次，据估计，国内游客每年也有500万人次。

　　● 旅游地各利益相关者为了共同的目标加强合作。里约协调机构——里约会议局（Rio Convention Bureau）和旅游机构——里约旅游局（Riotur），在城市复兴过程中发挥着领导作用。另一方面，2003年市政府否决了一项在港口地区修建一座古根海姆（Guggenheim）博物馆的提议，尽管类似的项目在毕尔巴鄂（Bilbao）市取得了成功。

　　虽然在保证游客安全（例如设立了一个专门的警察队伍）和提升城市的整体形象方面做了许多工作，但是旅游业对生活在500多处贫民区超过100万人口的贫民帮助不大，这些简陋棚屋小镇与富人区只有很短的距离，贫民窟缺乏基本的基础设施，居民没有任何的隐私，这里帮派管制胜过法制。Rocinha是其中最大的贫民窟，这里已经成为私下公开培训当地导游向游客展示"里约阴暗面"的场所。一部根据另一处贫民窟生活拍摄的名叫《上帝之城》（Cidade de Deus）的获奖电影引起很大的反响，该影片敦促巴西政府在2003年分配给这些贫困地区更多的急需资金。

案例回顾

　　里约是世界著名旅游城市之一，但是在过去的25年中，它经历了旅游地生命周期中的停滞阶段。为了保持其国际旅游领先地位，里约已经着手开展一项影响深远的复兴计划，该计划整合了城市旅游业与其他一些经济和社会部门。虽然旅游业在缩短富人和穷人之间的差距方面作用不大，但是该计划正取得许多建设性的成果。

讨论与作业

1. 从旅游组织者、当地居民、城市管理当局以及游客自身的角度出发，讨论开展贫民窟旅游的赞成和反对意见，并且给班上的同学分配不同的角色。

2. 阐述里约在建设成为可持续发展旅游目的地过程中所遇到的社会和环境问题，应采取哪些办法来应对这些问题？

3. 分析里约狂欢节成为世界最佳节庆活动之一所具备的特色，并评估其对当地社区经济和社会的影响。

致谢

本案例的研究主要是借鉴了伯恩茅斯大学的Costa de Souza（1998）未发表的硕士学位论文《里约热内卢旅游胜地的发展和复兴计划》。

参考文献

Santana, G. (2001) *Tourism in South America*. Haworth, New York.

网址

http://www.embratur.gov.br/
http://www.rioconventionbureau.com.br
http://www.rio.rj.gov.br

案例 36
厄瓜多尔亚马孙（Ecuadorian Amazon）的生态旅游业

简　介

　　世界上最大面积的雨林和土著居民的命运是全球关注的一个问题。本案例关注南美洲亚马孙河（Amazon）流域中厄瓜多尔（Ecuador）的生态旅游，生态旅游可以作为实现可持续发展的一种选择方式。完成本案例后，你将：

　　1. 了解厄瓜多尔雨林的生物多样性，以及发展生态旅游的潜力。

　　2. 了解亚马孙印第安人社区面临的问题和挑战，以及基于社区的生态旅游（community-based ecotourism）在经济发展中作为替代石油业和伐木业的另一种产业所起的作用。

　　3. 认识到基于社区的生态旅游只占厄瓜多尔旅游市场很小的份额。

　　4. 了解厄瓜多尔亚马孙的生态旅游项目，以及生态旅游者采用的各种住宿和交通方式。

关键问题

　　本案例涉及5个关键问题：

　　1. 生态旅游者和非政府组织需要一起合作，使各级政府认识到保护雨林资源的重要性。

　　2. 为了解决许多紧迫的经济问题，厄瓜多尔这样的发展中国家面临着两难困境，面对经济压力很难实现可持续发展。

　　3. 事实上，经营管理良好的生态旅游能够给土著社区带来经济和社会利益。

　　4. 当地土著社区在发展生态旅游实现经济自足和自立方面，面临着许多挑战。

　　5. 游客和旅游经营者在参观这类社区时，需要培养负责任的举止和行为。

生态旅游的范围

生态旅游是国际旅游业的一部分，从20世纪90年代中期起呈现惊人的增长态势。生态旅游对厄瓜多尔这样的发展中国家的经济贡献很大，但是很难精确衡量。根据美国旅行业协会（Travel Industry Association of America）报道，有83％的美国游客打算在生态旅游上花费更多（Szuchman，2001）。为了吸引那些对环境问题关注的游客，南美洲许多旅游经营者迫不及待地将他们的产品贴上生态旅游的标签。但是实际上，几乎没有哪家酒店达到生态旅游公认的标准。目前还没有公认的有关生态旅游的定义，但它绝不仅仅是到大自然去旅行，并且大多数旅游地远远不是无人居住的荒野。无论如何，当地社区和土著居民应该从这种形式的旅游中获得长期的经济利益，而不是被排除在外，这种情况经常发生在非洲的国家公园和野生动物保护区。生态旅游应该保持资源的原生态，在一定时段内应限制游客数量，旅游者要加强伦理责任，完善道德规范和行为。

我们可以将雷普（Leiper）的旅游系统模型运用到生态旅游当中。例如，英国是旅游客源地，野生动植物资源匮乏，对生态旅游的需求量较大。而厄瓜多尔拥有丰富的、独特的动植物资源。在旅游客源地，生态旅游者会受"负责任消费"自然旅游产品的观念驱动，环保意识也高于普通水平。许多游客谈不上富裕（虽然当地社区认为他们已经很富有），对于这些游客，生态旅游可能就是他们"一生中的假期"（holiday of a lifetime），包括几个月时间的准备到回国后向其他潜在游客讲述旅游体验的回忆阶段。在旅游目的地，自然景观是主要的旅游吸引物，而一些辅助服务（如住宿、接待和导游）也应该安排良好和做到"环境友好"。生态旅游的主要目的是参与、学习和体验，相比其他类型的旅游，购物、夜生活和娱乐设施等都不是游客关注的重点内容。在过境区（transit zone），也就是旅游活动的发生地，生态旅游者最好寻找当地交通经营者和没有污染的交通方式，这对在境内旅游是很好的选择，从游客抵达旅游地国家，到前往国家公园或者其他保护区，都应如此。然而，大部分像厄瓜多尔亚马孙这样的生态旅游地都位于十分偏远的地区，从旅游客源地英国抵达这里，需要乘坐飞机跨越半个地球的行程。由于飞机的废气是污染的主要来源，并加剧了全球气候变暖，所以说，生态旅游是最"绿色"的旅游形式这种说法是站不住脚的。

厄瓜多尔的生态旅游业

厄瓜多尔境内大约17％的面积是官方保护的国家公园或自然保护地。虽然厄瓜多尔是南美洲最小的国家之一，但境内的安第斯山脉（Andes）拥有最多样化的生物带和最美的自然景观，包括科多帕希火山（Cotopaxi）、钦博腊索火山（Chimborazo）和桑盖火山（Sangay），所有这些景点都距离首都基多（Quito）很近。其太平洋海岸线还举办过一些国际冲浪比赛，但是还没有达到开展海滩旅游的程度。文化旅游，以厄瓜多尔安第斯地区Siera山区的印第安人和西班牙殖民遗产为基础，与邻国秘鲁著名旅游景点相比就黯然失色。20世纪90年代中期，由于石油价格的暴跌和巨额的外债，几乎导致国家经济的崩溃，最后不得不接受美元作为国家的流通货币，以取代以前的苏克雷（sucre）货币。这种情况有利于提高旅游业的认知度，到目前为止，旅游业仅次于石油和香蕉出口，成为国家外汇收入的主要来源。生态旅游以及各种形式的探险旅游，如河流漂流、徒步探险和骑马旅游，都是其中增长较快的部分。

然而，厄瓜多尔不论在公共部门还是私人部门，都缺乏一个有效率的旅游宣传管理机构。虽然有旅游部（Ministry of Tourism）和国家旅游组织（CETUR），但政府对该行业的支持一直都是不够的。国家旅游组织的资金来源于税收和旅游业收入，但许多企业并没有正式注册，它们成了这个国家规模很大的地下经济。另外，各类交通基础设施也不足，而且，从机场征收的税收资金又被转移到其他项目上了，而没有投入到急需改善的基多和瓜亚基尔（Guayaquil）的交通设施建设上。

生态旅游者主要是被厄瓜多尔西部的加拉帕哥斯群岛（Galapagos Islands）所吸引，而不是厄瓜多尔本土，这也是以前案例研究的内容。其他一些重要旅游资源包括太平洋海岸线的红树林湿地群（目前由于海虾养殖业的增长，大部分红树林湿地已经退化）、高寒带处的沼泽地和安第斯高山的雾林以及国家西北部和东部的大片雨林。而位于安第斯山与太平洋海岸低地之间的厄瓜多尔西北的Cotocachi-Cayapas保护地，已经成为国际"雨林走廊"的一个重点项目，该保护地延伸至哥伦比亚（Colombia）西部的Choco地区。

另外一处更广阔的森林位于安第斯山的东部地区，即厄瓜多尔人熟知的El Oriente，这里是幅员辽阔的亚马孙河流域的一部分。虽然与巴西相比，厄瓜多尔占亚马孙河流域的部分要小得多，但是在生物多样性方面却比世界其他地方更加丰富。还有哥斯达黎加（Costa Rica），由于拥有良好的生态旅游目的地而闻名于世。大片森林、众多河流和本地区的淡水泻湖给野生动植物提供了各种各样的栖息地。在一些原始森林里，高达30～45米的参天大树形成了一个茂密的树叶遮篷，阻挡了阳光直接照射到森林地表，这里有许多相对发育不全的矮树。在此间，有许多小树组成了林下叶层和一层灌木丛，并点缀着许多藤本植物和真菌等附生植物（如兰花）。在Cuyabeno保护区，有超过400种的鸟类，还有海豚（而这里距离大西洋有4000公里），更不用说种类繁多的鱼类。于是，这种生物多样性不仅是旅游业的资源，而且也导致了狩猎活动并催生了动物和鸟类交易，其中的大部分是为了私人收藏。另外，还有"生物盗版"问题的出现，就是许多美国公司寻找那些科学界未知的药用植物并注册取得专利。从20世纪60年代后期以来，奥若特（Oriente）地区的雨林面积已经有了大幅度的减少，主要原因如下：

● 石油的发现和相关产业的开发，对野生动物造成广泛的影响，并导致水资源污染。甚至联合国教育科学文化组织（UNESCO）设定的一处世界生物圈保护地——Yasuni国家公园，目前也正受到国际石油公司的威胁。

● 对热带阔叶树的商业性砍伐，大部分是非法的。由于这些树木很少是标准的直立型，并广泛地分布在整个森林之中，因此，不加选择的砍伐几乎是不可避免的。

● 从Sierra地区和太平洋沿岸低地涌入的大量定居者，他们为了开发农业而清理土地砍伐树木。

奥若特地区由六个省组成，虽然本地人口只占厄瓜多尔人口的6%，但是这个地区却处于生态保护的前沿。另外，虽然石油公司在奥若特的北部投资了一些交通基础设施，并被旅游业利用，但是，大多数地方只能沿通航河流（如Napo河），乘坐机动独木舟到达，或者乘坐轻型飞机抵达。

基于社区的生态旅游的兴起

奥若特雨林地区是当地9个土著部落的家园，目前面临严重的环境威胁，大多数部落的人口不超过1000人。他们的传统生活方式是打猎、捕鱼和采摘果实，以及在森林小片空旷地上种植一些维持生活的农作物。整个20世纪，主要由于受到西方传教士的影响，其传统文化的许多因素被遗弃了。另外，印第安人中最好战的Huaorani人（以前称为Aucas人）于1956年制造了杀害多个美国传教士的事件。在许多博物馆的收藏中可以发现黑瓦洛人（Jivaros）的一些人工制品，如吹箭筒和干缩的头颅（战败敌人的萎缩头颅）。在低地生活的印第安人盖丘亚族（Quechua）是本地区最大的部落，他们也使用与Sierra地区印第安人同样的语言，这里一直是以社区为基础的生态旅游项目活动的中心。从20世纪60年代末期开始，由于石油业和伐木业的兴起以及新定居者的不断迁入，土著居民的狩猎场地逐渐丧失。生态旅游的增长促使政府留出一些区域作为国家公园或自然保护区，但是这种做法并没有与当地社区进行协商。同时，以首都基多为基地的旅游承办商为了满足游客的好奇心，将土著人用于商业活动而加以展示，或者利用他们作为廉价的劳动力。

奥若特地区的土著居民逐步把基于社区的生态旅游（CBE）作为自力更生的战略之一。在此过程中，政治组织也起了很重要的作用。相比Sierra地区的印第安人口数量，奥若特地区的部落人口较少，但他们一直以来活跃在争取权力的Pachacutik运动当中，试图在基多国会上寻求更多的代表席位，并在厄瓜多尔的宪法里承认土著社区的特有权利，保留他们的语言和传统。在一些非政府组织（NGO）的帮助下，他们一直努力争取对祖传土地所有权的合法化。土著社区组织特别强调他们作为"森林的监护人"的角色，而认为INEFAN（即政府保护自然遗产机构）则是处于森林保护的次要地位。

社区旅游企业纯粹由社区管理和拥有，工作人员轮岗上班，旅游收入平均分配。当然这种方式也有一些问题，如修建一条飞机跑道或建设一座旅店，在短期不能产生收入和提供工作岗位，那么社区可能对这样的项目不感兴趣。另外一种更灵活的形式是让特定家庭负责管理工作，再根据旅游需求的不同模式，雇用其他人。第三种形式就是本地人与外来企业，通常是基多的旅游承办商，成立合资企业。旅游承办商提供客源、交通工具和双语导游，以及培训和营销专业服务，社区组织负责游客的日常接待工作。Kapawi生态旅馆（Eco-Lodge）就是一个这样的例子。这家旅馆位于秘鲁边境附近的一个保护区内，旅游承办商从Achuar部落手中获取了土地的长期租用合约。据估计，到2011年旅游承办商会接管并负责管理这个项目。

大部分生态旅游者来厄瓜多尔亚马孙旅游时，会选择住在门户城镇的各种档次的酒店，像Puyo、Tena和Misahualli等城镇，他们一般会把这些城镇作为旅行基地，他们的行程可能包括一段较长的乘船旅行。有些游客选择离保护区近的旅馆，这些旅馆的位置较偏远，一般由大型国内和国际旅游公司管理。基于社区的旅游有一个明显的优势，就是社区能够作出明确的选择，自觉支持旅游业，这样的话，游客会感觉到自己是受欢迎的客人，而不是入侵者。土著向导不仅拥有丰富的森林和野生动植物知识，而且由于气质不同，他们不会像拉丁美洲男子那样表现得过于大男子主义。为了把旅游活动的负面影响降到最低，旅游团的人数不能超过12人，同时团队数量限制到每个月可能只有一个旅游团。同样，游客食宿地点和当地村庄有一段距离，采用当地材料建成传统样式，通常是用茅草覆盖屋顶、四面敞开的吊脚楼（cabañans）。另外，游览日程灵活、从容，游客有机会融入乡村生活，进行文化交流。有些森林线路为了方便徒步旅行，开辟了许多森林小道，有木板路、绳索吊桥，甚至观景台，而河流旅行一般采取乘坐独木舟的方式。

对于传统意义上的旅游，大多数CBE企业的劣势是它们不够专业，让土著人学习迎合西方游客的要求和期望难度很大，有些是不现实的；那些寻求"真实"的游客会对这样的事实感到失望：土著人渴望穿西式服装，居住在铁皮屋顶的现代房子里，而其他游客可能不赞同继续开展狩猎。由于会讲英语的向导非常少，因此游客需要做好充分的准备。除了几家合资企业之外，如Kapawi生态旅馆，其他的住宿和餐饮设施都相当简单。虽然有些食品是由当地制作，但是大部分必须从附近的小镇，利用机动独木舟长途运来。由于大部分社区缺乏现代通信设施，打入实际的客源市场是他们面临的主要问题。游客的口碑能起到很重要的作用，他们回国之后，会向潜在游客传播这里的旅游信息。

目前，基于社区的生态旅游给土著部落带来了很多益处，这种模式允许他们自主作出选择，是保留传统生活方式的某些方面，还是作出改变。生态旅游为社区提供了有限的就业岗位，如向导、独木舟驾驶员和厨师，一些家庭通过销售手工艺品，如编织物、吊床（一种美洲印第安人的发明）、陶器和木雕制品等，获得了额外收入，这些都有助于振兴传统手工艺。CBE鼓励保护森林资源，增强对本地文化的自豪感，促进了与外部世界的沟通和交流。目前建设基多现代医疗的资金已经到位，但是市场经济越开放就会导致对进口消费品的更多依赖。从短期来看，从事社区旅游业有一个"机会成本"，因为发展旅游就意味着本地人放弃了石油公司提供的薪水更高的工作机会。伐木业和石油业比旅游业来钱更快，因此，社区领导发现很难抵制石油公司的诱惑。社区企业也面临来自旅行承办商的杀价竞争，承办商一般不太关心种族和环境问题。从广义来讲，蹒跚的经济使厄瓜多尔同样面临着保护和发展的两难境地。

案例回顾

生态旅游业的最终目的是帮助土著人保留其传统的生活方式，因为土著人更加了解如何管理和实现热带雨林的可持续发展。厄瓜多尔亚马孙地区正在开展基于社区的生态旅游，居住在森林里的印第安人采取了控制其领地的游客数量和活动等措施。对那些资源匮乏的偏远社区来说，生态旅游业不仅带来收入，而且促进土著人对自身文化价值的认识。然而，由于受到石油工业和其他因素的干扰，这些社区需要外部非政府组织的帮助和旅游承包商的支持，完善旅游产品和保持其原有的生活方式。

讨论与作业

1. 由于土著社区不能只依赖生态旅游维持生计，推荐一些与生态旅游项目相关的、能获得额外收入的项目。

2. 讨论：厄瓜多尔亚马孙地区生态旅游的现实情况还没有达到较理想的状况。

3. 为旅游者制订参观亚马孙印第安人社区的行为准则。

4. 正如其他形式的旅游，生态旅游也要与时俱进，土著社区不得不与旅游承办商争夺市场份额。请帮助土著社区寻找一"利基市场"（niche market），保持竞争的领先地位。

5. 一位居住在曼彻斯特的退休教师正准备前往厄瓜多尔亚马孙进行他的"一生中的假期"。综合旅游体验的所有要素，包括：

- 旅行的"憧憬阶段"，包括旅行准备的建议。
- 前往旅游地的旅途过程，包括所有的中途停留和转乘。
- 一份参观旅游的详细日程安排，包括将要寄宿的印第安人社区。
- 网上建议，以便我们的客户能够有效地宣传CBE。

参考文献

Braman, S. and Fundación Acción Amazonia (2001) Practical strategies for pro-poor tourism: Tropic Ecological Adventures – Ecuador. *PPT Working Paper 6.*

Colvin, J. (1994) Capirona: a model of indigenous tourism. *Journal of Sustainable Tourism*, 2 (3), 174–177.

Jeffreys, A. (1998) Tourism in northwest Ecuador. *Geography Review*, January, 26–29.

Leiper, N. (1990) *Tourism Systems: An Interdisciplinary Perpsective.* Massey University, Auckland.

Mann, M. (ed.) (2002) *The Good Alternative Travel Guide.* Earthscan/Tourism Concern.

Szuchman, P. (2001) Eco-credibility. *Condé Nast Traveler*, August, 46.

Wesche, R. and Drumm, A. (1998) *Defending our Rainforest: A Guide to Community-based Ecotourism in the Ecuadorian Amazon.* Acción Amazonia, Quito.

Woodfield, J. (ed.) (1994) *Ecosystems and Human Activity.* Collins Educational, London.

网址

www.gn.apc.org/tourismconcern

www.planeta.com

第三部分

案例研究的辅助资料

案例研究的辅助资料

本书这一部分的内容是为了辅助你的案例研究工作。尽管我们在每一个案例后面都提供了有关参考资料，但是在解决案例问题时，你还是需要其他有用的资料。这些资料包括索引和文摘服务、旅游手册和字典，以及旅游学术期刊。出于两个原因，我们没有提供商业出版物（如《旅业报》，Travel Trade Gazette）：首先，根据居住地不同，你会获得不同的商业期刊和报纸；其次，我们认为获取的资料应该随时更新。

目前，互联网是获取旅游目的地信息的主要来源。当然，网上信息杂乱无章，缺乏质量保证。但是，旅游官方网站能帮助我们快速了解各个国家、城市和景点。其他网站能提供旅游地介绍、图片和数据信息。我们认为对研究本书案例的每一位读者来说，这些都很有价值，所以我们列出了世界主要旅游国家的官方旅游组织的网址。除此之外，相关网站也列出较全面的旅行和旅游网址清单，包括搜索引擎。但是，我们建议在研究案例时不要只采用互联网的资料，要把网络作为书面资料的补充。

下面列举各种类型的参考资料：
- 旅游业和旅游地理方面的一般性资料。
- 报告、字典、年鉴和百科全书。
- 索引和文摘服务。
- 统计资料。
- 旅游期刊。
- 国家旅游组织的网址。

旅游业和旅游地理方面的一般性资料

Ashworth, G. (1984) *Recreation and Tourism*. Bell & Hyman.

Bierman, D. (2003) *Restoring Destinations in Crisis*. Allen and Unwin.

Boniface, B. and Cooper, C. (2005) *Worldwide Destinations: The Geography of Travel and Tourism*, 4th edn. Elsevier Butterworth-Heinemann.

Bull, A. (1998) *The Economics of Travel and Tourism*. Longman.

Burkhart, A. J. and Medlik, S. (1991) *Tourism, Past, Present and Future*. Heinemann.

Burns, P. M. and Holden, A. (1995) *Tourism: A New Perspective*. Prentice Hall.

Burton, R. (1995) *Travel Geography*. Addison Wesley Longman.

Butler, R. W. and Pearce, D. G. (1993) *Tourism Research*. Routledge.

Callaghan, P. (1989) *Travel and Tourism*. Business Educational.

Coltman, M. (1989) *Introduction to Travel and Tourism*. Van Nostrand Reinhold.

Conlin, M. V. and Baum, T. (1995) *Island Tourism*. Wiley.

Cooper, C. P., Fletcher, J., Gilbert, D. and Wanhill, S. (1998) *Tourism Principles and Practice*. Addison Wesley Longman.

Crotts, J. C. and Van Raaij, W. F. (1993) *Economic Psychology of Travel and Tourism*. Haworth Press.

De Kadt, E. (1979) *Tourism: Passport to Development*. Oxford University Press.

Drakakis-Smith, G. and Lockhart, D. (1997) *Island Tourism: Trends and Prospects*. Pinter.

Dumazedier, J. (1967) *Towards a Society of Leisure*. Free Press.

Fennell, D. A. (2003) *Ecotourism*. Routledge.

Frechtling, D. (2001) *Forecasting Tourism Demand*. Elsevier Butterworth-Heinemann.

Gee, C. Y., Choy, D. J. L. and Makens, J. C. (1997) *The Travel Industry*. Van Nostrand Reinhold.

Glyptis, S. (1993) *Leisure and the Environment*. Wiley.

Goeldner, C. R. and Ritchie, J. R. B. (2004) *Tourism: Principles, Practices, Philosophies*. Wiley.

Gunn, C. A. (1997) *Vacationscape: Designing Tourist Regions*. Van Nostrand Reinhold.

Gunn, C. and Var, T. (2002) *Tourism Planning*. Routledge.

Hall, C. M. (1994) *Tourism and Politics*. Wiley.

Hall, C. M. and Jenkins, J. M. (1994) *Tourism and Public Policy*. Routledge.

Hall, C. M. and Page, S. (2002) *The Geography of Tourism and Recreation*. Routledge.

Harrison, D. (1994) *Tourism and the Less Developed Countries*. Wiley.

Holloway, J. C. (2001) *The Business of Tourism Sixth edition*. Addison Wesley Longman.

Harrison, D. (2002) *Tourism in the Less Developed World*. CABI.

Horner, S. and Swarbrooke, J. (2003) *International Cases in Tourism Management*. Elsevier Butterworth-Heinemann.

Howell, D. W. (1993) *Passport: An Introduction to the Travel and Tourism Industry*. South Western.

Hudman, L. E. (1980) *Tourism: A Shrinking World*. Wiley.

Hudman, L. E. and Jackson, R. H. (1999) *The Geography of Travel and Tourism*. Delmar.

Ioannides, D. and Debbage, K. G. (1998) *The Economic Geography of the Tourist Industry*. Routledge.

Inskeep, E. (1991) *Tourism Planning: An Integrated Planning and Development Approach*. Van Nostrand Reinhold.

Jeffries, D. (2001) *Governments and Tourism*, Elsevier Butterworth-Heinemann.

Jennings, G. (2001) *Tourism Research*. Wiley.

Kelly, J. R. (1990) *Leisure*. Prentice Hall.

Lennon, J. J. (2003) *Tourism Statistics*. Allen and Unwin.

Leiper, N. (1990) *The Tourism System*. Massey University Press.

Likorish, L. and Jenkins, C. L. (1997) *An Introduction to Tourism*. Butterworth-Heinemann.

Lundberg, D. E. (1975) *The Tourist Business*. Van Nostrand Reinhold.

Lundberg, D. E., Stavenga, M. H. and Krishanmoorthy, M. (1995) *Tourism Economics*. Wiley.

Medlik, S. (1995) *Managing Tourism*. Butterworth-Heinemann.

Mercer, D. (1980) *In Pursuit of Leisure*. Sorret.

Middleton, V. T. C. and Hawkins, R. (1998) *Sustainable Tourism: A Marketing Perspective*. Elsevier Butterworth-Heinemann.

Mill, R. C. (1990) *Tourism: The International Business*. Prentice Hall.

Mill, R. C. and Morrison, A. (1992) *The Tourism System: An Introductory Text*. Prentice Hall.

Mowforth, M. and Munt, I. (1998) *Tourism and Sustainability*. Routledge.

Murphy, P. E. (1991) *Tourism: A Community Approach*. Methuen.

Newsome, D., Moore, S. and Dowling, R. (2001) *Natural Area Tourism*. Channel View.

Page, S. (2003) *Tourism Management: Managing for Change*. Elsevier Butterworth-Heinemann.

Page, S., Brunt, P., Busby, G. and Connell, J. (2001) *Tourism. A Modern Synthesis*. Thomson Learning.

Pearce, D. (1989) *Tourist Development*. Longman.

Pearce, D. (1992) *Tourist Organizations*. Longman.

Pearce, D. (1995) *Tourism Today: A Geographical Analysis*. Longman.

Pearce, D. and Butler, R. (1993) *Tourism Research: Critiques and Challenges*. Routledge.

Pearce, D. and Butler, R. (1995) *Change in Tourism: People, Places, Processes*. Routledge.

Pearce, D. G. and Butler, R. W. (2001) *Contemporary Issues in Tourism Development*. Routledge.

Poon, A. (1993) *Tourism, Technology and Competitive Strategies*. CAB.

Ritchie, J. R. B. and Goeldner, C. R. (1994) *Travel, Tourism and Hospitality Research: A Handbook for Managers and Researchers*. Wiley.

Ritchie, J. R. B. and Crouch, G. I. (2003) *The Competitive Destination*. CABI.

Robinson, H. (1976) *A Geography of Tourism*. Macdonald & Evans.

Ross, G. F. (1996) *The Psychology of Tourism*. Hospitality Press.

Ryan, C. (2002) *The Tourist Experience*. Continuum.

Ryan, C. (2003) *Recreational Tourism*. Channel View.

Sharpley, R. (1994) *Tourism, Tourists and Society*. Elm.

Sharpley, R. and Telfer, D. (2002) *Tourism and Development*. Channel View.

Shaw, G. and Williams, A. (1994) *Critical Issues in Tourism*. Blackwell.

Sinclair, T. and Stabler, M. (1991) *The Tourism Industry: An International Analysis*. CAB.

Sinclair, T. and Stabler, M. (1997) *The Economics of Tourism*. Routledge.

Smith, S. L. J. (1983) *Recreation Geography*. Longman.

Smith, S. L. J. (1996) *Tourism Analysis: A Handbook*. Addison Wesley Longman.

Smith, V. L. (1989) *Hosts and Guests*. University of Pennsylvania Press.

Smith, V. and Brent, M. (2003) *Hosts and Guests Revisited*. Cognizant.

Smith, V. L. and Eadington, W. R. (1995) *Tourism Alternatives: Potential Problems in the Development of Tourism*. University of Pennsylvania Press.

Swarbrooke, J. (2001) *The Development and Management of Visitor Attractions*. Elsevier Butterworth-Heinemann.

Theobald, W. F. (1994) *Global Tourism: The Next Decade*. Butterworth-Heinemann.

Towner, J. (1994) *An Historical Geography of Recreation and Tourism*. Belhaven.

Tribe, J. (1995) *The Economics of Leisure and Tourism: Environments, Markets and Impacts*. Butterworth-Heinemann.

Turner, L. and Ash, J. (1975) *The Golden Hordes: International Tourism and the Pleasure Periphery*. Constable.

Vellas, F. and Becherel, L. (1995) *International Tourism*. Macmillan.

Wahab, S. (1993) *Tourism Management*. Tourism International Press.

Weaver, D. (2001) *The Encyclopaedia of Ecotourism*. CABI.

Weaver, D. and Lawton, L. (2002) *Tourism Management*. Wiley.

Weaver, D. (2002) *Ecotourism*. Wiley.

Williams, S. (1998) *Tourism Geography*. Routledge.

Williams, S. (2004) *Tourism, Critical Concepts in the Social Sciences*. Routledge.

Witt, S., Brooke, M. Z. and Buckley, P. J. (1995) *The Management of International Tourism*. Unwin Hyman.

报告、字典、年鉴和百科全书

　　除了有关旅游地和案例的书籍、期刊和商业出版报道，在咨询报告、旅游字典、年鉴和百科全书中也能发现很多有用的资料。主要有：

Cooper, C. and Lockwood, A. (1989) *Progress in Tourism, Recreation and Hospitality Management*. Vols 1–6. Belhaven and Wiley.

Economic Intelligence Unit publications.

Euromonitor publications.

Europa Publications (annual) *The Europa World Yearbook*. Europa Publications.

INSIGHTS, English Tourist Board.

Jafari, J. (2000) *The Encyclopedia of Tourism*. Routledge.

Khan, M., Olsen, M. and Var, T. (1993) *Encyclopedia of Hospitality and Tourism*. Van Nostrand Reinhold.

Medlik, S. (2002) *Dictionary of Transport, Travel and Hospitality*. Butterworth-Heinemann.

Paxton, J. (annual) *The Statesman's Yearbook*. Macmillan.

Ritchie, J. R. B. and Hawkins, D. (1991–1993) *World Travel and Tourism Review*. Vols 1–3. CAB.

Seaton, A., Wood, R., Dieke, P. and Jenkins, C. (eds) (1994) *Tourism: The State of the Art: The Strathclyde Symposium*. Wiley.

Witt, S. F. and Mountinho, L. (1995) *Tourism Marketing and Management Handbook*. Student edition. Prentice Hall.

索引和文摘服务

利用电子搜索和索引服务是有效获取文献和学习案例的好方法。主要有：

Articles in Tourism (monthly) Universities of Bournemouth, Oxford Brookes and Surrey.
International Tourism and Hospitality Data Base CD-ROM. The Guide to Industry and Academic Resources. Wiley.
Leisure, Recreation and Tourism Abstracts (quarterly) CAB.
The Travel and Tourism Index. Brigham Young University Hawaii Campus.
Tour CD – Leisure Recreation and Tourism on CD-ROM.

统计资料

关于旅游统计和趋势的资料还很少。WTO的报告通俗易懂，对全球和地区旅游趋势的研究很有帮助，值得参考，但要注意在表格中关于旅行者、旅游者和一日游游客的区别。统计资料主要有：

Organization for Economic Co-operation and Development (annual) *Tourism Policy and International Tourism in OECD Member Countries*. OECD.
Pacific Asia Travel Association (PATA) (annual) *Annual Statistical Report*. PATA.
World Tourism Organization (annual) *Compendium of Tourism Statistics*. WTO.
World Tourism Organization (annual) *Tourism Highlights*. WTO.
World Tourism Organization (annual) *Yearbook of Tourism Statistics*. WTO.
World Tourism Organization (monthly) *World Tourism Barometer*. WTO.
World Tourism Organization (1994) *Recommendations on Tourism Statistics*. WTO.
World Tourism Organization (1999) *Tourism Market Trends*, 6 vols. WTO.
World Tourism Organization (2001) *Tourism 2020 Vision – Global Forecast and Profiles of Market Segments*. WTO.
World Tourism Organization (2001) *Tourism Forecasts*, 6 vols. WTO.

旅游期刊

旅游期刊的繁荣使案例研究资料和统计数据的来源更加丰富。另外，地理和休闲期刊也开始发表与旅游有关的论文。与旅游地理有关的期刊包括：

Annals of Leisure Research
Annals of Tourism Research
ASEAN Journal of Hospitality and Tourism
Asia Pacific Journal of Tourism Research
Australian Journal of Hospitality Management
Current Issues in Tourism
e-Review of Tourism Research (http://ertr.tamu.edu)
Event Management
Festival Management and Event Tourism
Geographical Geography Review
Hospitality and Tourism Educator
International Journal of Contemporary Hospitality Management
International Journal of Hospitality and Tourism Administration
International Journal of Hospitality Management
International Journal of Service Industry Management
International Journal of Tourism Research
Journal of Air Transport Geography
Journal of Air Transport Management
Journal of Convention and Exhibition Management
Journal of Ecotourism
Journal of Hospitality and Leisure Marketing
Journal of Hospitality and Tourism Research
Journal of Hospitality, Leisure, Sport and Tourism
Journal of Leisure Research
Journal of Sport Tourism
Journal of Sustainable Tourism
Journal of Teaching in Travel and Tourism
Journal of Tourism and Cultural Change
Journal of Tourism Studies
Journal of Travel and Tourism Marketing
Journal of Travel Research
Journal of Travel and Tourism Research
Journal of Vacation Marketing
Leisure Futures, Henley Centre for Forecasting
Leisure Management
Leisure Sciences
Leisure Studies
Managing Leisure
Pacific Tourism Review
Progress in Tourism and Hospitality Research
Scandinavian Journal of Hospitality and Tourism
Service Industries Journal
The Tourist Review
Tourism Analysis
Tourism and Hospitality Research
Tourism Culture and Communication
Tourism Economics
Tourism Geographies

Tourism in Focus
Tourism Management
Tourism Recreation Research
Tourist Studies
Travel and Tourism Analyst
World Leisure and Recreation Association Journal

国家旅游组织的网址

　　国际互联网提供大量旅游案例研究的信息与资料。旅游地、组织、公司和个人也提供大量网页，包含了各种以前只能通过与相关组织联系才能获得的信息资料。当然这种来源的信息在使用时要特别留心，网上没有信息质量控制。本书提供有用的旅行和旅游网址，目的是给读者列出政府和旅游机构的官方旅游网址。这是了解一个国家和旅游目的地最主要的信息来源，很多网页还有专业人士和学生专栏，有国家旅游规划、营销和政策方面的信息。在地区间，网站的质量也参差不齐——匈牙利的官方网站很棒，为专业人士和旅游者提供了综合的、详细的信息，但波兰网站，在我们看来，还有待完善。

　　在写这些网址的时候（2004年），地址是准确的，但必须知道它们也许会有变化，在使用时要重新搜索。本书配套的网址提供了搜索国际互联网的提示。

Country	Website
Algeria	http://www.mta.gov.dz/
Andorra	http://www.turisme.ad
Angola	http://www.angola.org/
Anguilla	http://net.ai/
Antigua and Barbuda	http://www.interknowledge.com/antigua-barbuda/
Argentina	http://www.sectur.gov.ar/
Aruba	http://www.interknowledge.com/aruba
Australia	http://www.australia.com
Austria	http://www.austria-tourism.at/
Bahamas	http://www.interknowledge.com/bahamas/
Bangladesh	http://www.bangladesh.com
Barbados	http://barbados.org/
Belgium	http://www.visitbelgium.com/
Belize	http://www.travelbelize.org/
Bermuda	http://www.bermudatourism.com
Bhutan	http://www.tourisminbhutan.com
Bolivia	http://www.bolivia.com/noticias/tourismo.asp
Bonaire	http://www.interknowledge.com/bonaire/index.html
Brazil	http://www.embratur.gov.br/

Bulgaria	http://mi.government.bg/eng/tur/pol/orgs.html
Cambodia	http://www.tourismcambodia.com
Cameroon	http://www.compufix.demon.co.uk/camweb/
Canada	http://www.visitcanada.com
Cayman Islands	http://www.caymanislands.ky
Chile	http://www.turismochile.cl
China	http://www.chinatour.com
Colombia	http://www.presidencia.gov.co/
Costa Rica	http://www.tourism-costarica.com
Croatia	http://www.vlada.hr/
Cuba	http://www.cubaweb.cu/
Curaçao	http://www.interknowledge.com/curacao/
Cyprus	http://www.cyprustourism.org/
Czech Republic	http://czechtourism.com
Denmark	http://www.visitdenmark.com
Ecuador	http://www.ecuador.us
Egypt	http://www.egypttourism.org/
Estonia	http://www.tourism.ee/
Ethiopia	http://www.ethiopia.ottawa.on.ca/tourism.htm
Falkland Islands	http://www.tourism.org.fk/
Federated States of Micronesia	http://fsmgov.org/
Fiji	http://www.BulaFiji.com
Finland	http://www.finland-tourism.com
France	http://www.maison-de-la-france.fr
French Guiana	http://www.guyanetourisme.com/
Gabon	http://www.tourisme-gabon.com
Gambia	http://www.gambiatourism.info
Georgia	http://www.parliament.ge/TOURISM
Germany	http://www.germany-tourism.de/
Gibraltar	http://www.gibraltar.gi/tourism/
Greece	http://www.greektourism.gr
Greenland	http://www.greenland-guide.dk
Grenada	http://www.interknowledge.com/grenada/
Guadeloupe	http://www.antilles-info-tourisme.com/guadeloupe/
Guam	http://www.visitguam.org/
Guatemala	http://www.visitguatemala.com
Guyana	http://www.turq.com/guyana.html
Hawaii	http://www.hawaii.gov/tourism/
Honduras	http://www.turq.com/honduras.html
Hong Kong, China	http://www.hkta.org
Hungary	http://www.hungarytourism.hu/
Iceland	http://www.icetourist.is/
India	http://www.tourindia.com/
Indonesia	http://tourismindonesia.com
Iran	http://www.itto.org/
Ireland	http://www.ireland.travel.ie

Isle of Man	http://www.isle-of-man.com/
Israel	http://www.infotour.co.il
Italy	http://www.enit.it/
Jamaica	http://www.visitjamaica.com/
Japan	http://www.jnto.go.jp/
Jersey	http://www.jtourism.com
Jordan	http://www.jordanembassyus.org
Kenya	http://www.bwanazulia.com/kenya/
Korea (South)/(Republic of Korea)	http://www.knto.or.kr
Laos	http://www.mekongcenter.com
Lebanon	http://www.Lebanon-tourism.gov.lb
Liechtenstein	http://www.news.li/touri/index.htm
Luxembourg	http://www.etat.lu/tourism
Macau,China	http://www.macautourism.gov.mo/ login.html
Macedonia	http://www.tarm.org.mk
Malaysia	http://tourism.gov.my/
Maldives	http://www.visitmaldives.com/intro.html
Malta	http://www.tourism.org.mt/
Martinique	http://www.martinique.org/
Mauritius	http: www.mauritius.net/
Mexico	http://www.mexico-travel.com/
Micronesia	http://www.visit-fsm.org/
Monaco	http://www.monaco.mc/monaco/ guide_en.html
Mongolia	http://www.mongoliatourism.gov.mn/
Morocco	http://www.tourisme-marocain.com
Myanmar	http://www.myanmartourism.com
Namibia	http://www.namibiatourism.co.uk
Nepal	http://www.visitnepal.com
Netherlands	http://www.visitholland.com/
New Zealand	http://www.purenz.com
Nicaragua	http://www.intur.gob.ni/
Nigeria	http://www.nigeria-tourism.net
Northern Ireland	http://www.nitb.com
Norway	http://www.tourist.no
Palau	http://www.visit-palau.com/
Palestine	http://www.pna.org
Panama	http://www.panamainfo.com/
Papua New Guinea	http://www.pngtourism.org.pg
Peru	http://www.peruonline.net
Philippines	http://www.tourism.gov.ph/
Poland	http://www.polandtour.org
Portugal	http://www.portugal.org
Puerto Rico	http://www.gotopuertorico.com
Romania	http://www.turism.ro/
Russian Federation	http://www.interknowledge.com/russia/ index.html
Saba	http://www.turq.com/saba/